장콩 선생님이 들려주는
한국사 맞수 열전

장콩 선생님이 들려주는
한국사 맞수 열전

1판 1쇄 발행일 2014년 1월 2일 | 1판 8쇄 발행일 2021년 7월 27일

지은이 장용준 | 그린이 최경진
펴낸곳 (주)도서출판 북멘토 | 펴낸이 김태완
편집주간 이은아 | 편집 김정숙, 조정우 | 디자인 윤현이, 안상준 | 지도 일러스트 민재회 | 마케팅 최창호, 민지원
사진제공 HELLOPHOTO, 국립중앙도서관, 4·19혁명기념도서관, 동학농민혁명기념재단
백범김구기념관, 위키미디어커먼즈, 한정영
출판등록 제6-800호(2006. 6. 13.) | 주소 03990 서울시 마포구 월드컵북로6길 69(연남동 567-11) IK빌딩 3층
전화 02-332-4885 팩스 02-6021-4885

ⓘ bookmentorbooks__ ⨍ bookmentorbooks ✉ bookmentorbooks@hanmail.net

ISBN 978-89-6319-095-2 03900
이 도서의 국립중앙도서관 출판시도서목록(CIP)은 서지정보유통지원시스템 홈페이지(http://seoji.nl.go.kr)와
국가자료공동목록시스템(http://www.nl.go.kr/kolisnet)에서 이용하실 수 있습니다. (CIP제어번호: CIP2013027492)

◆ 고조선부터 현대까지 용호쟁투 스페셜 인물 한국사 ◆

장콩 선생님이 들려주는

한국사 맞수 열전

장용준 글 | 최경진 그림

북멘토

즐거운 역사 여행의 동반자가 되어 반가워요!

『한국사 맞수 열전』은 우리 역사 속 라이벌 37쌍을 소개하고 있는 인물사 책입니다. 이 책은 다른 역사책과는 달리 현대 편이 앞쪽에, 고대 편이 뒤쪽에 배치되어 있습니다. 이처럼 역순으로 책을 구성한 이유는 고대 인물보다 현대 인물에게서 극적인 대결 구도가 더 잘 나타나기 때문입니다. 따라서 이 책의 활용법 또한 일반 역사책과는 달라야 합니다. 이 점 유념해서 역사 속 인물들에게로 풍덩 빠지시기 바랍니다.

그저 눈길 가는 대로 아무 장이나 펼쳐서 읽을 사람은?

▶ 몇몇 역사 인물에 유독 필이 꽂히는 사람.

▶ 심심풀이 땅콩으로 이 책을 접한 사람.

Why? 어디부터 읽더라도 지장이 없는 책이므로 우선 흥미 있는 부분부터 읽기 시작!

앞부터 차례로 읽어 가도 좋을 사람은?

▶ 한국사 지식이 해박한 역사 마니아.

▶ 한국사능력검정시험 중급과정을 쉽게 합격할 수 있는 사람.

Why? 박진감 넘치는 역사 라이벌들은 고대사보다 현대사에 더 많으므로.

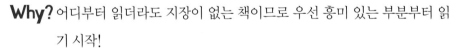

맨 뒤부터 읽어야 할 사람은?

▶ 우리 역사 지식이 부족하여 한국사의 흐름 파악이 잘 되지 않는 사람.

▶ 한국사능력검정시험 초급과정을 합격할 수 있는 정도의 실력을 갖춘 사람.

Why? 고대 편부터 읽으면, 우리 역사의 흐름이 더 잘 이해됨. 즉, 체계적인 책
읽기가 가능해짐.

책을 읽기 전 특별히 알아 둘 점은 다음과 같습니다.

▶ 이 책은 『중학 독서평설』에 3년 동안 연재된 「대결! 맞수 열전」 원고를 바탕으
로 구성되었습니다. 다만 제한된 지면의 연재물보다 본 책이 좀 더 자유스럽
게 서술되어 있습니다.

▶ 각 장의 도입부에 그래프로 표시된 '파워 지수'는 이 책의 저자 장콩 선생 개인
의 판단일 뿐입니다. 장콩은 세종대왕의 파워를 최상으로 두고 다른 역사 인
물들의 파워를 평가했습니다. 여러분도 각자 책을 읽으며 자신의 판단으로
인물들의 파워 지수를 측정해 보십시오. 역사를 바라보는 나만의 눈을 기를
수 있을 겁니다.

▶ 단순히 읽는 데서 끝나지 말고 매 라이벌을 볼 때마다, '나라면 그 상황에서 어
떻게 살았을까?'를 고민해 보시기 바랍니다. 역사책 읽기는 자기 관점에서 역
사를 이해하고 분석하여 새롭게 해석할 때 진정한 묘미가 있습니다.

그럼 즐겁게 역사 속의 라이벌들을 상대해 볼까요?
역사 속으로 Go! Go! 씽!

우산서실愚山書室에서
장콩 선생

• 차례 •

이 책의 사용 설명서 ·4

김영삼 vs 김대중 민주화운동의 양대 거목 ·9

박정희 vs 장준하 경제 성장이냐 민주주의 발전이냐 ·19

윤보선 vs 장면 제2공화국이 단명한 이유 ·29

김구 vs 이승만 어떤 국가를 세울 것인가 ·37

손병희 vs 이용구 애국의 길 매국의 길 ·49

전봉준 vs 김개남 동학농민운동의 양대 지도자 ·57

최익현 vs 유길준 척사의 길 개화의 길 ·67

흥선대원군 vs 명성황후 조선 왕실을 굳건히 할 수만 있다면 ·75

김옥균 vs 민영익 급진 개화냐 온건 개화냐 ·83

김홍도 vs 신윤복 조선 풍속화의 두 거장 ·91

정조 vs 심환지 왕과 신화의 기묘한 정국 운영법 ·99

영조 vs 사도세자 조선판 '오이디푸스 콤플렉스' ·107

인현왕후 vs 장희빈 한 남자를 사랑한 두 여인의 비극 ·115

송시열 vs 허목 서인과 남인의 대변인 ·123

최명길 vs 김상헌 당신은 찢으시오 나는 주우리오 ·131

허균 vs 이이첨 시대의 이단아들 ·139

광해군 vs 인목대비 명군주일까 패륜아일까 ·147

이순신 vs 원균 영웅의 길 반역자의 길 ·157

황윤길 vs 김성일 일본의 전쟁 준비에 대한 서로 다른 시각 ·167

이황 vs 조식 조선 성리학의 큰 별들 ·175

조광조 vs 중종 신하의 나라 왕의 나라 ·181

김종서 vs 세조 왕권 수호를 위한 변명 ·187

세종 vs 최만리 한글 창제를 둘러싼 왕과 신하의 갈등 ·193

정몽주 vs 정도전 고려 개혁이냐 조선 개창이냐 ·199

최영 vs 이성계 나라를 위한 충성의 끝은? ·209

이의민 vs 최충헌 무신 정권을 세운 사람들 ·217

묘청 vs 김부식 서경이냐 개경이냐 ·225

인종 vs 이자겸 외손자와 할아버지의 권력 다툼 ·233

궁예 vs 왕건 새로운 나라를 개창하자 ·241

원효 vs 의상 신라를 불국토로 만든 사람들 ·249

김유신 vs 계백 신라와 백제의 마지막 결전 ·255

무열왕 vs 의자왕 신라와 백제, 최후의 승자는? ·261

장수왕 vs 개로왕 고구려 남진 정책의 결과는? ·267

석탈해 vs 호공 이주민 탈해가 임금이 될 수 있었던 이유 ·275

유리 vs 온조 형은 고구려 왕 아우는 백제 왕 ·281

주몽 vs 대소 주몽의 고구려 건국기 ·287

준왕 vs 위만 단군조선 위만조선 ·297

찾아보기 ·304
참고문헌 ·308

민주화운동의
양대 거목

김영삼
vs
김대중

| 1927~ **김영삼** | **김대중** 1924~2009 |

90 ━━━━━━ **정치력** ━━━━━━ **90**

1970년대 반독재 민주화운동을 주도적으로
이끌었고, 많은 사람의 지지 속에 대한민국
제14대 대통령을 지냈다.

박정희와 전두환 정부 시절에 죽음의 문턱까지 다녀올
정도로 탄압을 받았으나, 불굴의 의지와 정치력을 밑돌로
삼아 대한민국 제15대 대통령을 지냈다.

50 ━━━━━━ **지력** ━━━━━━ **80**

심사숙고하여 일을 처리하기보다는 직관적
판단에 의존하는 경우가 간혹 있었다.

왕성한 독서력을 바탕으로 10여 권이 넘는 책을 저술하였으며,
문제를 논리적으로 풀어 가는 능력이 뛰어났다.

70 ━━━━━━ **인품** ━━━━━━ **70**

친화력이 좋아 주변에 도와주는 사람이 많았다.

근검 · 소탈했고 지지자들에게는 한없이 좋은 평가를
받았으나, 반대 세력 또한 만만치 않게 많았다.

김영삼과 김대중. 대한민국 사람이라면 누구나 다 아는 전임 대통령이지요.
이 두 사람은 1970년대 박정희 정권 시절 야당의 대표 지도자로 활동하면서 반독재
투쟁을 통해 우리나라 민주주의 발전에 기여했어요. 하지만 둘은 1990년대 이후 대통령
자리를 놓아두고 서로 치열하게 다투며, 각기 제 갈 길을 걸어가요.
맞수 열전, 첫 번째 시간에는 '문민정부'를 수립했던 김영삼 대통령과 '국민의 정부'를
이끌었던 김대중 대통령을 초대하여 그들의 얽히고설킨 인연을 알아봐요.

정치계에 도전장을 내민 두 청년

두 사람을 한 시대, 한 무대에 세운 보이지 않는 손의 장난이 참으로 얄
궂기만 했다.

이희호 여사가 쓴 책, 『동행』에 나오는 한 대목이에요. '두 사람'이 누
구인지는 몰라도, 이들의 인연이 특별했음은 능히 짐작할 수 있어요.

이 글 속의 두 사람은 누구일까요?

잘 모르겠다고요?

그들은 이번 시간 '맞수 열전'의 주인공 김영삼과 김대중이에요.

1993년 제14대 대통령으로 취임하여 문민정부를 이끌었던 김영삼은
1927년 경상남도 거제에서 태어났어요. 집안이 부유했던 그는 어렸을
때부터 대통령을 꿈꾸며 자랐어요. 책상머리에 장래 희망을 '대통령'이

이희호
김대중 전임 대통령의 부인.

문민정부
1993년 2월 ~ 1998년 2월.
김영삼 전임 대통령 시절의
정부 명칭. 문민정부란
이름에는 군인 출신이 아닌
민간인 대통령이 이끄는
최초의 정부라는 의미가
담겨 있다.

라고 큼지막하게 써 놓고 공부하는 소년이었다니, 진취성과 포부가 탁월할 정도로 뛰어난 학생이었지요.

그가 정치계에 발을 담근 것은 서울대학교 철학과를 졸업한 직후예요. 제1공화국 시절 당시 외무부 장관의 비서로 정치계와 인연을 맺었어요.

대통령이라는 야망을 지니고 있던 그에게 정치는 체질에 맞았어요. 1954년 만 26세의 젊은 나이에 국회의원으로 당선되어 '대한민국 역사상 최연소 국회의원'이라는 기록을 보유하며 촉망받는 차세대 정치인으로 자리를 잡아 갔지요.

한편 제15대 대통령을 지낸 김대중은 1924년 전라남도 목포에서 뱃길로 60킬로미터쯤 떨어진 하의도에서 태어났어요. 어머니가 교육에 관심이 많아 이른 시기에 섬을 빠져나와 초등학교부터 목포에서 다녔는데, 공부를 상당히 잘했다고 해요. 전라도에서 최고 인재만 들어간다는 목포상업학교를 수석으로 입학할 정도였으니까요.

학교를 졸업한 후에는 상선회사에 취업하여 회사원 생활을 잠시 하다가, 우리 민족이 일제로부터 해방되던 시기에 자신이 다니던 회사를 직접 인수하여 경영 일선에 나섰어요. 또한 『목포일보』를 발간하여 청년 사업가이자 지역 언론인으로 목포 지역의 여론을 주도하는 오피니언리더로 성장해 갔어요.

김대중 역시 김영삼처럼 젊어서부터 정치에 뜻을 두고 있었지만, 그의 정계 진출은 '악전고투' 그 자체였어요. 국회의원을 무려 네 번이나 도전한 끝에 제2공화국 시절인 1961년 강원도 인제 보궐 선거에서 민주당 후보로 국회의원에 간신히 당선될 수 있었지요. 그런데요, 기가 막힌 일은 그토록 갈망하며 꾸준히 도전했던 국회의원직을 그는 단 하루도 수행할 수가 없었다는 거예요. 당선 이틀 뒤인 5월 16일에 박정희가 주도한

제1공화국
1948년 8월~1960년 4월.
이승만이 대통령으로 있던 시절의 정부. 1960년 4·19혁명으로 막을 내렸다.

상선회사 商船會社
배를 이용하여 사업을 하는 회사.

오피니언리더
어떤 집단 안에서 다른 사람의 사고방식이나 행동에 강한 영향을 주는 사람.

제2공화국
1960년 6월~1961년 5월.
1960년 4·19혁명으로 들어선 정부. 1961년 5·16군사정변으로 해체되었다.

보궐 선거 補闕選擧
의원의 임기 중에 빈자리가 생겼을 때, 그 자리를 보충하기 위하여 실시하는 임시 선거.

5·16군사정변이 발생하여 국회가 강제로 해산되어 버렸거든요. 이러한 우여곡절을 거친 김대중이 국회의원으로 입신양명한 것은 1963년이에요. 이해 치러진 제6대 국회의원 선거에서 목포 지역 국회의원으로 당선되어 자나 깨나 잊지 못하던 국회 입성에 성공해요.

반독재 투쟁을 앞장서서 지휘하다

김대중과 김영삼이 야당 정치인으로 성장하던 1960년대 후반, 대한민국 대통령은 박정희였어요. 당시 우리나라 헌법은 대통령직을 '4년씩 연임하여 최장 8년을 할 수 있다'라고 규정해 놨어요. 따라서 법대로라면, 1963년 대통령 자리에 올라 연임에 성공한 박정희는 1971년 대통령 선거에 출마 자체를 할 수 없었어요. 왜냐고요? 생각해 보세요. 헌법에 대통령직은 아무리 오래 해도 '8년이 한도다'라고 규정해 놨으니 더 하고 싶어도 할 수가 없는 것이죠. 하지만 박정희 대통령은 이 규정을 위반했어요. 그는 본인이 관심을 가지고 추진하던 경제 발전을 좀 더 확고하게 다져 놓고 은퇴하겠다며 1969년 여당 의원들을 동원하여 대통령 임기 규정을 반강제적으로 고쳐 버렸어요. '대통령은 한 사람이 연이어 두 번까지만 할 수 있다'라는 규정을 '세 번까지 할 수 있다'라고 바꿔 버린 것이죠. 이를 '3선 개헌'이라고 해요. 박정희는 이 개헌을 통하여 1971년 대통령 선거에 여당인 공화당 대통령 후보로 다시 출마를 준비했어요.

이 무렵, 김대중과 김영삼은 야당인 신민당에서 정치인으로서 입지를 다져 가고 있었어요. 나이가 40대인 이들은 앞날이 창창한 젊은 정치인이었어요. 당시 신민당에서는 대통령 자리를 놔두고 박정희와 대결할 후보로 내심 유진오를 생각하고 있었어요. 그러나 안타깝게도 그는 병으로 출마가 불가능했어요. 신민당은 멘붕 상태에 빠졌어요. 어느 누구를 박정희의 대항마로 내세울지 갈피를 잡지 못하고 우왕좌왕했어

입신양명 立身揚名
출세하여 이름을 세상에 떨침.

야당 野黨
정당 정치에서, 현재 정권을 잡고 있지 않은 정당.

연임 連任
정해진 임기를 마친 뒤에 계속하여 그 직위에 머무르는 것.

여당 與黨
현재 정권을 잡고 있는 정당.

개헌 改憲
헌법을 고침.

유진오
1906~1987년.
법조인이자 교육자이며 정치가. 1970년대에 야당인 신민당 당수를 지냈다.

기수 旗手
'행사 때 대열의 앞에 서서 기를 드는 일을 맡는 사람'을 말하나, 사회 활동에 앞장서서 이끄는 사람을 말할 때 비유적으로 많이 쓴다.

요. 이때 '젊은 피' 김영삼이 먼저 치고 나가며 대통령 후보 출마를 선언했어요.

차기 대통령 선거의 야당 후보는 젊고 강력한 40대 기수가 나서지 않으면 안 된다.

'40대 기수론'이에요. 박정희 대통령 후보와 맞붙어 이기려면 구세대의 벽을 허물 젊은 40대 정치인이 도전에 나서야 된다는 의미지요. 국민들은 이 주장을 매우 신선하게 받아들였고, 덕분에 김영삼이란 이름은 대한민국 땅 방방곡곡에 널리 알려지게 되었어요.

> **그때 그 시절의 역사 현장**　　**40대 기수론?**
>
> 1970년 신민당의 제7대 대통령 선거 후보 지명전에 나서면서 김영삼당시 44세이 '야당 대통령 후보의 조건과 자격'에 관해 펼쳤던 주장. 신민당이 국민에게 활기 있는 이미지를 심어 주기 위해서는 40대 정치인이 대통령 후보가 되어야 한다는 논리였다. 이 주장은 큰 파급력을 발휘했고 김대중47세 의원과 이철승49세 의원이 가세하여 신민당 후보 지명전은 40대들의 각축장이 되었다.

김영삼이 이처럼 선수를 치고 나가자, 김대중도 여기에 가세했어요. 본인도 나라를 이끌 충분한 역량을 가지고 있다면서 신민당의 대통령 후보 선거에 자기도 출마하겠다고 선언했지요. 사람들 대부분은 김영삼의 세력이 워낙 강하여 신민당 대통령 후보는 김영삼이 되는 것이 당연하다고 여겼어요. 그러나 막상 투표함 뚜껑을 열어 보니, 김대중 표가 더 많이 나왔어요. 결국 1971년 대통령 선거에서 제1야당 후보로 박정희와 싸우게 된 사람은 김대중이었어요. 결과는요? 박정희가 김대중을 근소한 표 차이로 이겨 다시 대통령에 당선되었어요.

그런데요, 선거 결과에 더 놀란 것은 김대중보다 박정희였어요. 표 차이가 생각보다 적었거든요. 또한 박정희는 선거를 치르는 과정에서 본인이 대통령이 되는 것을 싫어하는 사람이 의외로 많다는 것을 절감했어요. 그래서일까요? 박정희는 이듬해인 1972년, 10월유신을 단행하여 영구 집권을 꾀했어요. 대통령 선거 방식을 직접 투표가 아닌 간접 투표 방식으로 바꿔, 사실상 죽을 때까지 대통령을 할 수 있게 헌법을 고치려든 것이지요.

그때 그 시절의 역사 현장 **10월유신**

10월유신은 '1972년 10월 17일 대통령 박정희가 장기 집권을 목적으로 단행한 초헌법적 비상조치'를 말한다. 1961년 5·16군사정변을 일으킨 박정희는 혼란하고 낙후한 조국을 구제하겠다는 원대한 이상을 가지고 나라를 이끌었으나, 넘치는 정치적 야욕을 억제하지 못하고 무리수를 두어 헌법 개정을 통한 영구 집권을 꾀했다. 유신을 단행하며 그는 '서양 민주주의는 한계가 있기 때문에 국가 재건을 위해서는 한국적 민주주의를 정착시켜야 한다'고 주장했지만, 실상 박정희 독재 체제를 강고하게 만드는 데 기여했을 뿐, 자유 민주주의의 기본 원칙들이 부정되어 우리나라 민주주의를 크게 후퇴시켰다.

결과가 어찌되었냐고요?

어떻게 되었을 것 같나요? 국민들이 똘똘 뭉쳐 헌법 개정을 막아 냈다고요?

천만에요. 그랬으면 얼마나 좋았겠어요. 현실은 그리 녹록하지 않아서 오히려 그 반대였어요. 유신 헌법은 공포되었고, 야당의 젊은 지도자인 김영삼과 김대중은 즉시 유신 반대 운동에 뛰어들었어요. 김영삼은 "닭의 모가지를 비틀어도 새벽은 온다"라는 명언을 남기며 민주화운동의 선봉에 나섰고, 마침 일본에 가 있던 김대중은 그곳에 머무르며 해외에서 반독재 투쟁에 돌입했어요.

협력에서 경쟁으로

10월유신 이후 김영삼과 김대중은 '민주화'라는 목표를 위하여 두 사람이 한 몸이 되어 일사불란하게 움직였어요. 1970년대 민주화운동 현장에서 두 사람이 없으면 '앙꼬 없는 찐빵'처럼 보였으니, 두 이름은 1970년대 민주화운동의 상징이나 마찬가지였지요. 그러나 이처럼 의좋던 관계가 1980년대 중반으로 접어들며 점차 경쟁 관계로 변했어요. 발단은 1987년 6월민주항쟁 이후에 치러진 대통령 선거였어요.

여기서 잠깐 상황을 되돌려 갈등의 배경이 되는 현장으로 달려가 볼까요?

1987년 10월 25일 공정선거보장 집회에 참석한 두 대선 후보의 모습이에요. 나란히 참석했지만 후보 단일화에 실패한 뒤라 불편한 기색이 역력해 보여요.

1979년 박정희 대통령이 정권 내부의 갈등 속에 뜬금없이 사망했어요. 이때 우리나라는 다른 어느 시절보다 민주 정부가 들어설 가능성이 컸어요. 그런데 느닷없이 전두환을 중심으로 하는 신군부 세력이 정권을 잡아, 강압적인 독재 체제는 1980년대까지 연장되었어요. 참으로 안타까운 일이지요. 하지만 말이에요, 민주화의 싹은 독재의 암흑 속에서도 알게 모르게 조금씩 성장하여 전두환 정권 말기인 1987년 6월에 활화산이 되어 큰 폭발을 일으켰어요. 이른바 대통령 직선제 개헌 운동이 시작된 거예요.

10월유신 이후 우리나라는 대통령을 간선제 방식으로 선출했는데, 이런 선거 방식이 부당하다고 느낀 시민들은 '대통령은 반드시 국민의 손으로 직접 뽑아야 한다'라며 전두환 정부를 압박했어요. 정권 연장을 꾀하던 전두환 정부는 국민의 요구를 무시하며 탄압으로 일관했어요. 그러나 한번 폭발한 국민의 힘은 생각보다 무서웠어요. '직선제' 개헌을 외치는 민주화 시위는 들불처럼 번지기 시작해, 1987년 6월 초순에는 전국 각지에서 대규모 반정부 시위로 확대되었어요. 이 운동이 우리나라 민주주의 역사의 큰 봉우리인 '6월민주항쟁'이에요.

전두환 정부는 목숨을 내걸고 시위하는 국민의 요구를 받아들일 수밖에 없었어요. 결국 대통령 직선제를 실시하게 되었고, 우리나라도 국민의 지지를 가장 많이 받은 인물을 대통령으로 선출할 발판과 기회를 마련하게 되었어요. '경사 났네, 경사 났어'였어요.

당시 여론으로 보아서는 오랫동안 민주화운동을 해 온 김대중과 김영삼, 두 사람 중 한 사람만 대통령 후보로 나오면 당선은 따 놓은 당상이었어요. 그런데 말이에요, 현실은 냉혹했어요. 대통령을 서둘러 하고 싶던 두 사람은 서로에게 양보하기를 요구하며 '단일 후보' 자리를 두고 신경전을 벌였어요. 그러다가 결국은 양쪽 모두 등을 돌려 둘 다 대통령

직선제
유권자가 대표자를 직접 선출하는 직접 선거 제도.

간선제
유권자가 뽑은 선거인단이 유권자를 대신해 대표자를 선출하는 간접 선거 제도.

후보로 출마했어요.

　결과는요? 어찌 되었을 것 같나요? 두 사람 중 한 분이 대통령이 되었을 것 같다고요? 천만에요. 아니에요. No, No!

　민주화 세력의 분열 속에 당시 여당이던 민정당 후보 노태우가 어부지리로 최종 승자, 즉 대통령에 당선되고 말았어요. 이 선거 이후 김대중과 김영삼은 서로 대립하며 끝이 보이지 않는 라이벌 대결을 펼쳐요. 물론 노태우 정권이 끝난 뒤, 김영삼과 김대중은 1992년과 1997년 대통령 선거에서 각각 당선되어 한 차례씩 대한민국 대통령으로 나랏일을 이끌어 갔어요. 하지만 대통령이 되는 과정에서 두 사람은 집권을 위해 서로를 매몰차게 몰아붙이며 끊임없이 경쟁했어요. 특히 김대중이 이끈 국민의 정부는 '김영삼 정부 말기에 발생한 IMF 외환위기 때문에 탄생했다'는 말이 나올 정도로, 둘 사이는 한 치 양보도 없이 대결의 극을 달렸어요.

　물론 그렇다고 해서 김영삼의 문민정부가 일방적으로 나라 운영을 잘못한 것만은 아니에요. 그가 대통령으로 있던 시절에 추진된 '금융실명제'는 경제 정의를 실현하는 데 한몫 단단히 했으며, '공직자 재산 등

어부지리 漁父之利
두 사람이 이해 관계로 서로 싸우는 사이에 엉뚱한 사람이 애쓰지 않고 이익을 얻어 감.

국민의 정부
1998년 2월~2003년 2월. 김대중 전임 대통령 시절의 정부 명칭.

록법'은 현재까지도 공무원의 부정부패를 방지하는 버팀목이 되고 있어요. 김대중이 이끈 국민의 정부도 나라 발전에 큰 발자취를 남겼어요. 특히 2000년 북한 정권과 공동으로 발표한 '6·15공동선언'은 우리 민족이 화해와 협력을 바탕으로 민족 통일을 이룰 수 있다는 기대감을 갖게 해 준 일대 사건이라 할 수 있어요.

아, 옛날이여!

김영삼과 김대중, 숙명의 맞수였던 이들은 민주주의의 암흑기라 할 수 있는 1970년대에 함께 손을 잡고 우리나라 민주주의 발전에 크게 기여했어요. 그러면서 둘은 한국 현대사의 대표적인 정치인으로 성장했어요.

지나가 버린 과거 역사에 '만약에 그랬다면'이라는 단서를 꼬리표처럼 붙일 수는 없어요. 과거는 다시 올 수 없는 흘러가 버린 세월에 불과하니까요. 그렇지만 만약 두 사람이 1987년 대통령 선거에서 후보 단일화를 이루어 정치계를 이끌었다면 우리나라는 지금 어떻게 발전해 있을까요?

두 인물이 한국 정치사에 남긴 큰 흔적들을 마주하면, 두고두고 '만약에'라는 단어를 가져다 붙여 두 사람의 행적을 다시 복기해 보고 싶어요. 둘이 서로 화합해서 다정하게 정계를 이끌어 갔다면, 우리 정치와 사회는 더 발전하지 않았을까요?

숙명 宿命
피할 수 없는 운명.

복기 復棋
바둑에서 대결 과정을 세밀히 살펴보기 위해 처음부터 다시 한 번 놓아 보는 것.

경제 성장이냐
민주주의 발전이냐

박정희
vs
장준하

1917~1979 **박정희** | **장준하** 1918~1975

90 ▪▪▪▪▪▪▪▪▪ 정치력 ▪▪▪▪▪▪▪ **70**

1961년 5·16군사정변으로 정권을 잡은 이후, 무려 19년여 동안 강한 카리스마를 바탕으로 나라를 이끌었다.

박정희 정부 시절 민주화 세력을 적절히 조율하며 반독재 투쟁을 전개했다.

50 ▪▪▪▪▪ 지력 ▪▪▪▪▪▪▪▪ **80**

일제 강점기 시절에 일본군이 육군 장교를 양성하기 위해 만주에 세운 신경군관학교를 최우등으로 졸업했다. 그러나 그 학교가 우리 독립군 색출에 투입될 군인을 양성한다는 것을 알면서도 입교했다는 점에서 민족의식과 지혜가 부족했다고 할 수 있다.

1960년대 우리나라 최고의 시사 잡지 『사상계』를 발행하며, 지식인들의 공감을 얻는 글을 지면에 자주 발표했다.

50 ▪▪▪▪▪ 인품 ▪▪▪▪▪▪▪ **70**

근검·소탈했다고는 하지만, 자기 정권에 위협이 될 만한 사람들은 혹독하게 탄압했다.

검소하고 소탈했으며, 불의를 보면 불같이 화를 내며 반드시 대응할 정도로 강단이 있었다.

박정희. 대한민국 사람이라면 누구나 다 아는 전임 대통령 이름이지요.
이런 박정희에게도 라이벌이 있었으니, 그의 이름은 장준하예요. 어째 생소한
이름이라고요? 예, 그럴 거예요. 하지만 그는 일제 강점기 말에 일본군을 탈출하여
우리 민족의 독립을 위해 온 힘을 쏟아부은 독립투사이자, 해방 이후 우리나라
민주주의 발전을 위해 헌신했던 민주투사예요.
맞수 열전, 두 번째 시간에는 제3·제4공화국을 이끌었던 박정희 대통령과
그와 사사건건 대립했던 맞수 장준하를 무덤 속에서 불러내 그들의 기이한
인연에 대해 살펴봐요.

광복군 출신과 일본군 출신의 만남

일본과 미국의 한판 싸움인 태평양 전쟁이 한창이던 1944년이었어요.
학도병으로 중국 땅에 파병되었던 우리나라 젊은이 하나가 대한민국임
시정부 산하 광복군으로 탈출해 왔어요. 그의 이름은 장준하였지요.

일본 신학대학에 다니고 있던 20대 열혈 청년 장준하는 1941년 초에
일본에 의해 반강제적으로 일본군에 입대했어요. 일본은 아시아 전체
로 전쟁을 확대하는 과정에서 병력이 부족해지자, 식민지로 삼았던 대
한제국의 젊은이들까지 전쟁터로 끌고 갔어요.

그는 일본을 위한 전쟁에 참여하고 싶은 생각이 눈곱만큼도 없었어
요. 하지만 일본의 강요로 어쩔 수 없이 입대하게 되었는데, 끌려가기
직전, 아내에게 『성경』한 구절을 말해 주었어요.

태평양 전쟁
1941~1945년.
제2차 세계대전의 소용돌이
속에서 일본이 미국 하와이의
진주만을 기습공격하면서
시작된 미·일 간 전쟁.

학도병 學徒兵
전쟁 또는 사변 시에 학업을
중단하고 군에 입대한 학생
병사. 일제는 애초 참전을
권장하여 자발적 지원을
받고자 했으나 응하는 학생이
별로 없자 강제 징집을
실시했다. 학도병은 전선에
동원된 뒤 반란·탈출을
모의하는 경우가 허다했다고
한다.

산하 傘下
어떤 조직체나 세력의 관할
아래.

내가 형제와 골육을 위하는 일이라면 비록 저주를 받아 그리스도로부터 버림을 받는다 하여도 이는 원하는 바이라.

그러면서 만에 하나 본인이 보낸 편지에 이 경구가 적혀 있으면, '내가 일본 군대에서 탈출했음을 알라'고 당부해 놨어요.

이후 그는 호시탐탐 도망칠 기회만을 노리다가, 1944년 7월에 중국군으로 탈출을 감행했어요. 그러고는 그해 11월 동지 53명과 함께 대한민국임시정부가 있던 충칭重慶까지 무려 2400킬로미터의 험한 길을 걸어 광복군에 합류했어요. 광복군이 뭐냐고요? 대한민국임시정부가 일제와 본격적인 싸움을 전개하려고 1940년에 중국 정부의 후원을 받아 우리 젊은이들로 구성한 민족의 군대예요.

이때부터 장준하는 조국 광복의 길에 투신하여 힘겨운 투쟁을 시작했는데, 광복군 활동 중에 특이했던 것은 뜻을 함께한 사람들과 자발적으로 OSS에 입소하여 특수 게릴라 훈련을 받은 것이었어요. 왜 그랬냐고요? 국내로 비밀리에 들어가 일본군을 상대로 게릴라 작전을 펼치기 위해서였어요. 허나 안타깝게도 이 계획은 실행되지 못했어요. 1945년 9월경에 국내로 투입될 것을 생각하고 열심히 훈련에 임했는데, 실행 한 달 전인 8월 15일에 일본이 무조건 항복을 선언해 버렸어요.

한편, 박정희의 젊은 시절 인생행로는 장준하와 사뭇 달랐어요. 그는 경상북도 구미 출신으로 1937년 대구사범학교를 졸업한 뒤에 초등학교 교사로 사회생활을 시작했어요. 어릴 적 그의 꿈은 나폴레옹 같은 영웅이 되는 것이었어요. 군인으로 성공하는 삶을 동경한 것이었죠. 그래서일까요? 교사가 된 지 3년 만에 직장을 그만두고 일본 정부가 운영하던 만주의 신경군관학교에 입학했어요. 이곳에서 그는 열심히 훈련에 임해 최우수 성적으로 졸업하여 촉망받는 일본군 장교로 군대 생활을 시

OSS
Office of Strategic, 미국전략사무국. 미국 국가 안보를 책임지고 있는 정보기관인 CIA의 전임 기관.

동경 憧憬
어떤 것을 간절히 그리워하여 그것만을 생각함.

작했어요.

장준하와 박정희의 인생길은 젊은 시절부터 이처럼 대조적이었어요. 한 사람은 가기 싫은 일본군에 강제로 끌려가서 결국에는 탈출하여 광복군에 투신했으며, 또 한 사람은 자진하여 일본 군대에 들어가 화려한 일본군 장교가 되어 성공을 꿈꾸었어요.

이런 그들이 직접 얼굴을 맞댄 것은 우리나라가 해방될 무렵이었어요. 만주에서 일본군 장교로 근무하던 박정희는 1945년 일본의 패망으로 끈 떨어진 뒤웅박 신세가 되어 피난민 대열에 합류, 어쩔 수 없이 광복군에 몸을 의지하게 되었어요. 이때 광복군 대위로 있던 장준하와 처음 만났어요. 그러나 이 만남은 미래의 관계를 예고라도 하듯이 서로에게 불편한 만남이었어요.

하루는 박정희가 광복군 대원들에게 일본 군대에서 하던 식으로 군사 훈련을 시키고 있었어요. 이를 우연히 목격한 장준하는 얼굴을 붉히며 박정희를 강하게 질책했어요.

"일제가 그냥 계속됐다면, 너는 만주군 장교로서 독립투사 살육을 계속했을 것 아닌가."

물론 이 이야기를 사실이 아니라고 주장하는 사람들도 있어서 구체적인 사건의 진실 여부는 좀 더 따져 볼 필요가 있어요. 하지만 사실이라면, 두 사람의 첫 인연은 대단한 악연이었다고 할 수 있지요.

조국 해방 이후 대립각을 세운 두 사람

해방 이후 장준하는 대한민국임시정부 사람들이 귀국하는 비행기 편으로 국내에 들어와 백범 김구 주석의 비서로 일하며 자주독립국가 건설을 꿈꾸었어요. 그런데요, 이승만이 대통령으로 있던 제1공화국은 날이 갈수록 독재가 심해졌어요. 장준하는 나라 꼴이 이래서는 안 된다는

패망 敗亡
싸움에 져서 망함.

질책
잘못을 꾸짖어 나무람.

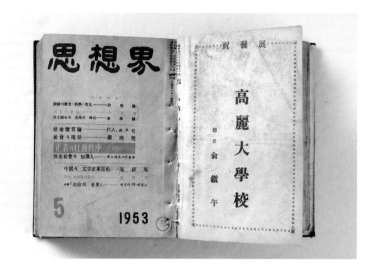

『사상계』는 지식인들의 큰 사랑을 받았지만 1970년 정부 압박과 경영난 속에서 폐간되었어요.

생각에 이승만의 독재를 막을 방법을 찾기 시작했어요. 그 과정에서 시사 잡지를 창간했는데, 이름이 『사상계』였어요. 언론을 통하여 국민들에게 독재 정치의 문제점을 널리 알리려는 것이었지요.

한편, 박정희는 해방 이후 대한민국 군대가 만들어지자, 재빨리 국군 장교로 변신해서 실직 신세에서 벗어났어요. 그러면서 승승장구하여 1960년 제2공화국이 들어설 무렵에는 별 두 개를 단 장군으로 출셋길에 올랐어요. 하지만요, 박정희가 보기에 제2공화국을 이끌고 있던 민주당의 장면 정부는 무능하고 부패하기만 했어요. 이 정부를 그대로 놔두면 나라 기반이 거덜 나고 사회 혼란이 한층 심해질 것만 같았어요. 그는 자신의 운명을 걸고 뜻이 같은 동지를 모아 혼란에 빠진 나라를 바로잡을 수 있는 길을 비밀리에 모색했어요. 군사 쿠데타를 계획한 거지요.

실직 失職
직업을 잃음.

제3공화국
1963년 12월 ~ 1972년 10월.
박정희 정권 시기의 정부.
박정희 정권은 제3공화국과
제4공화국으로 나누어지는데
1972년 10월유신 전까지가
제3공화국에 해당한다.

제3공화국의 탄생

1961년 5월 16일. 박정희가 이끄는 무장 군인들이 중앙 정부를 접수
했어요. 대한민국 정치를 주도해 나갈 새로운 리더가 등장한 순간이었
지요. 박정희는 쿠데타 직후에는 군인 신분으로 나라를 이끌다가 사회
가 어느 정도 안정되자 군복을 벗고 민간인 신분으로 탈바꿈하여 정식
선거를 거쳐 대통령 자리에 올랐어요. 제3공화국의 탄생이었어요.

제3공화국 정부는 경제 발전을 제1과제로 두고 나라를 이끌었어요.
그런데 문제는 돈이었어요. 경제를 성장시키려면 돈이 있어야 하는데,
당시 우리나라 재정 상태는 열악하기 그지없었어요. 이러한 현실을 타
개하기 위하여 박정희 정부는 한·일국교정상화를 서둘렀어요.

일제 강점기라는 악연 때문에 제1공화국 정부는 일본과 국교를 맺지
않았어요. 그러나 새 정부를 구성한 박정희는 일본과 국교를 맺는 데 적
극적으로 뛰어들었어요. 왜 그랬을까요? 새 정부는 일본과 국교를 맺는
조건으로 배상금을 충분히 받아 이 돈으로 경제 개발에 나서고 싶었어요.

정부 계획에 많은 시민과 대학생은 '굴욕 외교'라고 비판하며 반발했
어요. 일제 강점기 때 독립운동에 투신했던 장준하 또한 자신이 발행하
는 『사상계』를 통해 정부 결정은 '잘못된 결정'이라고 비판했어요. '한·일
수교는 일본이 저지른 과거의 잘못을 눈감아 주는 잘못된 외교'라는 것
이 그가 주장했던 핵심 내용이었지요.

하지만 경제 개발 자금이 절실히 필요했던 박정희 정부는 1965년 반

박정희 대통령은 국민의 격렬한 반대를 무릅쓰고 계엄령을 선포한 후 한·일국교정상화 비준 문서에 서명했습니다. 하지만 이 결정은 한·일 갈등의 씨앗이 되고 말았어요. 지금도 숙제로 남아 있는 일제 강제동원피해자와 위안부피해자 보상 문제, 일본 내 우익 집단의 역사 왜곡 문제는 이 사진 속 장면으로부터 비롯되었다고 해도 과언이 아니에요.

대 세력의 극렬한 시위에도 불구하고 국교를 정상화시키며, 그 대가로 6억 달러를 받아 경제 개발에 나섰어요. 반대 시위의 선봉에 서서 정권을 비판했던 장준하는 열을 많이 받았죠.

여기에 장준하를 더욱더 분개하게 한 정부 정책이 한 건 더 있어요. 미국이 주도한 베트남 전쟁에 우리 젊은이들을 파견하려는 거였지요. 명분은 '파병을 하게 되면, 미국으로부터 다양한 경제 원조를 제공받을 수 있다'는 것이었어요. 장준하는 이것 또한 꼴불견이라고 생각했어요. 베트남 파병은 '명분이 분명치 않은 싸움에 우리나라가 개입하는 꼴'이라며, 국군 파병을 절대 반대한다고 목소리를 드높였어요.

정부는 이 비판을 순순히 받아들였을까요? 그러지는 않았을 것 같다고요? 예, 그래요. 장준하의 주장은 메아리 없는 함성에 불과했어요. 박정희 정부는 베트남 파병도 강행했어요. 장준하는 박정희의 반대편에 서서 사사건건 대립했고요.

하룻밤 자고 나면 쑥쑥 크는 대나무처럼 거침없는 경제 성장을 이루어 가던 박정희 정부, 특히 정부의 수장인 박정희 대통령 입장에서는 나라 발전에 딴지를 거는 장준하가 못마땅했어요. 정부는 온갖 방법을 동원하여 미운털이 박힌 장준하를 견제하며, 그가 발행인으로 있던 『사상계』 폐간 공작까지 시도했어요. 이러한 악연이 겹치고 겹치며 둘 사이에는 건널 수 없는 강이 생겨 버렸어요. 특히 10월유신 이후, 장준하의 투쟁은 한층 가열해졌는데, 감옥에 가는 것을 마다하지 않으며 반독재 민주화 투쟁의 선봉에 서서 박정희 정부를 신랄하게 비판했어요.

빵이 먼저인가? 인간의 권리가 먼저인가?

1975년 8월 17일, 장준하는 경기도 포천에 있는 약사봉으로 등반을 떠났어요. 친한 사람들과 친목을 도모하기 위해 가볍게 떠난 산행이었지요. 하지만 이 등산에서 장준하는 돌아올 수 없는 길을 건너가고 말았어요. 동료 한 사람과 함께 정상에 올랐다가 경사가 급한 산길을 내려오며 절벽에서 떨어져 죽고 말았어요. 당시 신문은 '추락사고 지점은 산이 너무 험해 젊은 등산가들도 마음대로 오르내리지 못하는 경사 75도, 높이 14미터의 가파른 절벽인데, 장 선생 혼자서 아무런 장비 없이 내려오려 했다'라고 기록하고 있어요.

사건이 신문에 보도되자, 많은 사람들은 정부에 쓴소리를 자주 했던 장준하를 어느 누군가가 의도적으로 피살했다고 의심했어요. 그리고 이 의혹은 사건이 발생한 지 40여 년이 지난 지금까지도 아직 미스터리로 남아 진실 게임을 벌이고 있어요.

그럼 여기서 장면을 바꾸어 장준하가 죽은 이후에 박정희의 삶은 어떠했는지를 한번 살펴볼까요? 박정희는 대통령직을 계속 수행하며 강한 리더십을 바탕으로 경제 성장에 집중했어요. 하지만 눈부신 경제 성장에 비하여 민주주의는 박정희 정권 후반부로 갈수록 한층 퇴보되어 갔어요. 정권 말기 증상이 나타나기 시작한 것이죠.

운명의 1979년이 찾아왔어요. 이해에는 유난히 10월유신 철폐를 외치는 시위가 전국 각지에서 다발적으로 일어났는데, 이를 처리하는 과정에서 지배층 내부에 분열이 생겨 박정희는 10월 26일 심복이었던 중앙정보부장 김재규의 총에 맞아 황천객이 되고 말았어요. 1961년 5·16 군사정변 이후 정권을 잡아 나라를 이끌기 시작했으니, 무려 19년여 동안 장기 집권을 하다가 삶을 비극적으로 마감한 것이죠.

박정희와 장준하. 두 사람 모두 우리 현대사에 큰 영향력을 끼친 인물

황천객 黃泉客
'저승으로 간 나그네'라는
뜻으로, 죽은 사람을 이르는 말.

그날밤의 悽絕했던 惡夢再演

搜査官에 틀린것 고쳐주며

시종굳은 表情에 고분고분

故 朴대통령 弑害사건 現場檢證

『동아일보』 1979년 11월 9일자 1면에 보도된 10·26 현장검증 사진이에요. 김재규가 포승줄로 묶인 상태에서 저격 장면을 재현하고 있어요.

이에요. 박정희는 나라 살림이 엉망이던 시절에 대통령이 되어 우리나라 경제 발전의 주춧돌을 놓았으며, 장준하는 일제 치하에서 해방된 이후 민족주의 정신을 바탕으로 우리나라 민주주의 발전에 큰 기여를 했어요. 경제 발전과 민주주의. 여러분은 두 가치 중 어떤 것이 더 소중하다고 판단하세요? 인간다운 삶을 꾸리는 데 더 중요한 것은 빵일까요? 아니면 인간의 권리일까요? 이 문제를 골똘히 생각해 보며 동시대를 살다 간 박정희와 장준하를 다시 한 번 평가해 보세요.

제2공화국이 단명한 이유

윤보선 vs 장면

1897~1990 윤보선 　 　**장면 1899~1966**

50 ▬▬▬▬▬▬	**정치력**	▬▬▬▬▬▬ 50

제2공화국 대통령으로 있으면서 파벌 갈등에
휩싸여 나라를 잘 이끌지 못했다.

제2공화국의 내각을 책임진 국무총리였으나 우유부단하여
나라를 안정시키지 못했고, 5·16군사정변에 미온적으로
대처하여 박정희 군사 정권이 들어서는 빌미를 제공했다.

70 ▬▬▬▬▬▬	**지력**	▬▬▬▬▬▬ 70

일제 강점기 시절 영국에서 유학 생활을 하며
공부했기에 영어에 능통했다.

일제 강점기 시절 미국에서 공부했기에
영어에 능통했다.

60 ▬▬▬▬▬▬	**인품**	▬▬▬▬▬▬ 60

뜻이 같은 사람에게는 넓은 아량으로 대했으나,
자기중심적 성향이 강해 반대파를 끌어안지 못했다.

온화한 성품으로 모든 사람들을 자애롭게 대했으나
너무 나약하여 일처리를 대차게 하지 못했다.

제2공화국은 학생과 시민 들이 직접 거리로 나서서 이승만 독재 정권을 무너뜨린 4·19혁명의 결과 탄생한 민주 정부예요. 따라서 이 정부가 정치를 잘 이끌었다면, 우리 역사는 지금보다 훨씬 더 민주적으로 발전했을 거예요. 하지만, 안타깝게도 결과는 그렇지 못했어요. 왜냐고요? 국민의 전폭적인 지지 속에 정권을 잡았지만, 여당인 민주당 사람들이 서로 편을 갈라 대립만 하다가 9개월 만에 정권을 끝장내고 말았거든요.

맞수 열전, 세 번째 시간에는 제2공화국을 공동으로 이끌었던 윤보선과 장면을 초대하여 그들이 왜 실패한 정치가가 되었는지를 역사탐정이 되어 낱낱이 살펴봐요.

제2공화국의 탄생

1960년 4·19혁명은 철벽같던 이승만 정부를 순식간에 붕괴시켜 버렸어요. 혁명의 발단은 1960년 3월 15일에 치러진 대통령 선거였어요. 이승만 정권은 '선거에 부정은 없었다'며 끝까지 오리발을 내밀었지만, 3·15선거는 누가 보더라도 부정 선거가 확실했어요. 이러한 사태를 맞이하여 학생은 물론이고 대학교수·시민 들까지 '대통령 하야'를 외치며 시위에 뛰어들었고, 이승만은 4월 27일, 대통령직에서 물러나 하와이로 망명을 떠났어요. 이후 당시 외무부 장관이던 허정이 대통령 직무대행을 맡아 임시로 나라를 이끌었어요.

왜 외무부 장관이 대통령 일을 대신하게 되었냐고요? 헌법에 따르면, 대통령 자리가 공석이 될 경우에는 부통령이, 부통령도 없을 경우에는 외무부 장관이 대신 대통령직을 수행해야 했어요. 그런데 당시 부통령

하야 下野
시골로 내려간다는 뜻으로, 관직이나 정계에서 물러남을 이르는 말.

공석 空席
빈 자리.

4·19혁명을 이끈 것은 학생들이었다는 사실을 알고 있나요? 플래카드에 민주주의를 사수하자고 쓰여 있어요.

이었던 장면은 4·19혁명 도중 대통령에게 하야 압력을 넣기 위한 수단으로 부통령직을 사임해 버렸어요. 따라서 두 번째 계승권자인 외무부 장관 허정이 대통령 권한 대행이 될 수밖에 없었지요.

허정은 대통령 대행으로 취임하자마자 "과도기를 석 달 안에 끝내겠다"라고 정치 일정을 밝히며, 우리나라를 바르게 이끌 새 정부 구성을 위한 작업을 신속하게 벌여 나갔어요. 과도정부는 각종 법을 빠르게 정비하며 다음 정권을 위한 기초 공사를 단시일 내에 완료했고 그 결과 '양원제 국회를 바탕으로 한 내각책임제 정부'를 새 정부 구성안으로 내놓았어요. 양원제가 뭐냐고요? 법을 만드는 기구인 국회를 상원·하원 두

과도기 過渡期
한 상태에서 새로운 상태로
바뀌어 가는 도중.

개로 나누어 운영하는 제도예요. 우리나라는 현재 국회가 단원제로 운영되지만, 미국의 경우에는 상원·하원 양원제로 운영되고 있어요. 허정 정부는 세계 여러 나라의 국회 구성을 따져 본 뒤에 우리나라도 양원제로 운영하는 것이 좋겠다고 판단했어요. 그래서 미국 상원에 해당하는 참의원과 하원에 해당하는 민의원으로 입법부인 국회를 구성하여 내각책임제를 실시하기로 결론을 내렸어요.

내각책임제는 또 뭐냐고요? 왕이 있는 나라인 영국과 일본 사례를 살펴보면, 내각책임제를 쉽게 이해할 수 있어요. 이 두 나라는 왕이 있지만, 나랏일에 실제로 관여하지 않아요. 그냥 나라의 아버지國父국부로서 상징적 우두머리에 불과해요. 그럼 나랏일은 누가 이끌어 나가냐고요? 국회에서 선출된 수상이 각부 장관으로 구성된 내각의 대표가 되어 운영하지요. 이러한 정치 체제를 '내각책임제'라고 해요.

허정 과도정부는 '제1공화국이 독재 국가로 변질된 이유는 대통령에게 권한이 너무 과도하게 집중되었기 때문'으로 진단했어요. 그래서 해결 방안으로 대통령을 두기는 두되, 명목상의 국가 최고 지도자로 있게 하고, 실제 나라 행정은 내각을 책임진 국무총리가 각부 장관과 상의하여 운영하는 정치 체제를 선택했지요. 이러한 체제 개편 속에 탄생된 정부가 대통령을 윤보선, 국무총리를 장면으로 한 제2공화국이에요.

해방 이후 정계에 뛰어들어 거목으로 성장한 두 사람

새 대통령으로 선출된 윤보선과 국무총리로 지명된 장면은 둘 다 민주당 출신이었어요. 민주당은 이승만이 대통령으로 있던 제1공화국 시절에는 야당이었지만, 4·19혁명 이후 국민의 절대적인 지지를 받아 집권 여당으로 새롭게 변신했어요.

그런데 문제는 민주당의 분열상이었어요. 여당이 되자마자 구파와 신파로 내부 분열이 일어나 서로 자기파의 이익만을 내세우며 사사건건 대립하기 시작했어요. 당시의 대표적 시사 잡지 『사상계』는 1960년 9월 호에 민주당 내부의 권력 다툼을 이렇게 적고 있어요.

민주당의 신구파 싸움이 어떻게 낙착을 이루는지 모르지만 대체 이 싸움처럼 대의명분이 서지 않는 것이 없다. 신구가 갈리우고 노소가 갈리우고 남북이 갈리우는 이 정쟁은 흡사 이조 시대의 사색당쟁을 방불케 하는 것인데 이 파생에 앞장서는 자들은 도대체 자기가 무엇 때문에 누구를 위하여 싸우는가 하는 점부터 반성해 주기를 바란다. 아무리 정권 획득을 지상 목표로 알고 있는 자라 하더라도 정쟁에는 대의명분이 있어야 하는 것인데 순전히 권력욕 때문에 부질없는 정쟁만 전개하여 나라가 몇 조각으로 갈리운다 하면 어떻게 공산당을 막아 낼 수 있을 것이며 어떻게 국민 대중의 정당한 욕구를 충족시킬 수 있겠는가.

당 내부의 권력 투쟁이 얼마나 심했으면, 『사상계』가 이런 글을 통해 여당 사람들의 자기반성을 촉구했겠어요.

그런데요, 분열상을 보인 이런 민주당의 구파와 신파를 이끌었던 대표 인물이 바로 이번 시간 맞수 열전의 주인공 윤보선과 장면이에요.

충남 아산에서 태어난 윤보선은 조상 대대로 벼슬을 해 온 명문 가문 출신이에요. 일찍이 신학문에 눈을 떠서 영국으로 건너가 에든버러 대학에서 고고학을 공부한 후, 일제 강점기 시절인 1932년에 귀국하여 해방 이후 정계에 뛰어들었어요. 가문의 후광이 있었고 영어에도 능통했기에 미군정 치하에서 미군정청 농상국 고문직을 지냈으며, 대한민국 정부 수립 이후에는 초대 서울시장, 상공부 장관을 거치며 정치계의 거목으로 성장했어요.

농상국
농산·축산과 관련된 식량 정책을 맡아보던 기관으로 오늘날의 농림부와 유사하다.

그때 그 시절의 역사 현장 **해방 직후 우리나라는?**

우리나라는 1945년 8월 15일 일제 치하에서 해방되었다. 하지만 우리 손으로 만든 민족 정부가 바로 들어선 것은 아니다. 이후 3년간 미군이 정치를 주도하는데, 이 시기를 '미군정기'라 한다. 대한민국 정부는 이 기간 동안 정치 체제 등 다양한 문제에 대한 논의 과정을 거쳐 1948년 8월 15일에 정식 출범했다.

한편 서울에서 출생하여 인천에서 성장한 장면은 어릴 적부터 독실한 천주교 신자였어요. 그는 외국인 신부의 주선으로 미국 유학을 가서 맨해튼 가톨릭대학교에서 교육학을 전공한 후에, 귀국하여 교육계에 투신했어요. 이런 그가 정치에 발을 담근 것은 윤보선처럼 영어에 능통했기 때문이에요. 미군정기에 천주교계의 추천으로 입법 의원을 지냈으며, 제1공화국이 들어서자 초대 주미 대사, 국무총리를 지냈어요. 하지만 그는 이승만 정권의 독재 정치에 염증을 느껴 이승만 독재 체제에 반대하여 창당한 민주당의 창당 주역으로 활동하며 야당 정치인으로 변신했어요.

이런 장면이 국민에게 이름을 널리 알린 것은 1956년에 치른 제3대 대통령·부통령 선거 때문이었어요. 야당 출신임에도 불구하고 여당인 자유당 후보를 누르고 부통령에 당선됐거든요.

자파 自派
뜻이 같은 사람들이 편을
이뤄 만든 조직.

낙마 落馬
말에서 떨어진다는 뜻으로
선거에서 떨어지는 것을
비유하는 말.

자포자기 自暴自棄
자신을 스스로 해치고
버린다는 뜻으로,
몸가짐이나 행동을 되는대로
취함.

밤낮으로 싸우다가 붕괴된 제2공화국

제2공화국은 내각책임제 정부였기에 국회의원이 선거를 통해 대통령과 국무총리를 선출했어요. 이승만이 물러난 이후 공정한 선거를 통해 새롭게 구성된 국회는 민주당이 거의 절대 다수를 차지했어요. 따라서 민주당이 구파와 신파로 나누어져 있었다 하더라도 서로 협력만 잘했으면, 제2공화국은 무척 모범적인 민주 정부로 발전했을 거예요. 그러나 아쉽게도 민주당 국회의원들은 서로 자기파에 유리한 국면을 조성하려고 표 내결을 벌이며 진흙탕 싸움을 벌였어요. 구파 사람은 자기파 대표 주자인 윤보선을 대통령으로 만든 후에 국무총리마저 자파 사람으로 선출하려 했어요. 이에 신파가 반발하여 구파에서 추천한 사람을 낙마시키고, 신파 출신 장면을 제2공화국의 초대 국무총리로 선출했어요.

신·구파 대립은 여기서 끝나지 않았어요. 제2공화국은 나라 행정의 모든 권한이 국무총리에게 있었는데, 대통령이 된 윤보선은 이를 인정하지 않으려 했어요. 자기가 대한민국 최고 지도자인데, 내각책임제라고 해서 국가의 모든 일을 국무총리에게 맡기는 것은 부당하다고 주장했어요. 그러면서 장면 내각이 하는 일에 사사건건 어깃장을 놓았어요. 그렇지 않아도 4·19혁명 이후 나라 정세는 혼란하기만 했어요. 독재 체제에서 터트리지 못한 다양한 요구가 이곳저곳에서 봇물처럼 터져 나오기 시작했거든요. 이런 현실임에도 나라 안정에 적극적으로 나서야 할 여당 정치인들이 철없는 행동을 했으니, 국민의 불안과 불만은 알게 모르게 조금씩 번지고 있었어요.

이러한 정세 속에서 1961년 5월 16일, 박정희는 제2공화국의 혼란상을 바로잡겠다며 군사 쿠데타를 일으켰어요. 군인들이 반란을 일으켰다는 이야기를 청와대에서 전해 들은 윤보선은 자기가 주도하여 세운 정권임에도 불구하고 "올 것이 왔다"며 쉽게 자포자기했어요. 국무총

리 장면 또한 훗날, 당시 민주당의 파벌 투쟁을 "지긋지긋한 시련이었다"고 회상하면서 윤보선이 살았던 청와대를 "갖은 정략을 꾸미는 구파의 참모본부"쯤으로 여겼어요. 어찌 보면 참으로 한심한 두 지도자지요.

윤보선과 장면. 두 사람은 서로 같은 배를 탄 동지로서 국민의 힘으로 탄생한 제2공화국을 올바르게 이끌 책임을 가진 정치 지도자였어요. 하지만 이들은 자기 파벌의 이익에만 몰두하다가 함께 몰락하며 국민 전체에게 좌절을 안겨 주고 말았어요. 역사의 이름으로 두 사람에게 묻고 싶어요. 지금 제2공화국과 같은 민주 정부가 들어서더라도 또 자기파의 이익만을 챙기며 서로 대립할 거냐고요.

대한민국은 민주주의 국가예요. 따라서 국가주권은 국민에게 있지요. 다만 국민 전체가 나랏일에 직접 참여할 수 없기에 정치를 열정적으로 하고자 하는 사람들에게 국민의 이름으로 국가 일을 잠시 맡겨 놨을 뿐이에요. 그러므로 정치인들은 서로 합심하여 나라와 국민이 아무 시름 없이 잘살 수 있게 최선을 다해 정치를 해야 해요. 장면과 윤보선은 아쉽게도 그런 정치를 하지 못했어요. 그러다 보니 정치 발전 자체를 퇴보시키고 말았지요.

어떤 국가를
세울 것인가

김구
vs
이승만

1876~1949 **김구** | **이승만** 1875~1965

90	정치력	90

우리나라가 해방되던 1945년까지 서로 생각이 달랐던
독립운동가들을 잘 아우르며 대한민국임시정부를 활성화시켰다.

대한민국임시정부의 초대 대통령, 대한민국 정부의
초대 대통령을 역임할 정도로 정치 활동이 왕성했다.

90	지력	90

중국 정부가 대한민국임시정부를 적극 후원하게
할 정도로 협상력이 있었고, 갖은 고난 속에서도
어려운 살림살이의 임시정부를 잘 꾸렸다.

신학문을 공부한 이후로 영어 공부에 매진하여
20대 중반에 이미 영어 회화에 능통했으며,
정세를 판단하는 능력이 출중했다.

80	인품	50

일제와 손을 잡은 세력에게는 호랑이로 통했으나,
대한민국임시정부의 주석이었음에도
남녀노소 모두에게 자애로웠으며 무척 소탈했다.

자기를 따르는 사람은 잘 챙겼지만,
독선적인 면이 많아 대립하는 사람도 많았다.

일본 제국주의와 맞짱을 뜨면서 우리 민족에게 희망의 등불이 되었던 대한민국임시정부의 초대 대통령은 누구일까요? 임시정부 활동이 지지부진했던 1920년대 중반에 지도자로 나서서 1945년 해방이 될 때까지 대한민국임시정부를 실질적으로 이끌었던 인물은 누구일까요? 바로 이번 시간의 주인공 이승만과 김구예요. 맞수 열전, 네 번째 시간에는 민족독립운동의 대표적 지도자이자, 해방 공간에서 한국 현대사의 거목으로 활동했던 김구와 이승만을 초대하여 그들의 뒤엉킨 인연에 대해 이야기해 봐요.

일제 강점기 시절 독립운동을 이끈 민족 지도자들

백범 김구와 우남 이승만은 일제 강점기에 해외에서 독립운동을 했던 대표적인 독립운동가이자, 우리 민족이 해방된 1945년부터 대한민국 정부가 수립되기까지 우익 민족 진영을 이끌었던 민족 지도자예요.

둘은 황해도 땅에서 출생하여 1905년 을사조약 체결 당시에는 애국 계몽운동에 적극 참여하였으며, 일제 식민지 시대 36년간 중국에서, 미국에서 온몸으로 우리 민족의 자주독립을 위해 헌신한 지사들이었어요.

이런 그들에게 1945년 8월 15일은 매우 뜻깊은 날이었어요. 미국의 힘에 눌려 일제가 무조건 항복을 한 와중에 우리 민족도 해방의 기쁨을 누릴 수 있었거든요. 온전히 우리 민족의 힘만으로 나라를 되찾은 것은 아니었지만 꿈에 그리던 자유가 곧 손에 잡힐 듯했어요.

지사 志士
나라와 민족을 위하여 제 몸을 바쳐 일하려는 뜻을 가진 사람.

얄타
우크라이나의 흑해 연안에 있는 도시.
1945년 2월, 제2차 세계대전 종반에 이곳에서 미국·영국·소련의 지도자가 모여 독일의 패전과 전후 관리에 대하여 의견을 나누는 회담을 가졌는데, 이때 한반도의 38도선 분할 통치가 결정되었다.

요인 要人
중요한 자리에 있는 사람.

그때 그 시절의 역사 현장 · **애국계몽운동?**

을사조약 체결로 일제 침략이 본격화되는 시기인 1905~1910년 사이에 개화를 통해 민족의 실력을 기르자고 주장한 세력개화자강파이 주도하여 전개한 국권회복운동. 주요 사업으로 신교육구국운동, 언론계몽운동, 민족산업진흥운동, 국채보상운동, 신문화·신문학운동, 국학운동, 민족종교운동, 해외독립군기지창건운동 등이 추진되었다.

그런네요, 광복의 기쁨은 한순간에 불과했어요. 우리 민족이 일제의 억압에서 풀려난 것은 사실이었지만, 연합군을 이끈 미국과 소련, 영국은 사전에 얄타에서 '일본이 망하면 한반도는 38도선을 기점으로 북쪽은 소련군이, 남쪽은 미군이 점령하여 당분간 다스린다'라고 약속을 해 놓았었거든요.

해방은 되었지만 이런 결정이 있었기에 오랜 세월 동안 이국에서 갖은 고생을 다하며 대한민국임시정부를 이끈 백범 김구와 여러 독립운동가들은 임시정부 요인 자격으로 국내에 들어오지 못했어요. 개인 자격으로 환영 인파 하나 없는 김포공항으로 쓸쓸히 입국해야 했지요. 미국의 이러한 조치는 27년 동안 민족 독립을 위하여 묵묵히 일해 온 임정 사람들에게는 씻을 수 없는 치욕이었어요.

반탁이냐? 찬탁이냐?

해방 이후에 해외에서 독립운동을 했던 민족 지도자들이 하나둘 국내로 들어왔어요. 미국에서 활동하던 이승만도, 중국에서 활동하던 김구도 속속 입국했지요. 그런데 말이에요. 비록 해방은 되었지만, 우리 민족이 한마음 한뜻으로 뭉쳐지지는 않았어요. 정치를 하고자 하는 사람들이 우후죽순 늘어나며 불과 몇 개월 사이에 국내에는 수백 개의 정

1945년 11월 5일. 상하이 공항은 김구와 임시정부 인사를 배웅 나온 사람들 덕에 이처럼 감격스런 분위기가 감돌았어요. 그러나 정작 그토록 그리워했던 고국으로 들어가는 입구, 김포공항은 환영객의 손짓 하나 없이 썰렁하기만 했어요. 미국 통제로 귀국 사실이 아예 알려지지 못했거든요. 하지만 임시정부 귀환이 뉴스화되자 거리는 축하하는 시민들의 행렬로 물결을 이루었지요.

당이 난립했고, 좌익과 우익으로 서로 편을 갈라 싸우기 시작했어요. 특히 좌·우익 대립은 1945년 12월에 열린 모스크바3상회의에서 신탁통치 결의안이 나오며 서로를 못 잡아먹어 안달이 날 정도로 극에 달했어요. 신탁통치가 뭐냐고요? 한반도에 독립국가를 수립하기 위해 논의를 할 동안 최장 5년에 걸쳐 미군과 소련군이 한반도에 주둔하면서 '감 놔라 대추 놔라'를 하겠다는 결정이었어요.

이 소식을 전해 들은 김구는 결사반대했어요. 이승만 또한 마찬가지였어요. 두 사람이 주도한 우익 세력은 대규모 집회를 열면서 반탁운동을 전개했어요. 좌익 세력도 처음에는 반탁운동에 뜻을 같이했어요. 하지만 좌익은 신탁통치를 찬성하는 쪽으로 급선회했어요. 이후 날이면

급선회 急旋回
급히 방향을 바꿈.

날마다 좌익과 우익은 찬탁과 반탁을 외치며 서로 대립했어요.

이러한 대치 국면 속에서 모스크바3상회의 결정에 따라 미국과 소련은 한반도에 독립국가를 세우기 위한 논의를 하려고 1946년 제1차 미·소공동위원회를 서울에서 열었어요.

회의 결과는요? 어찌 되었을 것 같나요? 민족의 중대사를 논의하는 회의였으니, 분위기 좋게 잘 끝났을 것 같다고요? No, No! 천만의 말씀이에요. 회의는 양국의 견해차만 확인하고 성과 없이 끝났어요. 두 나라 모두 사기 쪽에 유리한 정부를 세우기 위해 치열한 눈치 싸움만 벌이다 판을 깨고 말았지요.

그때 그 시절의 역사 현장 ## 좌익? 우익?

좌익左翼은 '왼쪽 날개'라는 뜻이지만, 정치적으로는 급진적·혁신적 세력을 뜻한다. '오른쪽 날개'라는 뜻의 우익右翼은 정치적으로 점진적·보수적 세력을 말한다. 좀 더 자세히 설명하면, 좌익 세력은 진보·혁신 또는 사회주의적 사상이나 경향을 가진 인물이나 단체를, 우익 세력은 보수의 편에서 친자본주의적 혹은 배타적 민족주의 사상이나 성향을 가진 인물이나 단체를 말한다.

한편 우리나라에서는 해방 공간부터 지금까지 줄곧 좌파를 '공산주의 체제의 신봉자', 우파를 '자유민주주의 체제의 신봉자'라는 뜻으로 한정지어 사용하고 있다. 남과 북으로 갈라져 서로 적대시하는 분단국가의 설움이 용어 사용에도 영향을 미친 것이다.

단일정부 수립이냐? 단독정부 수립이냐?

이 무렵부터 김구와 이승만은 점차 다른 길을 걸었어요. 이승만은 제1차 미·소공동위원회가 결렬되자, 전라북도 정읍에서 연설을 하면서 다음과 같이 주장했어요.

미·소공동위원회를 이끈 대표인물이에요. 왼쪽 미국 측 하지 중장, 오른쪽 소련 측 스티코프 대장.

'신탁통치결사반대'라고 쓴 현수막을 든 반탁 시위대의
모습이에요.

'삼상결정결사지지'라고 쓴 현수막을 든 찬탁 시위 인파예요.

이제 우리는 무기 휴회된 미·소공동위원회가 재개될 기색도 보이지 않으며, 통일정부를 고대하나 여의케 되지 않으니, 남방^{남한}이라도 임시정부, 혹은 위원회 같은 것을 조직하여 38도선 이북에서 소련이 철퇴하도록 세계 공론에 호소하여야 할 것이니 여러분도 결심하여야 될 것이다.

남한만의 단독정부 수립도 염두에 둬야 된다는 얘기였지요. 김구는 이승만의 발언을 전해 듣고 천부당만부당하다며 펄쩍펄쩍 뛰었어요. 무슨 일이 있더라도 한반도에는 하나의 통일 정부가 수립되어야지, '남한만의 단독정부가 뭔 얘기냐?'는 거였어요.

미국은 1947년에 미·소공동위원회를 다시 열어 소련과의 견해 차이를 좁혀 보려 했어요. 하지만 두 번째 위원회에서도 양국은 한 치 양보도 없이 대립만 하다가 회담을 결렬시키고 말았어요.

결국 한반도에 새로운 정부를 수립하는 문제는 미국에 의해 유엔으로 넘겨졌어요. 유엔은 세계 많은 나라들이 참여하고 있는 국제기구이지만, 주도권을 미국이 쥐고 있었어요. 따라서 한반도 문제를 빨리, 그것도 미국의 의도대로 결론 내려면 유엔에 맡기는 것이 유리했어요.

유엔은 총회를 열어 한반도에 정부를 수립하기 위한 남북한 동시 총선거를 실시하기로 결정하면서, 선거 감시를 위한 임시위원단을 한국에 파견하기로 결론을 내렸어요. 이 결정에 이승만은 물론이고 김구를 비롯한 모든 우익 지도자들이 쌍수를 들어 환영했어요. 왜냐고요? 북한까지 포함한 단일정부 구성이 가능하다는 판단 때문이었지요.

1948년 1월 7일, 유엔한국임시위원단이 우리 땅에 들어왔어요. 하지만 이 위원단은 제대로 활동할 수가 없었어요. 38도선 이북 지역을 관장하고 있던 소련이 임시위원단의 북한 입국을 거부해 버렸거든요. 유엔은 임시위원단의 활동이 불가능해지자, 파리에서 소총회를 다시 열었어요. 이번에는 '가능한 지역에서만이라도 총선거를 실시하여 정부를 구성하자'라고 결론을 내렸어요. 유엔의 결정에 이승만은 쌍수를 들어 적극적으로 환영했어요. 그러나 김구는 결사반대했어요. 왜냐고요? 남북 양쪽에 각기 다른 정부가 들어서면 우리 민족은 영원히 분단될 거라는 생각이 들었기 때문이지요.

정세가 이처럼 변하자 김구는 자신과 뜻이 비슷하던 김규식과 함께 마지막 승부수를 던졌어요. 「삼천만 동포에게 읍고함」이란 성명서를 발

1948년 4월 경교장. 김구의 신변을 염려해 북한행을 만류하러 몰려 온 시민 앞에서 남북협상의 중요성을 강조하고 호소하는 김구의 모습이에요.

표하고 북한 공산당을 이끌고 있던 김일성에게 통일정부 수립을 위한 남북회담을 제의했어요.

나는 통일된 조국을 건설하려다가 38도선을 베고 쓰러질지언정 일신의 구차한 안일을 취하여 단독정부를 세우는 데는 협력하지 않겠다.

김구는 반대 세력의 치열한 방해 공작을 물리치고 김규식과 함께 평양으로 남북협상을 하러 떠났어요. 결과는요? 소득이 별로 없었어요. 김구는 우리 민족의 미래를 위하여 반드시 통일정부를 세워야 한다고 생각했지만, 북한 공산당 세력은 북한에 자기 정권을 수립할 생각으로 가득 차 있었어요. 그들은 김구 생각과는 달리 남북협상을 공산 정권 수립의 명분으로만 이용하려 했지요. 결국 김구는 남쪽에서는 단독정부 수립을 지지하는 세력에 의해 왕따를 당하고, 북쪽에서는 공산정권 수립의 명분만 세워 주는 우스운 꼴을 당하고 말았어요. 그러면서 이승만과의 갈등은 점점 더 심해져 갔어요.

대한민국 정부 수립에 나선 이승만

1948년 5월 10일, 선거 가능한 지역인 남한에서만 초대 국회의원을 선출하는 총선거가 실시되었어요. 5·10 총선거 이 선거에 김구와 대한민국임시정부 사람들이 만든 한국독립당은 참여하지 않았어요. '남한만의 선거는 남북한이 영구 분단되는 시발점이 된다'고 판단했던 거지요.

반면에 이승만 지지 세력은 대거 선거에 참여하여 국회의원에 당선되었어요. 또한 이들이 초대 국회를 구성하여 새 나라 대한민국을 이끌 대통령으로 이승만을 선출했어요.

라이벌 이승만이 반쪽짜리 나라의 대통령이 되자, 김구는 그를 강하게 비난했어요. 많은 독립운동가들이 중국이나 연해주에서 고달픈 투쟁을 이어갈 때 이승만은 미국에서 호의호식하고 있었다고요. 이승만 또한 자신의 라이벌인 김구를 '혁명가는 될 수 있어도 정치가는 못 된다'고 비아냥거렸어요.

이러한 대립 속에 1949년 6월 26일 육군 장교 안두희 총에 김구가 저격당해 세상을 떠났어요. 많은 사람들은 이승만 지지 세력이 반대만 하는 김구가 꼴 보기 싫어 해치운 거라고 생각했어요.

김구가 시해된 후 이승만은 승승장구하며 세 번에 걸쳐 대한민국 대통령을 지냈어요. 그러나 그의 말년은 비참했어요. 당시 우리나라 제헌 헌법은 대통령 임기를 4년 중임으로 제한하고 있었어요. 즉 4년에 한 번씩 선거를 해서 한 사람이 최대 8년까지만 하기로 되어 있었지요. 그런데 이승만은 헌법을 부정한 방법으로 개정하여 12년 동안 임기를 이어갔고, 그것도 모자라 다시 4년을 더 하기 위해 1960년 3월에 치러진 제4대 대통령을 뽑는 선거에 또 나왔어요. 하지만요, 민심은 이미 이승만 편이 아니었어요. 정부가 드러내 놓고 부정 선거를 저지르자 화가 난 국민들이 대거 일어나 대통령 하야운동을 전개했어요. 4·19혁명이 시작된 거지요. 결국 이 혁명으로 이승만은 대통령 자리에서 자의 반 타의 반으로 물러나 하와이로 망명을 떠났으며, 그곳에서 1965년 90세의 일기로 세상을 하직했어요.

김구와 이승만. 두 사람은 나라가 개화의 물결 속에 휩쓸리던 19세기 후반에 태어나 일제 강점기 시절, 해외에서 갖은 고생을 다하며 우리 민족의 독립을 위해 노력했어요. 그러나 조국 광복을 맞이한 1945년 이후에 각기 다른 생각 속에 서로 대립하며 치열하게 다툼을 벌였어요.

세상을 떠난 두 분 민족 지도자에게 묻고 싶어요. 혹시 다시 살아 본다면, 이제는 서로 화합하여 우리나라를 더 발전적인 멋진 나라로 만드는 데 헌신할 생각이 없는가를요.

　두 분은 분명 우리 민족의 대표적인 민족 지도자예요. 어느 분이 인생을 더 멋지고 보람되게 살았는지는 역사의 신만이 아실 거예요. 어때요, 여러분. 여러분은 둘 중 어느 분의 인생에 손을 들어 주고 싶나요?

애국의 길
매국의 길

손병희
vs
이용구

1861~1922 **손병희** **이용구** 1868~1912

정치력

90 ▬▬▬▬▬▬▬ 70

기독교·불교계 사람들까지 잘 아우르며
3·1운동을 주도적으로 이끌었다.

동학 지도자였으나, 친일파로 변신하여 민족종교 동학을
친일 활동에 적극 활용할 정도의 정치력은 있었다.

지력

70 ▬▬▬▬▬▬ 50

천도교 지도자로 오랫동안 활동하면서
천도교 활성화에 힘을 다했다.

똑똑하기는 했지만 미래를 내다보는
예지력은 부족했다.

인품

90 ▬▬▬▬▬▬▬ 20

평생 가장 중요하게 생각한 것이 인간의 존엄성이었을
정도로 사람을 귀하게 여겼다. 동학 대표 교리인
'인내천' 사상도 그에 의해 체계화되었다.

많은 무리가 따를 정도로 친화력은 있었으나,
기회주의자였다.

1919년 3월 1일. 중국 음식을 전문으로 하는 식당 태화관에서 민족 대표 33인이
모여 우리 민족의 독립을 요구하는 기미독립선언서를 낭독했어요.
이때 33인을 대표하는 인물이 있었으니, 그분은 바로 이번 시간의 주인공
의암 손병희예요. 그는 동학에서 이름을 바꾼 천도교를 이끈 종교 지도자로
우리 민족의 자주독립 의지를 세계 만방에 알리기 위하여 기독교·불교계의
이름 있는 사람들과 함께 독립선언서를 발표했어요. 이런 그에게도 라이벌이
있었으니, 그는 바로 한때 동학을 함께 이끌었던 이용구예요.
맞수 열전 다섯 번째 시간, 동학의 맥을 이어 가던 두 사람의 엇갈린
인생 행로를 살펴봐요.

방황하던 청년들, 동학에 눈뜨다

3·1운동의 지도자 의암 손병희는 1861년 충청북도 청원군에서 서자
로 태어났어요. 그가 태어날 무렵, 조선은 안팎으로 얻어터지느라 곱사
등이가 되어 가고 있었어요. 안으로는 세도정치의 폐해로 백성의 삶이
무너지고 있었고, 밖으로는 서양 열강 세력의 통상 요구 속에 불안한 정
세가 계속되고 있었어요.

이처럼 나라가 풍전등화의 위기에 놓여 있을 때 태어난 손병희는 어
린 시절부터 보통 반항적인 아이가 아니었어요. 요즘으로 따지면 일진
이 남부럽지 않을 정도로 막가파인데다 고집불통이어서 집안의 우환거
리였지요.

그가 일곱 살 때였어요. "적서 차별이 없어지지 않으면 아버지를 아
버지라고 일절 부르지 않겠다"라고 선언을 하더니, 정말로 아버지를 아

서자
본부인이 아닌 딴 여자가 낳은
아들.

풍전등화 風前燈火
'바람 앞의 등불'을 뜻하는
사자성어로 큰 위기가 코앞에
닥쳤을 때를 비유하는 말.

우환
집안에 복잡한 일이나 환자가
생겨서 나는 걱정이나 근심.

적서 차별
본부인이 낳은 아들인
'적자'와 첩이 낳은 아들인
'서자'를 차별 대우하는 것.

버지라 부르지 않았어요. 또한 서자가 성리학 공부를 열심히 해도 쓸데가 별로 없다면서 공부를 중단한 채 친구들과 거리를 떠돌며 깡패처럼 살았어요.

이런 그가 정신을 차리고 새사람이 된 것은 큰조카의 권유로 동학에 들어가면서부터였어요. 이때부터 그는 서자의 한을 동학사상으로 풀려 했는지, 양반과 상민의 평등을 외치며 동학의 핵심 교리인 '인내천' 사상을 자기 삶의 핵심으로 삼았으며 동학 2대 교주 해월 최시형의 눈에 들어 교단의 지도자로 성장해 갔어요.

손병희보다 일곱 살 아래인 이용구는 1868년 경상북도 상주군에서 태어났어요. 열세 살에 아버지를 여의고 집이 몹시 가난하여 자주 이사를 다녔는데, 1890년에 동학에 들어가 손병희와 마찬가지로 해월 최시형에게 발탁되어 동학의 핵심 인물로 성장했어요.

동학농민운동 중 생사고락을 함께하다

1894년 동학농민운동이 처음 일어났을 당시에는 전라도 지역 농민군으로 편성된 '남접'만 전투에 참여했어요. 그러나 일본군이 청·일 전쟁 1894~1895을 일으켜 승기를 잡으며 조선 땅을 강탈하려 하자, 동학농민군은 재봉기했는데, 이 2차 봉기 때는 충청도 동학 조직인 '북접' 동학교도들도 전쟁에 적극 참가했어요. 이 조직을 이끈 사람이 손병희였고요.

손병희는 교주 최시형으로부터 통령기를 받아 들고 남접 지도자 전봉준과 합세하여 공주에 있는 우금치를 넘어 서울로 진격하려 했어요. 하지만 우금치 전투에서 동학군은 대포와 기관포로 중무장한 일본군의 막강한 화력 앞에 산산이 부서지고 말았어요. 이 싸움에서 손병희는 병력 대다수를 잃고 제 한목숨 챙기기에 급급해야 했어요. 이용구 또한 마찬가지였어요. 우금치 전투에서 오른쪽 다리에 총상을 입은 그는 겨우

교주
종교 단체의 최고 우두머리.

통령기
동학 우두머리를 상징하는 깃발.

우금치
충청남도 공주시 금학동에 있는 고개.

살아나 산골에 숨어 살아야 했어요. 한편 동학 교단은 이 전투의 패배로 조직이 완전히 붕괴되며 겨우 명맥만 이어 가는 처지가 되고 말았어요.

동학 지도자로 나선 손병희, 배신 때린 이용구

1898년 일제와 대한제국 정부의 눈을 피해 이곳저곳 떠돌아다니던 손병희가 동학의 3대 교주로 추대되었어요. 2대 교주 최시형이 강원도 원주에서 붙들려 사형을 당한 직후였어요.

손병희는 동학의 최고 지도자가 되자, 자신과 전쟁터에서 생사고락을 함께 나눈 이용구를 깊이 신뢰하여 그와 동고동락하며 동학을 재건하려 했어요. 정부에 발각되면 곧바로 잡혀 죽어야 할 처지였기에 손병희는 일본으로 망명을 떠나 오랜 기간 거주했는데 그동안 국내의 동학 일을 이용구에게 위임한 것도 그가 이용구를 신임했기 때문에 가능한 일이었지요.

그런데 말이에요, 이용구가 동학 교단을 배신했어요. 발단은 대동회의 설립이었어요. 일본에 있던 손병희는 러시아와 일본 사이가 험악해지자 양국 사이에 전쟁이 일어날 것을 미리 감지하고 '일본이 이기거나 러시아가 이기거나 우리나라가 망할 것은 분명한 일이다. 지금 할 수 있는 일은 일본을 도와 승리한 다음에 국권 회복을 위해 싸우는 길이다'라고 강조하면서 국내에 비밀리에 대동회를 만들라고 이용구에게 지시했어요. 우리 민족이 대동단결하여 외세를 물리치자는 의미에서였지요.

아닌 게 아니라 손병희의 예언처럼 1904년 러·일 전쟁이 일어났어요. 금수강산 우리 국토는 순식간에 전쟁의 소용돌이에 빠져들었지요. 조선 땅이 전쟁터로 변하자, 손병희는 양국 사이에서 절대 중립을 지켜야 우리 민족에게 이롭다면서, 대동회 이름을 중립회로 고치게 하더니, 세계 문명에 앞장선다는 의미에서 진보회로 재개정하고 단체 회장을 이

생사고락 生死苦樂
삶과 죽음, 괴로움과 즐거움을 통틀어 일컫는 말.

동고동락 同苦同樂
괴로움과 즐거움을 함께함.

위임 委任
일 처리를 대신 할 수 있도록 타인에게 권한을 맡김.

51

용구에게 맡겼어요.

당시 동학 교도들은 사람 발길이 닿지 않는 산골에 사는 경우가 대다수였는데, 그들은 교주 손병희가 일본에서 진보회 조직을 명했다는 소식을 알음알음으로 전해 듣고 너도나도 진보회에 가입했어요. 하지만 이용구가 문제였어요. 고양이에게 생선을 맡긴 격으로 그는 진보회가 전국조직으로 커지자 생각을 달리했어요.

손병희는 분명 진보회를 조선의 자주독립을 위한 단체로 만들 생각이었어요. 그러나 이용구는 친일단체인 유신회와 비밀리에 손을 잡고 진보회를 친일단체로 탈바꿈시켜 버렸어요. 여기에 더 나아가 친일파의 거두 송병준과 손잡고 일진회를 만들어 본격적인 친일 행위에 나섰어요. 우리 민족에게 이용구가 천하의 몹쓸 짓을 한 것이죠. 더 어처구니없는 일은 이용구가 친일파인 줄을 모르고 있던 진보 회원들 즉, 동학

교도들은 회장인 이용구가 권유하니, 너도나도 일진회에 가입하기 시작했다는 거예요.

고육지책 苦肉之策
어려운 상태를 벗어나기 위해 어쩔 수 없이 꾸며 낸 계책.

이용구가 친일 행위에 나설 때, 손병희는 뭘 했냐고요? 그는 일본에 있었기에 국내 사정에 어두웠어요. 더구나 이용구를 워낙 믿고 있었기에 그가 친일파가 된 줄은 꿈에도 생각하지 못했어요. 그럼 언제 알았냐고요? 1905년 을사조약 체결 때 이용구의 배신을 눈치챘어요. 일진회가 을사조약 체결에 찬성하는 성명을 발표했거든요. 손병희는 서둘러 이용구를 일본으로 불러들여 설득했어요.

"을사조약 체결을 찬성하는 것은 천부당만부당한 일이오."

이용구가 대답했어요.

"대한으로 하여금 일본의 보호를 받아서 장차 완전한 독립을 하고자 하는 충정에서 나온 행동입니다."

손병희는 '보호를 받고자 하면 보호를 버려야 한다'고 반박하면서 이용구의 마음을 되돌리기 위해 노력했어요. 하지만 이용구의 마음은 돌아선 지 오래였어요. 상황이 이렇자, 손병희는 서둘러 동학을 개편하여 이름을 천도교로 고쳤어요. 배신자 이용구와 그의 일당이 동학 교도들을 친일 행위에 더 이상 이용하지 못하게 하기 위한 고육지책이었지요.

이러한 사건들을 거치면서 이용구는 완벽한 친일파로 변신하여 급기야 1910년 본인이 앞장서서 일진회 이름으로 '대한제국은 일본에 합방되어야 한다'는 성명서를 발표하며 일본으로 하여금 우리 땅을 식민지로 삼게 하는 명분을 제공해 줬어요.

이용구! 그는 한때 민족의식으로 충만하여 민족종교 동학의 지도자로 나섰지만, 일순간의 잘못된 판단으로 친일파가 된 후, 우리 민족을 일본화하려 온갖 권모술수를 다 쓰는 추악한 인간으로 변질되고 말았어요. 그런데 웃긴 것은, 이런 그도 일제 강점기에 부귀영화를 마음껏 누

태화관에 모인 33인 민족대표를 그린 기록화예요.

리지 못했다는 거예요. 일본은 그들의 목표인 한·일합방이 성사되자, 일진회를 해산시키고 이용구를 헌신짝 차 버리듯이 내쳐 버렸어요. 그후 이용구는 자신을 따르는 무리로 사이비 종교 단체 시천교를 조직하여 교주 노릇을 했지만, 일진회가 세력을 떨칠 당시에 비하면 '새 발의 피'에 불과할 정도로 세가 약한 단체였어요. 더구나 갑자기 병이 들어 1912년 44세의 젊은 나이로 세상을 떠났으니, 참으로 부질없는 운명이었지요.

한편, 손병희는 일제 지배가 시작된 이후로도 민족과 천도교를 살리기 위해 계속 힘을 쏟아부었는데, 특히 민족의 미래는 어린이와 청소년에게 있다고 생각하여 소년운동에 열정을 다했어요. 그러면서 민족의식이 투철한 오세창·권동진 등과 함께 자주독립을 고취하기 위한 비폭력 만세 시위를 계획하였어요. 1919년 3월 1일 일어난 3·1운동이 바로 그것이지요. 의암 손병희는 3·1 만세 시위에 나서며 다음과 같이 말했어요.

나는 오늘 동양 겨레의 행복과 평화를 위해 종시 한마디 말도 않고 침묵할 수만은 없다.

　　동양 평화를 위해서 직접 발 벗고 나서겠다는 확고한 의지를 표현한 것이죠. 하지만 애석하게도 그는 3·1운동 주동자라는 이유로 일제 경찰에 붙잡혀 3년 징역을 선고받고 서대문형무소에서 힘든 삶을 살다가 1922년 세상과 작별했어요. 그의 나이 62세 때 일이지요. 밤하늘의 뭇별 중에서도 유난히 밝은 샛별 같은 민족 지도자 한 분이 일제의 탄압 속에 하늘나라로 소풍을 떠났어요.

일제가 우리 독립운동가들을 잡아 가두고 고문했던 서대문형무소. 유관순 열사도 이곳에서 세상을 떠났어요. 현재는 대한민국의 근현대사를 증언하는 역사전시관으로 이용되고 있지요.

동학농민운동의
양대 지도자

전봉준
vs
김개남

1855~1895 전봉준
김개남 1853~1895

정치력

90 ━━━━━━━━━ | ━━━━ 70

타인을 설득하여 자기편으로 끌어들이는
역량이 매우 뛰어난 협상의 귀재였다.

동학농민군 내 대표적 강경파로 노비나 백정과 같은
밑바닥 인생들에게 절대적 지지를 받았다.

지력

70 ━━━━━━ | ━━━━ 40

서당 훈장을 했을 정도로 공부 역량을 갖었고, 농민군
전체를 유연하게 지휘·통솔할 정도로 지력이 있었다.

성격이 괄괄하여 무력으로
모든 일을 해결하려 했다.

인품

70 ━━━━━━ | ━━━━ 40

별명이 '녹두장군'일 정도로 키가 작았지만, 매우 당차고
의연했으며, 비록 적일망정 아주 특별한 사정이 아니면
살생하지 않을 정도로 사람 목숨을 귀하게 여겼다.

적과 동지를 엄격하게 구분하여 적에게는 매우 엄한
처벌을 내렸으며, 동지는 무리할 정도로 감싸 안아
원성을 사는 경우가 많았다.

1894년에 발생한 동학농민운동을 아시나요? 당시 농민군을 이끈 대표 인물이
둘 있으니, 바로 이번 시간의 주인공 전봉준과 김개남이에요.
두 사람은 피 끓는 열혈남아로, 농민군의 선봉에 서서 반외세·반봉건 투쟁을 함께
이끌었어요. 하지만 사이가 매번 좋았던 것은 아니에요. 처음에는 의기투합하여
농민군을 이끌었지만, 시일이 지나면서 점차 서로를 질시하고 대립했어요. 왜 그랬을까요?
맞수 열전, 여섯 번째 시간에는 동학농민군의 대표 지도자 전봉준과
김개남을 초대하여 그들의 인연을 이야기해 봐요.

동학농민운동이란?

조선이 근대화의 길을 걷던 19세기 후반, 민중 봉기가 활화산처럼 폭
발했어요. 1894년에 발생한 '동학농민운동'이 바로 그것이지요. 운동이
라고, 축구나 농구 같은 스포츠를 생각해서는 안 돼요. 이 운동은 동학
이라는 민족종교를 믿는 사람들이 탐관오리의 횡포와 일본의 침략 야욕
을 무너뜨리기 위해 농민들과 힘을 합쳐 무력 투쟁을 전개했던 대사건
이에요. 그래서 몇몇 역사학자는 이 운동을 '동학농민전쟁' 또는 갑오년
에 발생했다고 해서 '갑오농민전쟁'으로 부르고 있어요.

동학농민운동의 발단은 고부군수 조병갑의 부정부패였어요. 고부가
어디냐고요? 현재 행정구역으로는 전라북도 정읍시 고부면 일대로 평
야 지대여서 조선 시대 때는 전라도에서 알아주는 살기 좋은 고을이었
어요. 이곳 군수 조병갑은 매우 탐학하여 온갖 구실을 가져다 대며 백성

봉기 蜂起
벌 떼처럼 무리 지어 세차게
일어남.

탐관오리 貪官汚吏
탐욕이 많고 부정을 일삼는
벼슬아치.

탐학 貪虐
탐욕이 많고 포학함.

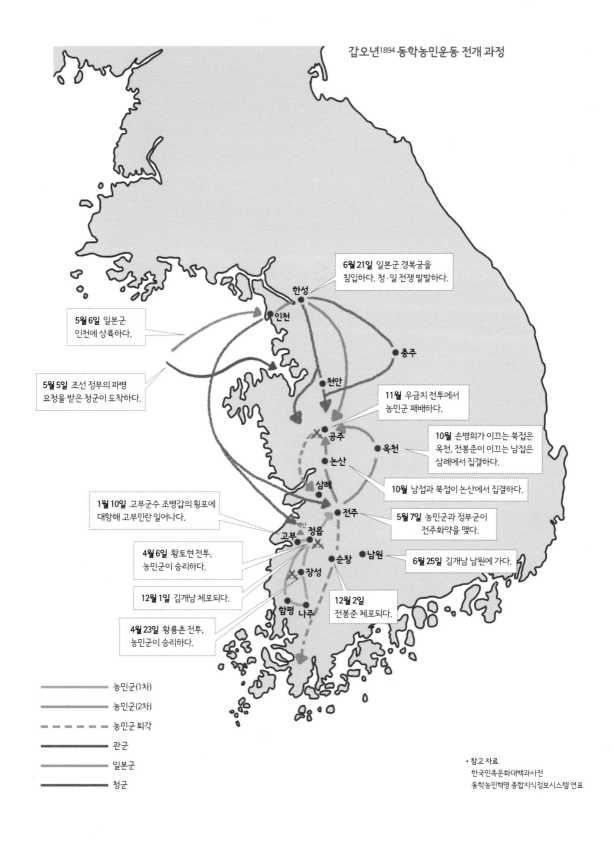

갑오년1894 동학농민운동 전개 과정

6월 21일 일본군 경복궁을 침입하다. 청·일 전쟁 발발하다.

5월 6일 일본군 인천에 상륙하다.

5월 5일 조선 정부의 파병 요청을 받은 청군이 도착하다.

한성

인천

충주

천안

11월 우금치 전투에서 농민군 패배하다.

10월 손병희가 이끄는 북접은 옥천, 전봉준이 이끄는 남접은 삼례에서 집결하다.

공주

옥천

논산

삼례

10월 남접과 북접이 논산에서 집결하다.

1월 10일 고부군수 조병갑의 횡포에 대항해 고부민란 일어나다.

백산

전주

5월 7일 농민군과 정부군이 전주화약을 맺다.

고부

정읍

4월 6일 황토현 전투, 농민군이 승리하다.

순창

남원

6월 25일 김개남 남원에 가다.

12월 1일 김개남 체포되다.

장성

12월 2일 전봉준 체포되다.

함평

나주

4월 23일 황룡촌 전투, 농민군이 승리하다.

농민군(1차)

농민군(2차)

농민군 퇴각

관군

일본군

청군

• 참고 자료
한국민족문화대백과사전
동학농민혁명 종합지식정보시스템 연표

의 등골을 빼먹었어요.

이 작자의 행패가 도에 지나치자, 더 이상 견디지 못한 농민들은 고부의 동학 책임자였던 전봉준을 중심으로 굳게 뭉쳐 민란을 일으켰어요. 동학농민운동의 시작인 '고부민란'이었지요. 고부군민은 탐관오리 조병갑을 군의 경계선 밖으로 내쫓아 버리고 고부군청을 접수해 버렸어요. 서울에 있던 왕을 비롯한 정부 고위 관리들은 화들짝 놀라서 재빨리 군민의 뜻대로 해 주겠다며 꼬리를 내렸어요.

하지만 말이에요, 고부에 진상 파악을 하러 온 관리가 당초 약속을 헌신짝처럼 내쳐 버리고, 일방적으로 조병갑 편만 들며 전봉준을 비롯한 민란 주도자들을 전부 감옥에 가둬 버렸어요. 다행히도 옥문이 허술하여 민란 지도부는 밤중에 몰래 탈출했고 이후 대규모 반정부 운동을 전개했어요. 동학농민운동이 본격적으로 시작된 거예요.

고부 일대는 호남평야 지대이기에 우리나라에서 유일하게 지평선이 보일 정도로 들판이 넓게 펼쳐진 곳이에요. 이러한 곳에 거의 유일하게 우뚝 솟은 산이 있으니, 이름이 '백산'이에요. 봉우리가 높냐고요? 그렇지는 않아요. 해발 100미터 정도 되는 야트막한 야산이에요. 그러나 이 산은 주변 지역 전체를 굽어볼 수 있는 전략적 요충지이지요.

옥문을 빠져나온 전봉준은 각 마을로 심부름꾼을 보내 백산으로 사람을 모았어요. 많이들 왔냐고요? 많이 왔지요. 얼마나 많이 모여들었던지, "앉으면 죽산, 서면 백산"이라는 말까지 나왔어요. 사람들이 가져온 대나무 창 때문에 멀리서 볼 때 무리들이 앉아 있으면 대나무 창만 보여 '죽산', 서 있으면 흰옷 인파라 하여 '백산'이라고 했지요.

전봉준은 이렇게 모인 농민들과 함께 조선 정부를 상대로 싸워 전라도의 중심 도시 전주를 점령해 버렸어요. 정부는 크게 당황했어요. 중앙에서 파견한 정예부대가 오합지졸이라고 얕잡아 봤던 동학농민군에게

오합지졸 烏合之卒
까마귀가 모인 것 같은 무리라는 뜻으로, 질서 없이 어중이떠중이가 모인 군중을 이르는 말.

코피 나게 얻어터졌거든요. 혼비백산한 정부는 곧바로 청나라에 SOS를 쳤어요.

청나라 군대가 조선 땅으로 긴급히 들어왔어요. 그런데 문제는 일본이었어요. 조선이 요청하지 않았음에도 일본 군대가 청군이 들어온 다음 날 조선 땅에 들어왔어요. 왜냐고요? 갑신정변1884의 결과로 청과 일본 사이에 맺은 톈진조약에 '조선 땅에서 양국 군대를 동시에 철수하되, 향후 군대를 보낼 일이 있으면 사전에 상대국에게 통보한다'는 조항이 있었거든요. 일본은 청이 사전 통보 없이 조선 땅에 군대를 보내는 것은 조약 위반이라고 항의하면서 조선의 의사도 묻지 않고 자기 군대를 서둘러 우리 땅에 들여보냈어요.

정부도 놀랐지만, 전봉준을 비롯한 동학농민군 지도부도 가슴이 뜨끔했어요. 반봉건체제를 무너뜨리려던 당초 의도와는 다르게 자칫 잘못하면 우리 국토가 외세의 침탈장이 될 가능성이 농후했거든요. 그런 찰나에 고종 임금이 농민군 총본부가 있던 전주로 사신을 보내와 대타협을 모색했어요. 결과는요? 정부가 앞장서서 농민의 입장을 반영하는 정치 개혁에 힘쓰는 대신, 농민군은 더 이상 정부를 상대로 싸움을 하지 않기로 약속했어요. 이 조약을 '전주에서 서로 사이좋게 약속했다' 해서 '전주화약'이라고 해요.

그때 그 시절의 역사 현장 ## 전주화약?

전주에서 맺은 화친 조약이다. 청·일 양국 군대가 들어온 직후, 동학농민군은 외세의 개입을 끊기 위해 외국 군대를 해산시키고 나쁜 정치를 개혁한다는 조건으로 해산했다. 이때 농민군이 정부 측에 제시한 개혁안을 폐정개혁안이라 부르는데, 폐정이란 폐해가 많은 정치라는 뜻이다. 주요 내용은 탐관오리 숙청, 부패 양반 징벌, 신분 차별 폐지, 잡세 폐지, 농민의 빚 청산 등이었다.

　조약을 체결한 후 조선 정부는 일본에 우리끼리 문제를 잘 해결했으니, 이제 그만 군대를 철수해 달라고 부탁했어요. 일본이 순순히 응했냐고요? 그랬다면 얼마나 좋았겠어요? 일본은 조선의 개혁을 자기들이 해 주겠다고 생떼를 쓰며 계속 조선 땅에 군대를 주둔시켰어요. 그러면서 조선 정부를 압박하여 자기들에게 유리한 방향으로 근대 개혁을 추진하기 시작했어요. 이것이 바로 '갑오개혁'이에요.

　더 가관인 것은 청·일 전쟁이었어요. 조선의 주도권을 장악하기 위하여 청나라와 일본이 한판 싸움을 시작했어요. 싸움은 일본의 일방적인 승리로 전개되었어요.

죽마고우 竹馬故友
'대나무 말을 타고 놀던 옛
벗'이라는 뜻으로, 어릴 때부터
가까이 지낸 친구를 이르는 말.

우리 국토가 외세의 침탈장이 되자, 동학농민군 지도부는 다시 움직이기 시작했어요. 일본을 우리 땅에서 몰아내는 유일한 방법은 무력으로 싸워 이기는 길밖에 없다고 판단했거든요. 농민군이 다시 벌 떼처럼 일어났어요. 제2차 봉기가 시작된 거지요. 하지만 이번에는 농민군 의도대로 작전이 전개되지 못했어요. 화력 좋은 일본군에 의해 우금치에서 농민군이 대패하고 말았어요. 이 전투를 끝으로 동학농민운동은 허무하게 좌절되고 말았어요.

어릴 적 친구 사이

그런데 궁금한 것이 있네요. 동학농민군은 누가 이끌었을까요? 농민운동 당시 민중군을 이끈 대표 지도자는 전봉준과 김개남이었어요. 이들은 같은 마을에서 어린 시절을 함께 보낸 죽마고우였어요. 전라북도 태인의 지금실 마을이 둘의 고향이었지요. 개남이 봉준보다 두 살 많았지만, 둘은 친구처럼 지내며 진달래도 따 먹고 물장구도 치며 함께 어린 시절을 보냈어요. 그러나 봉준은 집이 가난하여 지금실에서 오래 살지못하고 고부로 이사해서 고부 사람이 돼요.

교통수단이 변변치 못했던 조선 시대라 둘의 교류가 없었을 것 같지만 그러지는 않았어요. 개남이 먼저 동학에 입교한 후에 봉준을 동학으로 끌어들여 계속 인연의 끈을 이어 갔어요. 또한 봉준이 주도하여 고부 민란이 일어나자, 두 사람은 의기투합하여 민중이 잘사는 세상을 꿈꾸며 반정부 투쟁을 함께 이끌었어요.

동학농민운동 초기에는 서로 뜻이 잘 맞아 한 방향으로 농민군을 이끌며, 정부군을 상대로 한 전투에서 연전연승했어요. 하지만 말이에요, 시간이 지나며 둘 사이에 틈이 생기기 시작했어요. 특히 전주화약이 맺어질 무렵, 두 사람은 농민군의 진로를 두고 심각하게 대립했어요.

뜻이 달라 서로를 배척한 두 사람, 그 결과……

언쟁 言爭
말로 하는 싸움.

당시 농민군을 총지휘했던 봉준은 전주화약을 맺어 일단 전쟁을 멈추려 했어요. 그러나 개남은 '지금 그만두면 영영 새로운 세상을 만들 수 없다'면서, 서울까지 신속히 진격해 갈 것을 강하게 주장했어요. 이 언쟁으로 둘 사이에는 냉기류가 흐르기 시작했어요.

개남의 뜻과 달리 지도부 다수가 봉준을 지지했어요. 동학군은 정부와 전주화약을 체결했어요. 개남은 이에 불만을 품고 자신에게 동조하는 무리를 이끌고 전주성을 빠져나와 춘향이의 고향 남원 땅에서 별도로 행동하기 시작했어요. 이때 당시 두 사람의 미묘한 대립 관계를 알려 주는 이야기가 전설처럼 남원 땅에 전해 오고 있어요.

흥선대원군이 개남에게 '군대를 해산하고 정부에 협조하라'는 편지를 보내왔대요. 이때 개남은 이들을 개화당의 첩자라고 생각해서 잡아 죽이려 했어요. 그러던 찰나에 봉준이 보낸 편지가 도착했어요.

우리의 이번 거사는 오직 앞으로 나가는 것만 있을 뿐, 후퇴는 없소이다. 만약 대원군의 명령을 따른다면 모든 일이 끝장나오. 서울에서 온 놈들을 잡아 죽여야 할 것이오.

편지를 읽은 개남은 봉준이 자기에게 돌아갈 화를 본인에게 뒤집어 씌우기 위해 편지를 보냈다며, 사신들을 고스란히 살려 보내 주었어요. 사실 여부를 판단하기는 어렵지만, 아무튼 이런 이야기가 시중에 떠돌 정도였으니 둘 사이가 얼마나 벌어졌는지는 충분히 짐작할 수 있지요.

현실이 이러했기에 동학농민군이 일본을 상대로 제2차 봉기를 일으켰을 때, 봉준이 남원에 사람을 보내 부대 합류를 권했음에도 개남은 차일피일 미루다 단독으로 청주에 가서 독자적인 싸움을 전개했어요.

체포된 김개남(왼쪽), 전봉준(오른쪽 들것 위에 앉아 있는 사람)의 모습이에요.

두 사람의 갈등은 동학농민군 전체에도 좋지 못한 영향을 미쳤어요. 화력이 막강한 일본군을 상대로 힘을 합쳐 싸워도 이길까 말까 한 상황에서 대표 지도자 둘이 대립했으니, 이기는 것은 거의 불가능했지요. 결국 동학농민군은 공주 우금치와 청주에서 대패하면서 뿔뿔이 흩어졌고 전봉준은 순창에서, 김개남은 태인에서 붙잡혀 형장의 이슬로 사라졌어요. 김개남이 붙잡혀 가자 농민들은 노래를 지어 불렀어요

개남아 개남아 김개남아.
그 많던 군대 어디 두고 짚둥우리가 웬 말이냐.

민중 세상을 이루지 못한 데 대한 안타까움이 노래 속에 담겨 있지요. 동학농민군을 총지휘했던 전봉준은 죽기 직전 다음과 같은 시를 지

어 안타깝고 애통한 마음을 구구절절 남겼어요. 도탄에 빠진 나라와 민중을 구하기 위해 앞장섰던 그의 마음이 고스란히 담겨 있지요.

도탄 塗炭
진흙 구덩이에 빠지고 숯불에 탄다는 뜻으로, 몹시 곤궁하여 고통스러운 지경을 이르는 말.

때를 만나서는 천지도 모두 힘을 합하더니
운이 가니 영웅도 어쩌지를 못하는구나.
백성을 사랑하는 올바른 의리, 나는 실수가 없었노라.
나라를 위하는 일편단심을 그 누가 알아주리.

척사의 길
개화의 길

최익현 vs 유길준

1833~1907 **최익현**		유길준 1856~1914
90 ▨▨▨▨▨▨▨▨▨▨	**정치력** ▨▨▨▨▨	50
어떠한 유혹에도 굴하지 않고 본인이 지키고자 했던 성리학을 고수하며 위정척사파를 진두지휘했다.		을미내각에서 내부대신을 지냈으나, 특별히 내세울 만한 정치 경력은 없다.
70 ▨▨▨▨▨▨▨	**지력** ▨▨▨▨▨▨▨▨▨	90
조선 말기를 대표하는 유학자이나, 딱히 내세울 만한 저서는 없다.		신학문에 대한 열정이 대단하여 일본 유학과 미국 유학을 다녀왔으며, 우리나라 최초의 국한문 혼용체 서적인 『서유견문』을 저술했다.
70 ▨▨▨▨▨▨▨	**인품** ▨▨▨▨▨▨	60
대쪽 같은 절개를 지닌 유학자로 주변에 따르는 사람이 많았다.		자기와 뜻을 같이했던 개화파 사람들이 몰락했음에도 불구하고 끝까지 살아남을 정도로 처세술에 능했다. 한편, 1910년 한·일강제병합 이후에는 일본이 주는 귀족 지위인 남작을 거절할 정도로 정의감도 있었다.

최익현과 유길준. 한 사람은 위정척사파의 대표였고, 다른 한 사람은
개화사상의 대변인이었어요. 누가 위정척사파였냐고요? 최익현이지요.
유길준은 개화사상의 아이콘이었고요.
맞수 열전, 일곱 번째 시간에는 최익현과 유길준의 인생역정을 살피며,
우리나라 근대화기 대표 사상인 위정척사와 개화사상의 전모를 파악해 봐요.

전통 체제에서 근대사회로 넘어오던 시기의 조선 현실

지금으로부터 150여 년 전인 1860년대 우리나라는 대내외적으로 위
기의식이 고조되고 있었어요. 왜 그랬냐고요? 안으로는 외척의 세도정
치가 극에 달해 백성의 삶이 말이 아니었고, 밖으로는 서구 자본주의 열
강의 침탈 야욕이 물밀듯이 밀려오며 조선 사람들을 위기에 빠지게 했
어요. 이러한 시절에 도탄에 빠진 나라를 구하고자 했던 두 계보의 사상
이 있었으니, 하나는 전통 체제를 더욱 굳건히 만들고자 했던 위정척사
이고, 다른 하나는 개화만이 살길임을 주장하며 문호 개방을 서둘렀던
개화사상이에요.

이들 사상은 자주독립국가 건설을 지향하는 측면에서는 입장이 같
았어요. 하지만 주체적인 국가를 만들기 위한 해법은 상이하게 달랐어
요. 척사를 주장하는 사람들은 조선의 기존 가치관인 성리학 중심의 전

외척 外戚
모계 쪽 친척.

세도정치
19세기 전반기에 왕실
외척인 특정 가문(안동
김씨, 풍양 조씨)이 나랏일을
좌지우지하던 정치 형태.

통 체제를 고수하려 했어요. 반면에 개화사상가들은 하루라도 빨리 서양 근대 기술 문명을 받아들여 서양 나라들과 대등한 관계를 형성해야 한다고 주장했어요.

척사파를 대표하는 인물로는 이항로·기정진·최익현이 있었으며, 개화사상을 대표하는 사람들로는 박규수·유홍기·김옥균 등이 있었어요. 이런 여러 사람 중 양대 세력을 대표하면서도 역사의 라이벌이라 부를 만한 맞수가 있었으니, 그들은 바로 이번 시간 주인공 최익현과 유길준이에요.

최익현과 유길준은 나이로 보아서는 라이벌이 될 수 없어요. 척사파의 거두 최익현이 유길준보다 무려 스물세 살이나 많거든요. 그럼에도 불구하고 두 사람이 라이벌인 이유는 조선 말기의 대립적인 두 사상, 위정척사와 개화사상을 대변하는 인물이자 을미개혁1895 당시 '머리카락을 자를 것인가? 말 것인가?'를 놔두고 치열하게 난상 토론을 벌인 당대 최고의 논객이기 때문이에요.

위정척사사상의 상징, 최익현

최익현은 위정척사운동의 시조 격인 유학자 이항로 밑에서 공부를 한 사람으로 서양 문물의 수용에 반대하며 일제 침탈에 맞짱을 뜨는 일에는 언제나 최선봉에 섰던 유학자예요. 그가 성리학을 공부하던 시기는 세도정치가 한창 기승을 부렸던 19세기 전반으로 이 당시 조선은 내적으로는 삼정의 문란으로 백성의 원성이 극에 달해 있었고, 외적으로는 서양 각 나라가 조선을 삼키기 위해 호시탐탐 기회를 엿보고 있었어요. 이러한 시대에 최익현은 성리학 공부에 최선을 다하여 23세 되던 해인 1855년에 과거에 급제하여 관료 생활을 시작했어요.

철저한 성리학자이자 대쪽같은 선비였던 그는 출세보다는 정의감에

논객 論客
확고한 이론이나 의견을 바탕으로 자기 의견을 논리적으로 잘 말하는 사람.

불타서 불의를 보면 몸을 사리지 않고 직언을 하고는 했어요. 집권자였던 홍선대원군이 서원 철폐령을 내리자 유학자의 입장에서 그 부당성을 공개적으로 비판했으며, 1876년 일본의 강요로 강화도조약이 체결될 위기에 놓이자, 대궐문 앞에서 이를 저지하기 위한 데모를 벌였어요. 또한 1895년 을미사변이 일어나고 단발령이 공포되자, 이에 극구 반대하며 단발령을 시행하려 한 유길준과 치열한 논리 대결도 마다하지 않았어요. 1905년 을사조약 체결 당시에도 마찬가지였어요. 우리 외교권을 일본이 강제로 빼앗아 가자, 최익현은 을사오적 처단을 강하게 주장하는 상소를 올리는 등 구국 항일 투쟁의 최일선에서 국권을 지키기 위해 고군분투했어요.

로드맵
원뜻은 '도로지도'이나, 어떤 일의 기준과 목표를 만들어 놓은 것을 표현할 때 주로 쓴다.

그때 그 시절의 역사 현장 을사조약?

제2차 한·일협약, 을사늑약으로도 불린다. 이 조약의 핵심 내용은 대한제국이 일본의 허락을 받아야만 다른 나라와 외교할 수 있다는 것이다. 여기에 찬성을 표한 박제순·이지용·이근택·이완용·권중현은 이후 을사오적乙巳伍賊이라 불린다.

하지만 말이에요, 일본은 자신들이 그려 놓은 로드맵대로 조선 땅을 야금야금 침범해 왔고, 급기야는 1907년에 고종 황제를 강제로 퇴위시키며, 군대까지 해산시켜 버렸어요. 이때 최익현은 울분을 참지 못하고 전라북도 태인에서 의병을 일으켜 직접 자기 손으로 일본 놈들을 우리 땅에서 쫓아내려 순창에서 싸움을 준비했어요. 하지만 생각과는 달리, 의병을 진압하기 위해 온 부대는 일본군이 아닌 대한제국 관군이었어요. 최익현은 '차마 우리 민족끼리 싸우는 일은 하지 못하겠다'고 탄식하며 자진하여 무기를 내려놓고 의병 부대를 해산시켰어요. 이 사건을 계

대마도로 유배를 떠나는 최익현(왼쪽)과 그가 세상을 떠난 지 80년 후 대마도 땅에 한·일 민간 단체가 함께 세운 순국비(오른쪽). '대한인 최익현 선생 순국지비'라 쓰여 있어요.

기로 일본은 눈엣가시 같던 최익현을 대마도로 유배시켰으며, 최익현은 일본 땅에서 난 음식물은 일절 먹지 않겠다고 선언한 후에 단식투쟁을 하다가 한 많은 일생을 마쳤어요.

개화사상의 아이콘, 유길준

한편 유길준은, 최익현이 위정척사의 길을 한창 걸어가던 시절인 1860년대 후반 개화사상 전파에 여념이 없던 박규수의 사랑방을 드나들며 개화 공부를 막 시작한 열혈 청년이었어요. 중상적 실학사상가인 박지원의 손자였던 박규수는 그때 당시 이미 일흔이 넘은 노인이었으나, 그는 개화의 필요성을 역설하며 향후 우리나라 개화파를 이끌어 갈 재목들인 오경석·유홍기·김옥균·서광범·박영효 등을 길러 냈어요.

중상적 실학사상가
지주제·수취제 개혁에 힘쓴 중농적 실학사상가와는 달리 상공업과 기술의 발달을 주장한 실학사상가.

유길준은 김옥균 등과 박규수의 사랑방에서 함께 공부하며 개화에 눈뜨게 되는데, 그가 일본의 비약적 발전상을 직접 목격하게 된 것은 조사시찰단 단원으로 일본에 가면서부터였어요. 일본이 개화 정책을 적극적으로 펼치며 크게 발전하고 있다는 소식을 전해 들은 조선 정부는 1881년에 일본의 서구 근대 문물의 수용과 발전상을 살피기 위해 비밀 사절단을 파견했어요. 이 사절단의 이름을 '조사시찰단'이라 하지요. 어윤중이 이끈 사절단 일행은 일본 각지의 근대 문물을 4개월 동안 시찰하고 돌아왔는데, 함께 갔던 유길준은 귀국하지 않고 홀로 일본에 남아 약 1년간 신학문 공부를 했어요.

또한 1883년에는 미국에 파견하는 친선 사절단인 보빙사에도 단원으로 참가하여 미국 각지를 돌아다니며 서구 문물의 진수를 살피고 역시 이때도 사절단 전원이 귀국할 때 홀로 남아 대학 진학을 위한 예비학교인 더머 아카데미에서 신학문을 공부했어요. 학비를 조선 정부가 대 주었기에 유길준은 우리나라 최초의 국비 미국 유학생이라고 할 수 있지요. 하지만, 유길준의 유학 생활은 1884년 김옥균이 주도한 갑신정변 때문에 중단되고 말아요. 정부 지원이 끊겨 어쩔 수 없이 학업을 중도에 포기하고 귀국길에 올라야만 했어요. 이때 유길준은 바로 귀국하지 않고 유럽 각지를 여행한 후에 동남아시아, 일본을 거쳐 1885년 12월에야 인천항을 통해 조선으로 돌아왔어요.

귀국 후 유길준의 신세는 처량했어요. 갑신정변의 주동자들과 친했다는 이유로 가택 연금이 되어 1892년까지 무려 7년여간 집 안에만 갇혀 살아야 했어요. 그래도 다행인 것은 이 시절의 여유로움이 글쓰기에 전념하게 만들었다는 거예요. 자신이 여행했던 미국·영국·프랑스 등의 정치와 사회상을 정리해서 책으로 엮어 낼 수 있었어요. 이 책이 우리나라 최초의 국한문 혼용체 서양 기행문집인 『서유견문』이지요.

진수 眞髓
사물이나 현상의 가장
중요하고 본질적인 부분.

왕의 머리카락을 잘라라!

드디어 유길준에게 뜻을 펼칠 기회가 주어졌어요. 갑오개혁1894이 추진되자, 그는 물 만난 고기가 되어 개혁의 이론적 근거를 제공하며 정치의 전면에서 강한 개혁 드라이브를 걸기 시작했어요. 을미사변1895으로 들어선 을미 내각에서는 내부대신이 되어 단발령을 반포하는 데 앞장서며 본인이 직접 왕세자의 머리카락을 싹둑 잘라 버리기까지 했어요. '아니! 감히 신하가 차기 임금이 될 제2인자의 머리를?'이라고 의심을 품을 수도 있지만, 이 사실은 한 치의 거짓도 포함되지 않은 진실 그 자체예요. 그는 왕과 세자가 그럴 수는 없다고 반발했음에도 개혁 의지를 온 국민에게 전파하기 위한 상징적 수단으로 왕세자의 머리카락을 본인이 직접 나서서 잘라 버렸어요. 이러고도 부작용이 없었냐고요? 물론 있었지요.

유길준의 개혁 운은 여기까지였어요. 일본과 손을 잡고 개혁에 나선 세력들의 무리수에 염증이 난 고종이 러시아 공사관으로 피신아관파천, 1896해 버리자, 친러 세력이 득세하며 유길준은 끈 떨어진 뒤웅박 신세로 전락하고 말았어요. 그는 목숨을 보전하기 위해 어쩔 수 없이 일본으로 망명을 떠나야 했어요.

그런데요, 일본에서 살아 보니 일본 정부의 조선 땅 정복 야욕이 하나둘 눈에 들어왔어요. 이때부터 그는 대한제국이 일본의 손아귀에 들어가는 것을 막기 위해 이국땅에서 홀로 고군분투했어요. 1905년 을사조약 체결로 대한제국 외교권을 뺏기게 되자 이를 막기 위해 애썼으며, 1907년에는 고종 황제가 헤이그 특사 사건으로 왕의 자리에서 밀려날 위기에 처하자 이 또한 막기 위해 백방으로 뛰어다녔어요.

그의 일본에서의 활약은 새로 임금이 된 순종 귀에까지 들어갔어요. 순종은 유길준의 과오를 용서해 주며 귀국하게 했어요. 이후 그는 흥사

내부대신
우리나라 현재 정부 체제에서
안전행정부 장관.

단을 조직하고 계산학교를 설립하여 국민 계몽운동에 주력하는 한편, 국민경제회, 호남철도회사를 설립하여 민족 산업 발전에도 힘을 쏟았어요. 하지만 이러한 노력에도 불구하고 대한제국은 1910년 허망하게 무너지며 일본의 식민지가 되고 말았어요.

자괴감 自愧感
스스로 부끄러워하는 마음.

유길준은 나라를 잃은 자괴감에 허탈한 마음이 너무나 컸어요. 그래서 일본이 주는 남작 지위도 거절한 채, 은둔 생활을 하다가 1914년 한 많은 일생을 마쳤어요. 그의 유언은 '평생 아무런 공도 이룬 것이 없으니 묘비를 세우지 말라'였어요.

목표는 같았으나, 처방전은 각기 달랐던 두 사람

나라가 풍전등화의 위기에 처해 있던 시기에 최익현과 유길준은 완전히 다른 삶을 살았어요. 특히 을미개혁 때 유길준은 김홍집 내각의 내부대신으로 있으면서 단발령 시행에 반대하는 최익현을 자기 손으로 유배 보냈어요. 하지만 말이에요, 그들은 둘 다 자기들이 하는 일이 민족의 자주와 독립을 위해서 꼭 필요한 일이라고 생각했어요. 따라서 둘은 지향점은 같았으나, 문제를 해결하는 해법이 달랐기에 함께 어울리지 못하고 대립만 했던 거지요. 그리고 보면, 두 사람의 인생 역정은 개화와 보수가 대립했던 우리나라 근대화기의 슬픈 자화상이라 할 수 있어요.

조선 왕실을 굳건히
할 수만 있다면

흥선대원군
vs
명성황후

1820~1898 흥선대원군 **명성황후 1851~1895**

90 정치력	정치력 **90**
권력을 잡자마자 세도가문 안동 김씨 세력을 축출하고 개혁에 박차를 가했다.	흥선대원군이 물러나고 남편 고종이 직접 나라를 다스리기 시작하자, 정치 전면에 나서서 당대 최고 여걸로 자리매김했다.
80 지력	지력 **80**
글이면 글, 그림이면 그림, 서예면 서예, 시·서·화에 모두 능했다. 특히 난초 그림은 지금도 많은 사람들에게 높은 평가를 받고 있다.	매우 영특하고 정세 판단에 능했으나, 여성이 처한 시대적 한계를 극복하지 못한 측면이 있다.
40 인품	인품 **40**
본심을 숨긴 채 야심을 실현하기 위해 갖가지 술수를 쓰는 영악스러우면서도 치밀한 성품을 가졌다.	어떤 불리한 사태에도 당황하지 않고 극복 방법을 모색해 나가는 강인한 면이 있었지만, 백성들보다는 권력과 왕실을 지키는 일에만 너무 몰두했다.

홍선대원군과 명성황후는 시아버지와 며느리 사이예요. 아들인 명복이 임금 자리에 오르자, 대원군이 직접 골라 며느리로 삼은 여자가 민자영, 곧 명성황후였어요. 그런데요, 아이러니하게도 두 사람은 날이 갈수록 사이가 벌어져 종국에는 홍선대원군의 관여 속에 명성황후가 일본 사람들 칼에 맞아 죽고 말았어요. 아니 왜! 홍선대원군은 며느리 죽이는 일에 앞장섰을까요? 맞수 열전 여덟 번째 시간에는 홍선대원군과 명성황후를 초대하여 그들 사이에 벌어진 치열한 갈등을 함께 살펴봐요.

왕도 아니면서 조선을 쥐고 흔든 자

조선의 문예 부흥을 이끈 정조 임금이 1800년에 죽은 이후 나이 어린 임금이 연이어 등장하며 왕실 외척들이 나랏일을 좌우하는 시대가 1860년대까지 지속되었어요. 역사에서는 이 시기를 '세도정치기'라 하는데, 그 이유는 왕의 어머니 혹은 부인 쪽 친척이 대거 정계에 등장하여 큰 권력을 가지고 정치를 좌지우지했기 때문이에요.

이 시기 나라 살림은 아주 엉망이었어요. 왜 그랬냐고요? 생각해 보세요. 왕이 공평무사하게 나라를 돌봐도 모자랄 판에 왕은 허수아비처럼 가만히 앉아 있고 특정 가문 세력들이 자기 집안의 이익을 위하여 나랏일을 들었다 놨다 했으니, 그 나라 기강이 어떠했겠어요? 말하면 입만 아프지요.

이처럼 하 수상한 시절에 안동 김씨로 상징되는 세도 가문들을 단박

기강 紀綱
규율과 질서.

철종
조선 제25대 임금.
1849 ~ 1863년 재위했다.

조 대비
신정왕후. 조선 제24대
임금인 헌종의 어머니로
철종 사후 흥선군 이하응의
둘째 아들인 명복을
왕으로 낙점하여 즉위하게
한 후에 대왕대비로서
수렴청정하였다. 이 시기에
흥선대원군에게 정책
결정권을 주어 대원군의
시대를 있게 했다.

수렴청정 垂簾聽政
나이 어린 왕이 즉위했을 때
성인이 될 일정 기간 동안
왕대비나 대왕대비가 국정을
대리로 처리하던 일.

비변사
조선 후기 국가 최고의
권력기관.

법궁 法宮
임금이 직접 거주하며
나랏일을 하는 핵심 궁궐을
이른다.

에 박살 낸 열혈남아가 있었으니, 그 이름도 유명한 흥선대원군이에요. 그는 왕도 아니면서 1863년부터 1873년까지 무려 10년 동안 왕을 대리하여 권력의 최정점에 서서 조정을 한 손에 쥐고 흔들었어요. 아니! 왕도 아닌 사람이 어떻게 그럴 수가 있었냐고요?

권력의 심장부로 진입하다

1863년 12월 초, 철종이 대를 이을 아들도 없이 세상을 떠났어요. 그러자 왕실 최고 어른이던 조 대비는 왕족 이하응과 내통하여 그의 둘째 아들 명복고종을 차기 왕으로 재빨리 임명해 버렸어요. 당시 조정은 안동 김씨 세력이 좌우하고 있었는데, 이들이 왕위 계승에 끼어들 틈을 주지 않기 위해 번갯불에 콩 볶아 먹듯이 전격Z작전으로 명복을 왕으로 선택해 버렸지요. 이때 명복의 나이 12세였어요. 지금으로 치면 초등학교 5학년 학생이 절대 지존인 왕의 자리에 오른 것이죠. 여기에 한술 더 떠서 조 대비는 왕의 나이가 어리다는 이유로 자신이 수렴청정을 하면서, 나랏일 모두를 흥선대원군에게 맡겨 버렸어요. 이러한 연유로 대원군은 왕도 아니면서 장장 10년 동안 나랏일을 좌우할 수 있었지요.

대원군은 권력을 잡자마자 나라를 부패하게 만든 안동 김씨 세력을 쫓아내고 당파를 초월한 인재를 등용하여 부정부패 척결에 앞장섰어요. 또한 국가 재정 파탄의 근원지이자 양반들의 공부방인 전국의 수많은 서원을 47개소만 남기고 깡그리 없애 버렸어요. 세도정치의 중심축이었던 비변사도 폐지했으며, 호포제를 실시하여 세금을 내지 않던 양반에게 세금을 물렸고, 검소한 차림새를 권장하는 의복 제도를 실시해 백성의 사치 생활을 최대한 억제하기도 했어요. 또한 왕실의 권위를 세우기 위하여 임진왜란 때 불탄 이후 복구하지 못하고 있던 조선의 법궁 경복궁을 복원하는 사업을 대대적으로 추진했으며, 대외적으로는 조선과 수교 맺기를 희망하는 일본·프랑스·미국 같은 나라들과 교류하기를 철저히 거부하는 통상수교거부 정책을 추진하여 나라 문을 굳게 닫아 버렸어요.

> **그때 그 시절의 역사 현장** **호포제? 戶布制**
>
> 흥선대원군 시절 시행된 세금 제도. 옷감布, 포을 각 가정戶, 호 단위로 거두어 들여 '호포제'라 했다. 이 제도 실시 이전에는 양반에게 포로 세금을 내게 하는 제도가 없었다. 포로 내는 세금은 군대 가는 대신 거두어들이는 '군포'를 군역의무가 있는 16~60세의 양인 장정들에게 부과했는데, 일반 백성 집에서만 냈다. 흥선대원군은 이 제도가 불합리하다고 판단하여 양반들의 반발에도 불구하고 양반집까지 포를 부과하는 '호포제'를 실시하여 국가 재정을 확충하면서 일반 백성들의 부담도 약간 감소시켜 주었다.

하지만 말이에요, 달도 차면 기우는 것처럼 나는 새도 떨어뜨릴 것 같은 기세였던 흥선대원군도 권력의 정점에서 내려와야 하는 날이 오고야 말았어요. 고종이 22세가 되던 1873년, 왕이 직접 정치를 하겠다고 선언하자, 대원군은 명분에 밀려 권력을 본래 임자인 아들에게 넘겨주고 야인으로 돌아가야 했어요.

흥선대원군과 명성황후의 기이한 만남

흥선대원군은 고종이 왕위에 오르자마자 바로 며느릿감을 물색하기 시작했어요. 이때 눈에 쏙 든 여인이 있었으니, 경기도 여주 출신 민자영이었어요. 권세를 떨치는 가문의 딸이었냐고요? 그렇지는 않았어요. 오히려 고아였기에 흥선대원군은 자영을 자신의 며느리로 낙점했어요. 아니 이건 또 무슨 해괴한 논리냐고요? 대원군이 생각하기에 외척의 발호를 없애려면 왕비 집안사람들이 최대한 적고 힘이 없어야 했어요. 그

야인 野人
벼슬을 하지 않고 지내는 양반 계급의 사람.

발호 跋扈
권세나 세력을 제멋대로 부리며 함부로 날뜀.

77

런데 여흥 민씨인 자영의 집안을 살펴보니, 조선 땅에서 알아주는 명문 가문임에도 불구하고 세력이 미약했어요. 부모가 일찍 죽어 그녀는 일 가붙이 하나 없는 혈혈단신 외톨이였거든요.

대원군이 생각하기에 이런 여자가 왕비가 되면, 더 이상 외척의 발호를 걱정할 필요가 없을 것 같았어요. 그래서 자영을 며느리로 맞아들였어요. 하지만 말이에요, 이 판단은 완전한 오판이었어요. 왜냐고요? 조선의 국모가 된 자영은 고종보다 더 깊이 나랏일에 관여하며 시아버지인 흥선대원군과 사사건건 대립했어요.

시아버지와 며느리, 척화와 개화의 대결을 벌이다

결혼 초기부터 시아버지 흥선대원군과 며느리 민 왕후의 사이는 좋지 못했는데, 결정적으로 너 죽고 나 살자 식으로 '막가파식' 대결 구도가 된 것은 1882년 임오군란 이후부터였어요. 1873년 흥선대원군이 권좌에서 물러나고 고종이 직접 정치를 하자 조선의 대외 정책은 개방 정책으로 전환되었어요. 여기에 민 왕후의 친족들이 하나, 둘씩 정계에 진출하며 정국 운영권이 점차 민씨들 손에 들어갔어요. 자신의 당초 생각과는 달리 돌아가는 현실에 대원군은 분노했어요. 며느리 민 왕후가 밉다 못해 죽이고 싶었지요.

드디어 기회가 찾아왔어요. 개화 정책을 추진하는 과정에서 신식 군대인 별기군이 만들어졌는데, 민씨 정권은 이들만 우대하고 구식 군대인 2영 군사들을 차별대우했어요. 이에 불만을 품은 2영 군사들이 반란을 일으켰어요. 이 사건을 임오년에 구식 군인들이 난을 일으켰다고 해서 '임오군란'이라 해요.

황당한 것은 구식 군인들이 자신들의 난동을 정당화시키기 위해 흥선대원군을 난의 중심으로 끌어들였고, 대원군은 이 기회를 활용하여

2영
조선 시대 군사 제도는 5영 체제로 운영되었다. 그런데 별기군을 만들며 5영을 2영으로 축소 운영하면서 이 군대를 신식 군대인 별기군에 대비하여 구식 군대라 했다.

며느리 민 왕후를 제거하려 했다는 거예요. 민 왕후가 제거되었냐고요? 그렇지는 않았어요. 민씨는 생각보다 꾀가 많은 여장부였어요. 자기를 죽이려 한다는 것을 눈치채고 잽싸게 궁궐을 탈출하여 충주로 피난 가 버렸어요. 그러면서 청나라에 도움을 요청하여 청나라 군사 3천 명이 서울로 들어왔어요.

　전세는 곧바로 역전되었어요. 청나라 군대의 호위 속에 민 왕후가 다시 서울로 귀환하여 정권을 잡았으며, 흥선대원군은 임오군란 주동자로 몰려 청나라 땅으로 끌려가는 처량한 신세가 되고 말았어요. 우여곡절 끝에 흥선대원군은 조선 땅으로 되돌아올 수 있었지만, 이 사건 이후로 대원군과 민 왕후는 건널 수 없는 다리를 사이에 두고 서로를 견제했어요.

차제 此際
때마침 주어진 기회.

감언이설 甘言利說
'달콤한 말과 이로운
이야기'라는 뜻으로, 비위에
맞도록 꾸민 솔깃한 말과
이로운 조건을 내세워
꾀하는 말.

일본 낭인의 손에 죽은 국모

1895년 음력 8월 20일 새벽이었어요. 경복궁 안에 있는 건청궁의 옥호루에서 명성황후가 일본 깡패들의 칼에 의해 살해되고 말았어요. 이 사건을 역사는 '을미사변'이라고 하는데, 사건 주동자는 일본 정부의 지시를 받은 일본 공사 미우라 고로였어요.

아니! 조선의 궁궐 안에서 조선의 국모가 다른 나라 사람들 손에 죽었다고? 이런 어처구니없는 일이 왜 발생했는지는 도무지 이해할 수 없지만, 이건 분명한 사실이에요. 청·일 전쟁1894~1895에서 일본이 승리를 거둔 이후, 조선은 일본의 처분만 바라는 바람 앞 등불 신세가 되고 말았어요. 이게 싫었던 민 왕후는 러시아 힘을 빌려 일본의 손아귀에서 벗어나려 했어요. 다급해진 일본은 차제에 자기들을 멀리하려 하는 민 왕후를 죽여 버리려고 작전을 짰어요. 이름을 '여우사냥'이라 했지요. 아마 민 왕후가 일본 사람들에게는 꾀 많은 간사한 여우처럼 보였나 봐요. 어찌 되었건 이 사건으로 민 왕후는 세상을 하직해야 했어요.

그런데요, 충격적인 것은 일본의 '여우사냥' 작전에 민 왕후의 시아버지 흥선대원군이 개입했다는 사실이에요. 며느리가 너무 미웠던 대원군은 일본이 자신에게 정권을 넘겨 주겠다고 감언이설로 속이자, 일본 깡패들이 경복궁을 침입할 때 길잡이가 되어 주었어요.

사건 이후 대원군이 정권을 잡았냐고요? 그렇게만 됐더라면, 흥선대원군 또한 자기 할 일을 다 했다고 할 수 있지요. 그러나…… 대원군은 정권을 잡지 못했어요. 꼴만 우습게 되고 만 거지요. 신변에 위험을 느낀 고종이 아들과 함께 일본 눈을 피해 러시아 공사관으로 도망아관파천, 1896가 버리며, 정국의 주도권은 러시아에 넘어갔고, 흥선대원군은 끈 떨어진 뒤웅박 신세로 뒷전에 물러서야 했어요.

흥선대원군과 명성황후에 대한 평가

흥선대원군과 명성황후는 권력욕에 눈이 멀어 인륜을 무시하고 서로를 잡아먹지 못해 아귀다툼을 벌였던 측면이 분명히 있어요. 그러나 두 사람은 분명 조선을 융성·발전시키기 위해 자기 역량하에서 최선의 노력을 다했던 것이 분명해요.

흥선대원군이 외세의 침탈을 받지 않으려면 자주 국방을 실현해야 한다는 생각하에 통상수교거부 정책을 추진한 완고한 보수주의자였다면, 명성황후는 주변 국가들의 정세로 보았을 때 개혁 개방을 해야 한다고 주장한 진보주의자였어요. 당시 정세에서 어느 쪽이 더 타당한 주장이었는지는 확실하게 판단할 수 없어요. 다만 인륜을 무시하고 서로를 적대시하며 국론을 분열시켜 조선을 멸망의 길로 이끌어 갔던 점에서 양쪽 모두는 비난받아 마땅해요. 만약 흥선대원군과 명성황후 두 사람을 오늘날의 법정에 세워 당시의 공과를 가지고 재판을 한다면 판사는 누구의 손을 들어 줄까요? 여러분 각자가 판사가 되어 두 사람의 공과를 평가해 보세요.

공과 功過
상을 받을 만큼 잘한 일과
벌을 받을 만큼 잘못한 일.

그때 그 시절의 역사 현장   민 왕후? 명성황후?

왕후는 왕의 부인, 황후는 황제의 부인이다. 우리 역사에서는 왕조시대 권력의 최정점에 있던 지도자를 왕이라 칭했지만 중국에서는 황제라 했고, 왕은 황제 아래의 권력자, 즉 제후국의 리더에게 붙여 준 칭호였다. 조선이 '황제'란 칭호를 사용한 것은 국호를 대한제국으로 변경1897한 이후부터이고, 고종의 부인에게 '명성황후'라는 시호를 붙여 준 것 또한 대한제국 시절이었다. 따라서 이 책에서는 명성황후가 죽기 전 상황에서는 민 왕후로, 죽은 이후는 명성황후로 나누어 서술했다.

급진 개화냐
온건 개화냐

김옥균

vs

민영익

1851~1894 **김옥균**		**민영익** 1860~1914
70 정치력 **70**		
조선의 근대화를 위해 온몸을 불사른 열혈남아로 급진 개화파의 리더였으나, 설익은 판단으로 갑신정변을 '3일천하'에 그치게 했다.		당대 지식인 중에서 가장 폭넓게 해외 견문을 쌓았으나, 자신의 경륜에 걸맞은 정치력을 발휘하지는 못했다.
80 지력 **80**		
22세에 알성시에 장원급제하여 관직에 오를 정도로 영특했고 리더십 또한 강했다.		시·서·화에 모두 능했다. 특히 그의 난초 그림은 흥선대원군이 그린 난초와 함께 당대를 대표한다.
40 인품 **50**		
자기가 세운 뜻을 초지일관 밀고 나갔기에 주변 사람과 쉽게 타협하지 않았다. 그래서인지 따르는 사람도 많았지만, 적도 많았다.		왕실의 외척 세력인 민씨 집안를 대표하는 리더였으나, 반대파까지 포용할 정도의 아량은 없었다.

1894년, 갑신정변 3일천하의 주인공 김옥균이 중국 상하이상해에서 홍종우에게 살해당했다. 들리는 소문에 의하면, 홍종우-는 민영익의 든든한 후원자였던 민 왕후가 비밀리에 파견한 자객이었다고 한다.

1884년 12월 4일, 우편 업무를 담당하는 우정국 설립을 축하하는 개국 축하연 자리에서 민 왕후의 친정 조카 민영익이 자객의 칼에 맞아 중상을 입었다. 들리는 소문에 의하면 한때 개화 정책 추진에 힘을 같이했던 개화 동지 김옥균의 사주를 받은 자객이었다고 한다.

맞수 열전 아홉 번째 시간에는 조선의 부국강병을 위해 개화에 의기투합했지만, 정책을 추진하는 과정에서 서로에게 칼을 겨눠야 했던 김옥균과 민영익을 초대하여 그들의 애증 관계를 들어 봐요.

갑신정변의 발단, 우정국 개국 축하연

1884년 12월 4일 저녁. 오늘날의 우체국에 해당하는 우정국의 설립을 축하하는 파티가 서울에서 떠들썩하게 열렸어요. 우정국 건물 밖은 정부 대신들과 외국 영사들이 타고 온 수레로 북적거렸으며, 연회장에서는 김옥균·박영효·서광범·홍영식·한규직·이조연·민영익 등 정부의 거물 관리들이 외국 영사들과 어울려 축하 잔치를 벌이고 있었어요.

그런데 이게 웬일일까요? '불이야!' 하는 외마디 소리가 찢어질 듯이 울려 퍼지더니, 갑자기 창문 밖이 환해졌어요. 분위기 좋던 연회장은 일순간 아수라장으로 변했어요. 상황을 살펴보기 위해 민영익이 서둘러 문을 열고 뛰쳐나갔으나, 그는 피투성이가 된 채 문 앞에 쓰러졌어요. 도대체 무슨 일이 생긴 걸까요?

갑신정변이 벌어졌어요. 김옥균으로 상징되는 급진 개화파 세력이

서울특별시 종로구 견지동에 있는 우정총국이에요. 우리나라 최초로 근대 우편 제도를 도입한 곳인데 개국하자마자 갑신정변이 벌어져 폐쇄되었어요. 그 후 10년 가까이 우리나라는 본래의 전근대 통신 방법을 사용했다고 해요. 근대의 산물이자 갑신정변의 무대였다는 점에서 역사적 의미가 깊은 장소이지요.

자기들 뜻대로 개화 정책을 추진하기 위해 우정국 개국 축하연을 선택하여 정변을 일으킨 것이지요. 그런데요, 참으로 아이러니한 것은 정변 당시 맨 먼저 자객의 칼에 맞아 죽다 살아난 민영익은 정변 주동자 김옥균과는 한몸처럼 어울려 다니며 교유했던 개혁 동지라는 점이에요. 그런 사람을 김옥균은 왜 살생부 리스트 넘버원으로 지명해 놓고 칼을 휘둘렀을까요?

개화파의 성장

1840년대부터 영국·프랑스·미국·독일 같은 서구 강국이 경쟁적으로 아시아를 넘보기 시작했어요. 그러면서 조선 땅에도 서양 선박들이 하나둘씩 들어와 통상을 요구하더니, 1860년대에는 한반도 해안 곳곳에 서양 선박이 출몰했어요. 물론 조선은 외국에 문호를 개방하지 않고 있었기에 이들 선박의 요청이 있더라도 두 귀를 꽉 틀어막고 거들떠보지도 않았어요. 하지만 말이에요, 그 와중에도 서양과 통상을 추진해야 한다고 주장하는 사람들이 비록 소수였지만 조선 내부에도 있었으니 박규수·오경석·유홍기가 바로 그들이에요.

박규수는 조선 후기 중상적 실학사상가인 박지원의 손자로 자신의 사랑방을 개화파의 대화 장소로 활용하며 조선의 장래를 위하여 통상수교를 해야 한다고 줄곧 주장했어요. 중국어를 잘해서 통역관으로 사절단을 따라 중국을 오고 갔던 오경석 또한 박규수와 더불어 통상수교를 강하게 주장했으며, 한의사였던 유홍기도 통상수교 전도사 역할을 했어요.

물론 이들의 주장이 당시 조선을 이끌고 있던 흥선대원군의 통상수교거부 정책을 깨부술 정도는 아니었어요. 하지만 말이에요, 이들의 주장에 동조하는 사람들이 조금씩 조금씩 늘어나더니 1870년대 초반에 와서는 김옥균·서광범·홍영식·민영익·김홍집 등 젊은 관료층을 중심으로 큰 목소리를 낼 정도로 세가 커졌어요. 이 세력을 '개화파'라고 해요. 조선 정부는 이들의 주장 속에 1876년 강화도조약을 체결하여 일본에 문호를 개방했어요.

한때는 동지였던 김옥균과 민영익

조선이 문호를 열던 당시에 김옥균과 민영익은 한몸처럼 움직이며 조선의 개화 정책을 이끌어 나갔어요. 김옥균은 1851년 충청남도 공주에서 안동 김씨 김병태의 장남으로 태어났어요. 그는 일곱 살 때인 1856년 서울에 살던 오촌 숙부 김병기의 양자로 들어가 어린 시절과 청소년기를 서울에서 글공부를 하며 유복하게 보냈어요. 영특하고 공부를 잘해

문호 門戶
외부와 교류하기 위한 통로나 수단을 비유적으로 이르는 말.

숙부 叔父
작은아버지.

서 22세 되던 해에 과거에 장원 급제했으며, 이후 촉망받는 관리로 정부의 주요 요직을 거치며 개화파의 리더가 되었어요.

민영익은 1860년생으로 김옥균보다 아홉 살이나 어렸어요. 그는 민왕후의 친정 조카로 고종의 사랑을 독차지하다시피 했던 관리였어요. 이런 그였기에 초고속 승진을 거듭하며 19세에 이미 정부의 인사권을 좌우하는 이조 참의 자리에 올랐어요. 그의 사랑채에는 개화에 눈뜬 김옥균·홍영식 등이 자주 드나들며 조선의 앞날을 진지하게 논의하고는 했어요.

일본 vs 청나라, 개화파의 갈림길

하지만 안타깝게도 1880년대로 접어들며 둘 사이는 점차 틈이 벌어지기 시작했어요. 왜 그랬을까요? 발단은 임오군란이었어요. 1882년 6월 임오군란이 발생하기 전까지 두 사람은 서로 힘을 합쳐 조선의 개화 정책을 이끌었어요. 1881년에 조사시찰단을 일본에 파견하여 일본 문물을 살펴보고 오게 했으며, 김윤식을 영선사로 삼아 청나라에 기술단을 파견하여 청의 근대 문물을 살핌과 동시에 근대식 무기 제조 기술을 습득해 오도록 했어요. 또한 서양 문물을 본격적으로 받아들이기 위해 통리기무아문을 설치하였으며, 신식 군대인 별기군도 창설했어요.

허나 구식 군인들의 불만이 폭발하며 발생한 임오군란 이후 민영익은 김옥균이 이끄는 개화 세력과 점차 거리를 두었어요. 급진 개화파가 일본과 손을 잡고 서둘러 과격한 개혁을 추진하려 한 데 반하여, 민영익은 청나라의 도움을 받아 천천히 개화 정책을 추진하려 했거든요.

이러한 생각 차이는 민영익이 보빙사절단을 이끌고 미국에 다녀온 뒤 더욱 확연하게 벌어졌어요. 1883년 5월에 주한 미국 공사 푸트L. H. Foote가 내한하자, 6월에 조선 정부는 답례 차원에서 사절단을 미국에

1883년. 조선 보빙사 사진이에요. 앞줄 왼쪽에서 두 번째 사람이 정사 민영익이에요. 정사는 외교 사절단 대표예요.

파견했어요. 이 사절단을 민영익이 이끌었으며, 그 이름을 '보빙사'라 했어요. 민영익은 이때 미국의 아서C. A. Arthur 대통령을 만나 한글로 쓴 국서를 전달한 후 방직공장·의약 제조 회사·철도 회사 등 근대 문물과 시설 들을 두루 살펴보고 유럽까지 견문을 넓힌 다음 귀국했어요.

김옥균은 한때 자기들의 동지이자 후원자였던 민영익이 비록 잠시 뜻을 달리하게 되었지만, 발전된 미국 문물을 접하고 돌아오면 다시 함께하게 될 거라고 기대했어요. 하지만 그것은 김옥균의 생각일 뿐이었어요. 귀국 후의 민영익은 옥균의 생각과는 다르게 더욱더 청나라에 치우친 정책을 펼쳤어요. 급진 개화파 입장에서 민영익은 타도의 대상일 뿐, 더 이상 동지가 아니었어요.

　이러한 사연이 있었기에 김옥균은 갑신정변 당시 죽여야 할 반대파 사람 중 첫 번째 대상자로 민영익을 지목했어요. 그런데 민영익은 여러 군데 칼을 맞고도 서양인 의사 알렌H. N. Allen의 치료 덕분에 운 좋게 살아났어요. 김옥균은 어찌 되었을까요? 갑신정변은 청나라가 개입해 3일 만에 실패로 끝났으며, 김옥균과 그의 일행은 쫓겨나는 일본 공사의 뒤를 따라 일본으로 망명을 떠나야 했어요.

불행했던 김옥균과 민영익의 말년

　일본으로 간 김옥균의 삶은 불행 그 자체였어요. 그를 이용하여 조선에서 한몫 잡아 보려던 일본은 자기들 땅으로 망명해 온 옥균을 천덕꾸러기 취급했어요. 갑신정변이 실패로 끝났으니, 일본 입장에서야 옥균은 토끼 사냥이 끝난 뒤의 사냥개에 불과했던 것이지요. 물론 그렇다고 해서 옥균의 기가 죽은 것은 아니었어요. 옥균은 분명 열혈남아였어요. 일본이 자신을 천대해도 이에 굴하지 않고 조선 개화를 위해 죽을 때까지 노력했어요. 일본이 도와주지 않자 심지어 1894년에는 마지막 승부수로 당시 중국을 이끌고 있던 리훙장李鴻章, 이홍장과 담판을 짓기 위해 중국으로 건너갔어요. 하지만 말이에요, 옥균에게 이 여행은 저승길이 되고 말았어요. 그가 중국에 들어간다는 첩보를 전해 들은 민 왕후가 자객 홍종우를 비밀리에 상하이로 보내 옥균을 살해해 버렸어요. 이로써 풍운아 김옥균은 자기 뜻을 펴지 못한 채 황천길로 들어서고 말았어요.

한편 그의 라이벌 민영익의 삶도 편치만은 않았어요. 친청 정책을 고수하다가 반대파의 미움을 사서 중국에 망명을 떠나기도 했고, 고종 폐위 음모 사건에 휘말려 본의 아니게 해외를 떠돌며 말년을 피곤하게 살았어요.

김옥균과 민영익. 한때는 동지였지만, 개혁에 대한 방향 차이로 서로에게 등을 돌려야 했던 그들. 두 사람은 조선 개화라는 큰 틀에서 각자 자신이 추구하는 개화 정책을 펼치고자 했던 진정한 라이벌이에요. 만약 그들이 서로 대립하지 않고 힘을 합쳐 청과 일본에 의존하지 않는 조선 개화를 자주적으로 이루어 냈다면, 분명 조선의 미래는 달라졌을 거예요. 그렇게 생각되지 않나요?

황천길
죽은 사람의 혼이 산다는 저승으로 가는 길.

조선 풍속화의
두 거장

김홍도
vs
신윤복

1745~? 김홍도		신윤복 1758~?
50 〓〓〓〓〓〓	**정치력**	〓〓〓〓〓〓〓 **?**
타고난 그림 실력을 바탕으로 연풍 현감까지 지냈으나, 사람들의 평가는 별로였다.		순전히 그림을 그려 삶을 꾸렸던 순수 화가이기에 정치력을 논할 수 없다.
? 〓〓〓〓〓〓	**지력**	〓〓〓〓〓〓〓 **?**
성리학이 지배하던 조선 사회에서 화가의 지력을 논하는 것은 무의미하다.		성리학이 지배하던 조선 사회에서 화가의 지력을 논하는 것은 무의미하다.
70 〓〓〓〓〓〓	**인품**	〓〓〓〓〓〓〓 **?**
아름다운 풍채에 도량이 크고 넓어 사람들이 그를 신선 같다고 할 정도였으나, 가정에 대한 책임감은 약했다.		인품을 논할 만큼 역사 기록이 남아 있지 않아 평가가 불가능하다.

조선 3대 풍속화가로 칭해지는 사람들이 있어요. 누굴까요? 김홍도·김득신·신윤복. 이들이 바로 조선의 3대 풍속화가예요. 이들 중 특히 김홍도와 신윤복은 풍속화 하면 바로 떠오를 정도로 쟁쟁한 조선 미술계의 라이벌이었어요.

맞수 열전 열 번째 시간에는 조선 풍속화의 대가 김홍도와 신윤복을 초대하여 그들의 그림 세계를 이야기해 봐요.

천부적인 그림 실력을 지닌 단원 김홍도

어릴 적부터 그림을 공부하매 못하는 것이 없다. 인물이면 인물, 산수면 산수, 신선이면 신선, 동물이면 동물, 새면 새, 꽃이면 꽃 등 그의 그림은 감히 명성 있는 옛 화가들과 비교해도 가히 거리낄 것이 없다. 특히 신선과 꽃·새 그림을 잘 그려, 이것만 가지고도 한 시대를 울리며 후대에까지 길이 전하기에 충분하다. 또 우리나라 인물과 풍속을 능히 그려 내어 선비, 장사꾼, 나그네, 양반 가문의 여인네들이 사는 모습, 농부, 누에 치는 여자, 이중으로 된 가옥, 겹으로 난 문, 거친 산, 들의 나무 등에 이르기까지 그 형태를 꼭 닮게 그려서 모양이 다른 것이 없으니 옛적에는 이런 솜씨가 없었다. 그림 그리는 사람은 옛 화가들이 그린 것을 보고 배우고 익혀 공력을 쌓아야 비로소 비슷하게 그릴 수 있는데, 그는 독창적으로 스스로 알아내어 교묘하게 자연의 조화를 빼앗을 수 있는 데까지 이르렀으니, 이는 타고

난 소질이 없고서는 불가능한 일이다.

　조선이 낳은 불세출의 화가를 그의 스승이 평가한 글이에요. 사부에게서 이 정도 찬사를 받았으니 이 화가는 당대를 호령한 대단한 인물이었음이 분명해요. 도대체 이 사람은 누구일까요? 바로 조선 후기 풍속화의 대가 김홍도예요. 김홍도의 사부는 강세황이고요.

　강세황이 누구냐고요? 양반 출신으로 시면 시, 그림이면 그림, 글씨면 글씨 다방면에 뛰어났던 조선 후기의 대표적인 양반 화가이자, 다른 사람 그림을 자기 관점에서 솔직하게 평가했던 명평론가예요.

　호가 단원인 김홍도는 1745년에 태어났어요. 증조할아버지가 무관이었던 걸로 보아 집안이 본래는 양반가였음을 알 수 있어요. 하지만 할아버지, 아버지 대에 벼슬을 하지 못해 김홍도가 태어날 당시에는 중인으로 신분이 하락해 있었어요. 이런 김홍도가 자신의 그림 스승으로 강세황을 모실 수 있었던 것은 어찌 보면 대단한 행운이었지요. 왜냐고요? 생각해 보세요. 강세황은 명문 사대부 집안 출신이에요. 따라서 신분제 사회였던 조선 시대에 중인 출신 어린아이가 양반 사대부 밑에서 글공부, 그림공부를 할 수 있었다는 것은 매우 특이한 경우라고 할 수 있지요. 그러고 보면, '잘될 나무는 떡잎부터 다르다'고 김홍도 역시 아주 어렸을 때부터 그림 실력이 특출 났기에 이런 혜택을 입었던 것 같아요.

　김홍도의 그림 실력이 분명 탁월하긴 했어요. 스무 살이 되기 전에 전국의 내로라하는 화가들이 선망하는 도화서 화원이 되었으며, 1765년에는 영조 임금이 71세가 되어 대대적인 칠순 잔치를 벌였을 때, 이를 기록하는 그림경현당수작도을 단독으로 그렸어요. 이때 나이가 스물한 살이었으니, 그야말로 머리에 피도 안 마른 젊은이가 당대의 솜씨 좋은 화가들을 모두 제치고 왕실 잔치를 그림으로 남긴 거지요.

도화서
국가가 필요로 하는 그림을 전문적으로 그리는 화원들이 소속된 관청.

화원 畵員
도화서에 소속되어 그림을 전문적으로 그린 관리.

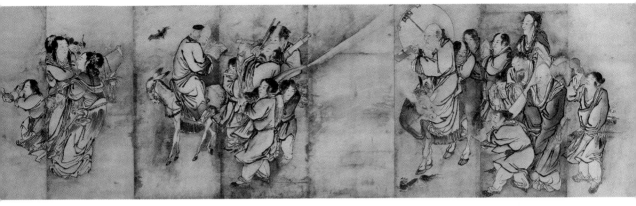

김홍도, 〈군선도〉.

29세 때의 일도 김홍도의 그림 솜씨를 짐작하게 해 줘요. 영조와 세
손의 초상화를 그렸는데, 이때 그린 그림이 정조의 기억에 얼마나 선명
하게 남아 있었던지, 정조는 임금이 된 이후, 국가의 중요한 행사 그림
은 모두 김홍도가 주관하게 했어요. 여기에 김홍도의 공을 인정하여 충
청도 연풍 현감으로 발탁하기까지 했어요. 현감은 요즘으로 치면 지방
행정구역인 군郡의 경영을 책임진 군수이니, 중인으로서는 대단한 출세
를 한 것이죠.

김홍도의 그림 세계

김홍도가 잘 그린 그림은 신선도와 풍속화였어요. 중년까지는 주로
신선도를 즐겨 그렸는데, 그가 그린 신선들은 굵고 힘차면서도 거친 느
낌을 주는 옷을 입고 티 없이 맑은 얼굴에 세상 시름 하나 없는 그야말로
안빈낙도의 이상 세계를 사는 신선들이었어요.

풍속화는 말년에 이르러서 많이 그렸는데, 조선 백성의 삶을 고스란
히 알 수 있는 정경을 ○형 구도나 X자형 구도 속에 빠르면서도 거친 필
치로 그려 냈어요. '풍속화 하면 김홍도, 김홍도 하면 풍속화'가 연상될

세손 世孫
임금의 대를 이어 후일 임금을
할 손자. 여기서는 영조의
뒤를 이어 임금이 되는 정조를
말한다.

안빈낙도 安貧樂道
가난한 생활을 하면서도
편안한 마음으로 도를 즐겨
지킴.

김홍도가 즐겨 쓴 ○형과 X형 구도예요. 왼쪽 〈씨름도〉, 오른쪽 〈빨래터〉.

정도로 조선 풍속화의 전형을 이루어 냈지요. 그가 이룩한 이러한 감각의 풍속화는 김득신, 신윤복 등에게 이어지며 한국화 발전에 뚜렷한 발자취를 남겼어요.

도화서에서 쫓겨난 19금 화가, 혜원 신윤복

김홍도에 감히 맞설 수 있는 풍속화가가 혜원 신윤복이에요. 그는 풍속화뿐 아니라 산수화와 동물 그림에도 능한 팔방미인 화가였어요. 하지만 신윤복 역시 풍속화로 명성을 떨쳤기에 '김홍도 하면 신윤복', '신윤복 하면 김홍도'를 떠올리게 할 정도로 둘은 풍속화의 대가이자 맞수였어요.

혜원은 단원보다 13년이 늦은 1758년에 태어났어요. 조상 대대로 화원을 배출한 집안이었고, 아버지도 도화서 화원이었기에 그 역시 어려

전형 典型
기준이 되는 본보기.

신윤복, 〈연소답청〉. 제목은 '봄소풍 가는 젊은이들'을 뜻해요.

서부터 그림 실력을 연마하여 도화서 화원이 되었어요. 다만 여느 화원들과는 다르게 요즘 말로 하면 '19금禁'에 해당하는 그림을 즐겨 그렸고, 이런 그림들이 사회 문제로 번져 정조 시대에 사헌부 관리들의 탄핵을 받아 유배를 떠나기도 했어요. 그래서 그런지 신윤복은 화원으로 있을 때 남긴 그림보다, 도화서에서 나와 자유롭게 그린 말년의 작품들이 많이 알려져 있어요.

단원과 혜원의 풍속화 비교

단원 김홍도와 혜원 신윤복의 풍속화는 여러 면에서 상당한 차이가 있어요. 김홍도는 농촌 지역 서민의 일상사를 주로 그렸어요. 반면에 신윤복은 도회지 양반과 기녀의 풍류 생활을 화폭에 주로 담았어요. 이처럼 다루는 주제가 달랐기에 붓을 쓰는 방법이나 표현법 또한 크게 차이

사헌부
관리들의 부정 부패를 감시 감독했던 조선 시대 관청. 현재의 검찰이나 감사원에서 하는 일을 주로 담당했다.

기녀
잔치나 술자리에서 노래나 춤 또는 풍류로 흥을 돋우는 것을 직업으로 하는 여자.

김홍도의 〈춤추는 아이〉와 신윤복의 〈쌍검대무〉. 쌍검대무란 양손에 칼을 쥐고 상대와 짝을 지어 추는 춤을 말해요. 춤추는 장면을 묘사했다는 점을 빼면 유사점보다 차이점이 더 도드라져요. 왼쪽은 장터에서 벌어지는 듯한 춤 한 마당, 오른쪽은 기방에서 벌어지는 칼춤 한 마당. 두 그림에 흐르는 흥과 멋은 각각의 개성대로 조선 사람들의 풍류를 담아내고 있어요.

가 났어요. 예를 들어 김홍도는 배경이 거의 없이 붓을 거칠게 다루며 선을 간결하고 소탈하게 가져가서 서민들의 흥취를 드러냈지만, 신윤복의 경우는 양반과 아녀자를 주로 그렸기에 세밀하고 섬세한 필치로 채색화를 주로 그렸어요.

인물의 얼굴 모양을 표현할 때도 이런 대조적인 특징이 잘 드러나요. 김홍도는 서민의 풍모에 맞게 얼굴을 둥글고 성글게 표현했지만, 신윤복의 경우는 여자는 물론이고 남자 얼굴도 V자 형으로 엄친아 뺨치게 섬세하게 그려 냈어요.

단원과 혜원. 두 사람은 선후배 간으로 정조 시대에 주로 그림을 그리면서 풍속화로 이름을 날렸어요. 각기 다른 필치와 세계관으로 그림

흥취 興趣
흥과 취미를 아울러 이르는 말.

성글게
물건 사이가 뜰 정도로
엉성하게.

김홍도의 〈나룻배〉와 신윤복의 〈주유청강〉. 주유청강이란 '맑은 강물 위 뱃놀이'라는 뜻이에요. 두 그림 다 소재는 배 탄 사람인데, 화폭에 담긴 정경은 대조적이네요. 김홍도는 소까지 태우고 옹기종기 당겨 앉은 하층 계급의 뱃길을, 신윤복은 음악과 은밀한 시선이 여유롭게 흐르는 상층 계급의 뱃놀이를 표현했어요.

을 그려 한 사람은 서민의 생활상을 담백하면서도 소탈하게, 또 한 사람은 도회지 양반의 풍류와 생활 모습을 화려하고 섬세하게 그림 속에 남겨 오늘날까지 풍속화의 대가로 이름을 떨치고 있어요. 이 둘은 '너 죽고 나 살자' 할 정도로 대립했던 라이벌은 아니지만, 조선의 풍속화를 얘기할 때 둘째가라면 서러워할 정도로 실력이 비등비등했던 진정한 맞수라고 할 수 있어요.

왕과 신하의 기묘한
정국 운영법

정조
vs
심환지

1752~1800 **정조**		**심환지** 1730~1802
100 정치력 **50**		
붕당 간의 균형 관계를 잘 유지시켰으며, '백성이 배고프면 나도 배가 고프다'고 말할 정도로 백성의 입장에서 나라를 운영하려 했다.		노론 벽파의 리더로 자기파 입장만을 생각하다 보니, 정치력이 별로였다.
100 지력 **50**		
경연에서 신하들을 쩔쩔매게 할 정도로 유교 경전에 통달했으며, 학문 연마에 최선을 다했다.		과거에 급제할 정도의 학문 실력은 갖추고 있었다.
70 인품 **30**		
인내심 강한 '성군'의 이미지로 알려졌으나, 다혈질에 변덕 또한 상당했다.		보수적 성리학자로 자기 당의 이익만을 대변한 경향이 있다.

조선 제22대 임금, 정조. 흔히들 '학문의 군주'라고 일컬을 정도로 공부를 열심히
했고, 또 잘하기도 했던 '학문 짱' 임금이에요. 이런 임금에게도 라이벌 아닌 라이벌이
있었으니, 그는 당시 중앙 정계를 주도했던 노론 벽파의 실력자 심환지였어요.
그런데요, 둘은 엄밀히 따지면 라이벌이라 할 수 없어요. 왜 그럴까요?
맞수 열전 열한 번째 시간, 정조와 심환지를 초대하여 그들의 기이한 인연에
대해 이야기해 봐요.

정조가 독살되었다고요?

　1800년 6월 28일, 조선의 문예 부흥을 주도했던 정조가 죽었어요. 공
식적으로는 종기 치료를 제때 하지 못하여 열기가 온몸에 번져 죽었다
고 전해져요. 정조가 죽기 10여 일 전 신하 심환지에게 보낸 편지를 보
면 "배 속의 화기가 올라가기만 하고 내려가지를 않는다. ……항상 얼음
물을 마시거나 차가운 장판에 등을 붙인 채 잠을 이루지 못하고 뒤척이
는 일이 모두 고생스럽다"라고 남모를 자신의 고통을 호소하고 있어요.

　하지만 말이에요. 몇몇 학자들은 정조의 죽음은 정치적 이해 관계를
달리했던 노론 벽파가 자신들의 후견인인 정순왕후와 몰래 짜고 저지른
음모라고 주장하고 있어요. 정순왕후가 누구냐고요? 영조가 66세 때 새
장가를 들어 얻은 부인으로, 결혼 당시 나이가 15세였어요. 노론 가문
출신으로 정조가 임금을 하던 시절 왕실의 최고 어른으로 있으면서 노

종기
피부의 털구멍 따위로 균이
들어가서 생기는 염증.

장판
장판지를 깔거나 바른
방바닥.

99

애도 哀悼
사람의 죽음을 슬퍼함.

론 벽파의 든든한 방패막이가 되어 주었지요.

노론 벽파는 또 뭐냐고요? 조선의 붕당은 크게 노론·소론·남인·북인으로 나누어져 있었어요. 이를 '4대 붕당'이라 하는데, 이 중에서 영조 시대에 주도적으로 정치를 담당했던 붕당은 노론이었어요. 그런데 노론은 벽파와 시파로 재차 분열했어요. 정조의 아버지인 사도세자의 죽음을 정당화했던 사람들이 벽파를, 그의 죽음을 애도했던 사람들이 시파를 형성하여 남인과 공동 전선을 꾸려 벽파에 대항했지요.

정조가 임금을 하던 시절, 정치의 주도권은 노론 벽파에게 있었어요. 아니 아버지를 죽이는 데 앞장섰던 사람들에게 왜 정치를 맡겼냐고요? 아버지의 죽음을 주도했던 세력이지만, 벽파를 멀리하고는 정치를 조화롭게 운영할 수 없었기에 속마음과는 다르게 정조는 이들을 정치 동반자로 끌어안을 수밖에 없었어요.

하지만 말이에요, 정조 독살설을 주장하는 학자들은 노론 벽파들이 자기들 입맛에 맞게 정국을 운영하기 위하여 정순왕후와 짜고 정조에게

독약을 먹여 살해했다고 주장해요. 이 일을 주도했던 사람이 당시 벽파를 이끌던 심환지였다고 생각하고요.

정조가 심환지에게 보낸 비밀 편지 297통

심환지는 문신으로 호가 만포였어요. 영조 4년인 1771년에 과거 시험에 합격한 후, 여러 관직을 거쳐 정조 시대에는 이조 판서, 병조 판서를 거쳐 우의정, 좌의정까지 지냈어요. 요즘으로 치면 안전행정부 장관, 국방부 장관을 거쳐 부총리까지 오른 셈이지요.

그는 평소에 노론 벽파의 입장을 충실히 대변하며 정치를 이끌어 갔는데, 정조가 죽은 이후에는 나이 어린 임금인 순조 뒤에서 나랏일을 좌지우지했어요. 그러면서 신유사옥을 일으켜 많은 무고한 사람들을 처형 혹은 유배 보내기도 했지요.

그런데요, 참으로 특이한 것은 이런 심환지를 정조는 비밀 편지까지 보내며 어르고 달래서 자신의 정국 운영에 참여시키려 했어요. 2009년에, 정조가 심환지에게 보낸 비밀 편지가 297통이나 발견되었어요. 이 편지들을 보면 정조는 정치적 대립자였던 심환지를 활용하여 정국을 안정적으로 운영하려 했어요.

또한 비밀 편지들을 자세히 살펴보면, 우리가 평소에 몰랐던 정조의 인간상을 또 다른 측면에서 파악할 수 있어요. 흔히들 정조 하면, '개혁 군주', '학문의 군주'를 떠올려요. 그러나 그 또한 보통 인간과 다를 바 없던 부분이 분명 있었어요.

무엇 때문에 화가 났는지는 몰라도 자신의 최측근이었던 서영보에 대해 "호래자식"이라 욕했으며, 젊은 학자 김매순에게는 "입에서 젖비린내가 진동하는 못돼 먹은 놈"이라고 퍼부었어요. 비밀 편지 속에 욕설과 비속어가 자주 등장하는데, 이를 보면 정조가 화나면 참지 못하고 생

신유사옥
1801년 천주교도를 박해한 사건으로 '신유박해'라고도 한다. 정순왕후의 명에 의해 시작된 이 박해로 외국인 신부 주문모를 비롯한 천주교도 약 100명이 처형되었고, 정약용 등 400여 명이 사건에 연루되어 유배되었다.

각나는 대로 내뱉어 버리는 다혈질이었음을 짐작할 수 있어요.

정조의 업적

그런데요, 정말 정조는 대단한 군주였을까요? 샘은 정조가 조선의 역대 왕 중에서 세종과 더불어 가장 뚜렷한 업적을 가진 명군주였다는 데 적극적으로 동의해요.

그의 어린 시절은 '불행' 그 자체였어요. 생각해 보세요. 아버지가 부모에게 불효한 대역 죄인으로 몰려 뒤주 속에 갇혀 죽었는데, 그 자식인 정조에게 어떤 앞날이 기다리고 있었겠어요. 아마 심장 약한 사람이었다면, 이때 자기 인생 전부를 포기하고 말았을 거예요. 그러나 정조는 강했어요. 마음을 단단히 먹고 더 열심히 공부하여 할아버지인 영조를 흡족하게 했어요. 그런 손자를 장하게 본 영조는 직접 공부를 가르치며 수시로 학습 진도를 점검했을 뿐만 아니라 왕과 신하가 토론하는 경연 자리에 참석시켜 제왕학 공부를 매우 옹골차게 시켰어요.

물론 정조에게도 위기는 있었어요. 세자로 있던 시절에 정조는 살해 위협을 여러 번 겪었어요. 자객이 누군지는 확실하지 않지만, 정조를 죽이기 위해 안달이 난 세력이 있었어요. 그럼에도 불구하고 정조는 학문 연마에 최선을 다하여 우리 역사에서 '학문 잘한 임금' 하면, 바로 손꼽힐 정도로 명성이 자자한 학구파 왕이 되었어요. 이것 하나만으로도 정조가 대단한 인물이라는 걸 알 수 있지요.

한편 정조는 왕의 자리에 오른 후 규장각을 설치하여 인재 육성과 학문 발전의 토대로 삼았어요. 규장각이 뭐냐고요? 정조가 맘먹고 만든 왕실 도서관으로 정조 시대 문예 부흥은 모두 이곳을 기반으로 이루어졌다고 봐도 과언이 아니에요. 특히 규장각에 근무하는 사서인 검서관을 서얼 출신 인재들로 구성하여, 서얼도 양반처럼 출세할 수 있다는 희망을 심어 주기도 했어요. 이덕무·유득공·박제가 등이 서얼 출신으로 정조에게 발탁되어 규장각 검서관으로 근무하며 다양한 학문적 업적을 남긴 대표 학자들이에요.

여기에 정조는 영조의 탕평책을 계승하여 자신을 끊임없이 해코지했던 노론 벽파 세력을 정치 동반자로 인정하면서도 중앙 정계에서 소외되었던 남인 세력을 끌어들여 각 붕당이 균형을 유지한 상태에서 나라 발전에 나서도록 했어요. 또한 정조는 자신의 신변 보호와 왕권 강화를 위하여 친위 부대인 장용영을 설치하여 운영하였는데, 이 군대는 요즘으로 치면 청와대 경호실 겸 특수부대 역할을 했던 왕의 친위 부대예요. 세자 시절부터 살해 위협을 많이 겪었기에 이에 적극적으로 대처하기 위해 만든 군사 조직이지요.

하지만 뭐니 뭐니 해도 정조의 업적 중 가장 돋보이는 것은 세계문화유산으로 지정된 수원성의 축조예요. 이 성은 아버지인 사도세자의 무덤을 옮기는 것을 계기로 만들어졌어요. 정조는 이곳을 단순히 군사적 기능만 가진 성으로 생각한 게 아니에요. 그는 왕위를 아들에게 물려준 후에 직접 수원에 내려와 살며 자신이 꾸준히 추진해 온 각종 개혁 정치를 총결산하려 했어요.

수원성 설계는 다산 정약용이 했으며, 축성 과정에서 당시로써는 가장 선진적인 성 만드는 기법을 도입하여 전통 축성술 외에도 중국과 서양 축성술을 적절히 녹여 내 우리 민족이 만든 성곽 중 가장 빼어난 아름다움을 자랑하고 있어요. 또한 성을 만들 때 백성들에게 품삯을 주고 일을 시켜 민생 안정에 최대한 기여했어요.

자! 그럼 지금부터는 정조의 개혁 정치에 대해 정리를 해 볼까요?

정조의 개혁 정치가 추구했던 최종 목적은 무엇이었을까요? 바로 백성의 삶이 풍요로워지는 것이었어요. 그는 신변 보호를 걱정하는 신하

축성술 築城術
성을 만드는 기술.

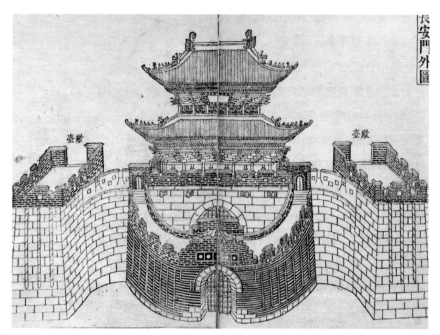

순조 때 발간한 『화성성역의궤』 중 장안문 그림이에요. 의궤란 국가 대사를 치른 후 글과 그림으로 남긴 기록이에요. 『화성성역의궤』에는 화성 설계·축성 기술·축성 과정·사용 자재·참여 기술자 이름과 임금 내역이 빼곡히 담겨 있어요.

들의 거센 반대에도 불구하고 직접 거리에 나가 백성들과 대화를 나누며 민생을 챙겼어요. 흉년으로 유랑민이 많이 생겨 서울 시내가 거지들로 북적거리자 직접 그들을 만나 '다 내 잘못이다' 하면서 그들의 힘든 삶을 위로해 주었어요. 세금 확보를 위해 지방에서 올라오는 세곡을 운반하는 배를 국가가 직접 운영하자고 신하들이 건의하자, '국가에 이득이 되더라도 백성의 생계를 빼앗으면 안 된다'라며 세곡 운반선을 운영하는 이들의 삶에 지장이 없도록 한 일화도 기록에 전해져요. 이러한 사례들로 보았을 때, 정조는 분명 자기 자신의 호화로운 생활보다는 백성의 삶을 먼저 챙겼던 명군주가 분명해요.

다시 생각해 보는 정조와 심환지

정조와 심환지. 어찌 보면 정조에게 심환지는 체급이 맞지 않는, 라이벌 아닌 라이벌이라 할 수 있어요. 정조는 신하인 심환지를 적절히 활용하여 자신의 정국 운영에 사사건건 딴지를 걸 우려가 있던 노론 벽파를 제어했으며, 이를 통해서 나랏일이 본인 뜻대로 움직이도록 했지요. 물론 정조 독살론자들의 주장처럼 심환지가 정조 독살에 깊이 관여했다면, 잔 펀치를 무수하게 얻어맞다가 마지막 한 방으로 역전 KO승을 거두는 권투 선수처럼 최종 승자는 심환지일 수 있어요. 하지만 독살론 자체가 확실한 증거를 가지고 주장되는 것은 아니기에 정조와 심환지의 라이벌 대결은 정조의 일방적 리드 속에 전개되었다고 말할 수 있어요.

조선판
'오이디푸스 콤플렉스'

영조
vs
사도세자

1694~1776 영조 **사도세자 1735~1762**

	정치력	
90		10

백성의 마음을 헤아리는 정치를 하려 했으며,
붕당 간 갈등을 완화시켰다.

영조 말년에 정치를 주도할 기회가 있었으나, 집권 세력인
서인을 적대시하다가 그들의 교묘한 반격으로 죽어야 했다.

	지력	
80		50

부지런히 학문을 연마하는 데 최선을 다했다.

기본 자질은 훌륭했으나, 매사에 엄격한 아버지로 인해
자기 능력을 충분히 펼치지 못했다.

	인품	
50		20

평소에는 자애로웠으나, 자기 뜻에 맞지 않으면
불같이 화를 냈으며, 좋고 나쁨이
지나칠 정도로 명확하여 편애가 심했다.

분노를 다스리지 못해 말년으로 갈수록
주변 사람을 많이 괴롭혔다.

조선의 왕 중 아들을 죽인 이가 있어요. 누굴까요? 잘 모르겠다고요? 영조예요. 영조는 조선 제21대 임금으로 장장 52년 동안 왕의 자리에 있으면서 18세기 조선의 르네상스를 이뤄 낸 임금이에요. 그는 탕평책으로 붕당 간의 갈등을 완화시켰으며, 역대 어느 임금보다 백성의 삶을 몸소 챙겼던 명군주였어요.

하지만 천민의 몸에서 태어났다는 태생적 한계로 항시 번민해야 했으며, 극심한 콤플렉스 속에 아들인 사도세자를 뒤주 속에 가둬 죽여 버렸어요. 왜 그랬을까요? 맞수 열전 열두 번째 시간에는 영조와 그의 아들 사도세자를 초청하여 그들 사이의 갈등과 번뇌를 이야기해 봐요.

아버지와 아들의 기이한 인연

조선에서 가장 오랫동안 왕 자리를 지켰던 임금은 제21대 영조예요. 그는 1724년 이복형 경종의 뒤를 이어 임금이 된 이후, 무려 52년 동안 나라를 다스렸어요. 또한 그는 조선 임금 중 가장 오래 살았던 왕이기도 해요. 1694년에 태어나 1776년에 죽었으니, 무려 여든세 해를 살았어요. 조선 후기 사람들의 평균 수명이 40대 후반이었으니, 영조의 명이 길었던 것은 분명해요.

이처럼 세상을 길게 살다 간 영조에게 라이벌이 있었으니, 그는 바로 자신의 아들 사도세자예요. '아니! 아들이 웬 라이벌?' 하면서 의아해 할 수도 있겠지만, 영조에게 아들 사도세자는 철천지원수보다도 더 지긋지긋했던 한 맺힌 라이벌이었음이 분명해요.

이복형
아버지는 같으나 어머니가 다른 형.

영조의 업적

영조는 매우 부지런했던 임금이에요. 조선의 역대 임금 중 부지런함만 따진다면, 세 손가락 안에 들어갈 정도로 성실했지요. 여기에 부단히 사치를 경계할 정도로 검소했고, 학문 연마에 최선을 다했으며, 민생 안정을 위한 많은 개혁 조치를 단행하여 백성에게도 인기가 '짱'이었어요.

백성의 세금 부담을 덜어 주기 위해 오랜 연구 끝에 균역법을 시행하였으며, 잔인했던 형벌 제도를 고쳤고, 양반들이 사사로이 백성들에게 가혹행위를 하는 폐단 또한 없앴어요. 한편 조선의 기본 법전인 『경국대전』이 오랜 기간 개정되지 않아 현실과 동떨어지자, 학자들을 동원하여 개정판인 『속대전』을 편찬했어요. 또 작은 비에도 물이 넘쳐 흐르는 청계천 범람을 막기 위해 준설 사업을 벌였으며, 신문고를 설치하여 억울한 백성의 민원을 직접 해결해 주기도 했어요.

이처럼 영조는 백성 편에 서서 나랏일을 하며 자신의 시대를 '조선의 르네상스'로 만들었어요. 하지만 말이에요, 왕이 아닌 한 인간으로서는 매우 불우했어요. 천민의 자식으로 태어난 죄 아닌 죄 때문에 일부 사대부의 손가락질 속에 평생을 열등감에 시달려야 했어요. 이런 것들이 복합적으로 작용하여 아들인 사도세자를 뒤주에 가둬 굶겨 죽이기도 했고요. 참으로 불행한 인생을 살았지요.

임금이 천민의 자식?

영조가 천민의 자식이라고요? 예, 맞아요. 아버지는 조선 제19대 왕 숙종이지만, 어머니가 천민이었어요. 궁궐에서 허드렛일을 하던 종이었지요. 그런 사람을 어머니로 둔 이가 어떻게 임금이 되었냐고요? 이게 좀 복잡해요.

숙종은 인현왕후를 쫓아내고 장희빈을 왕비로 삼았어요. 기사환국 그런

균역법
영조 시절인 1750년 군역 제도의 폐단을 시정하기 위하여 만든 법. 종래에는 16~60세 양인 남자 1인당 2필씩 군포를 징수했으나, 여러 가지 폐단으로 농민 부담이 가중되자, 군포를 1필로 감하여 징수하는 대신에 균역청을 설치하여 부족한 세금은 왕족이나 궁방에 지급되었던 어세·염세·선세 등을 거두어 보충하게 했다.

준설 浚渫
못이나 개울 따위의 밑바닥에 쌓인 모래나 암석을 파내는 일.

데 숙종의 희빈 사랑은 그리 오래가지 못했어요. 그녀의 지지 세력인 남인이 왕의 권위에 도전하기 시작했거든요. 이런 사연 속에 숙종은 내심 인현왕후의 복위를 생각하고 있었어요.

그러던 어느 날이었어요. 숙종은 궁궐 뜰을 산책하고 있었어요. 달이 휘영청 뜬 늦은 밤, 한가롭게 뜰을 걷고 있는데, 불 켜진 방 하나에서 토닥토닥 칼질하는 소리가 들려왔어요. 이를 궁금하게 여긴 숙종이 가던 길을 멈추고 방문을 열었어요. 떡을 썰던 궁녀 하나가 소스라치게 놀라며 머리를 조아렸어요.

숙종이 물었어요.

"야심한 밤에 웬 떡이냐?"

궁녀가 몸 둘 바를 몰라 하며 자초지종을 여쭀어요.

"내일이 사가로 쫓겨 나간 인현왕후의 생일날이라 사가에 보낼 떡을 조금 썰고 있나이다. 죽을죄를 졌사옵니다. 마마!"

사연을 들어 보니, 인현왕후가 시집올 때 함께 따라온 몸종으로, 왕비는 쫓겨나 자기 집으로 돌아갔지만, 이 궁녀는 궁궐에 계속 남아 일을 하고 있었어요. 성이 최씨라 최 무수리라 했지요. 무수리가 뭐냐고요? 궁궐에서 허드렛일을 하던 여자 종을 무수리라 해요.

아마 숙종이 인현왕후를 미워하던 시기였다면, 최씨는 치도곤을 당했을 거예요. 그러나 최씨가 왕의 눈에 띄었을 때는 숙종의 마음이 다시 인현왕후에게 기울던 시기였어요. 왕은 갸륵한 마음을 지닌 최씨가 너무 기특했어요. 그날 밤을 최씨와 함께 보냈고 이후 그녀의 몸에 태기가 생겨 떡두꺼비 같은 남자 아이를 낳았어요. 이 아이가 바로 영조였지요.

어때요? 길게 설명해 놓고 보니, 영조가 천민의 자식임에 틀림없지요. 아무튼 이러한 이유 때문에 영조는 '천민의 자식이 임금이 되어서는 안 된다'는 공공연한 반대 속에 왕위에 올라야 했으며, 재임 기간 내내

복위 復位
본래 자리로 다시 올리는 것.

사가 私家
개인 집.

치도곤 治盜棍
도적을 다스리는 몽둥이로, 조선 시대에 사용되었던 여러 곤장 가운데 가장 큰 몽둥이였다.

숙원
궁중에 사는 여인의 품계(여러 벼슬자리에 대하여 매기던 등급. 제일 높은 정1품에서 제일 낮은 종9품까지 18 단계로 나눔) 중 하나. 종4품에 해당한다. 궁중에 근무하는 여인들은 품계를 지급받는데, 이를 내명부라 한다. 빈, 귀인, 소의, 숙의, 소용, 숙용, 소원, 숙원까지는 왕의 후궁 층으로 '내관'이라 하고, 정5품 상궁부터 종9품 주변궁(음악에 관한 일을 맡음)까지는 상궁 층으로 '궁관'이라 하였다.

그때 그 시절의 역사 현장 ## 기사환국? 갑술환국?

기사환국1689 숙종의 부인 민씨가 왕비로 책봉된 지 여러 해가 되도록 후사를 낳지 못하는 가운데, 숙종은 후궁인 숙원 장씨를 총애하게 되었다. 그녀가 임신하여 아들을 낳자, 숙종은 이 아들을 자신의 뒤를 이을 원자元子로 책봉하고 장씨를 빈으로 삼으려 하였다. 당시 집권 세력이던 서인은 '정비 민씨가 아직 나이 젊으므로 그의 몸에서 후사가 나기를 기다려 적자로서 왕위를 계승함이 옳다' 하여 원자 책봉을 반대하였다. 그러나 남인은 숙종의 주장을 지지하였고, 숙종은 서인의 독주를 누르기 위하여 남인을 등용하는 한편, 원자의 이름을 자기 뜻대로 정하고 숙원 장씨를 빈으로 책봉하였다.

이때 서인의 대표 지도자 송시열은 상소를 올려 숙종의 처사를 질못이고 간하였다. 하지만 숙종은 오히려 송시열을 제주로 귀양 보냈다가 후에 사약을 내려 죽였으며, 이 과정에서 남인이 득세하여 민비는 궁에서 쫓겨나고 장희빈이 정비가 되었다. 이를 기사년에 정치적 국면이 뒤집어졌다 하여 '기사환국'이라 한다.

갑술환국1694 기사환국으로 남인이 권력을 잡았지만, 스스로 정치력을 발휘하여 집권한 것이 아니라 서인에 대한 숙종의 염증과 혐오 때문에 거저 얻은 것이었다. 특히 궁녀였던 장씨를 두고 서인과 숙종 사이에 갈등의 골이 깊었기 때문에 남인이 집권할 수 있었다. 이런 이유로 남인은 자신들의 위치를 항상 불안하게 여겼으며, 언제든 또다시 실각할 수 있다는 생각에 긴장감을 늦추지 않았다. 이러한 상황에서 서인은 폐출된 인현왕후 민씨의 복위 운동을 전개했는데, 남인이 이를 눈치채고 서인 탄압에 나섰다.

하지만 숙종의 심경에는 새로운 변화가 일고 있었다. 정비로 삼은 장희빈의 방자한 행동에 염증이 난 것이었다. 게다가 장씨보다는 무수리 출신의 후궁 최씨영조의 생모에게 마음을 두고 있었다. 이런 정황 속에서 숙종은 남인을 내치고 민씨를 지지했던 서인을 조정의 중요 자리에 다시 등용하기 시작했다. 뿐만 아니라 장희빈을 죽이기까지 했다. 이 사건을 갑술환국이라 하며, 이후 남인의 정치력은 급격히 쇠퇴하였다.

크고 작은 사건이 일어나 신경을 곤두세워야 했어요.

이러한 사연 속에서 발생한 트라우마 때문에 영조는 자신의 뒤를 이을 세자의 몸에도 천민의 피가 흐른다고 생각했던지, 어릴 적부터 아들에게 혹독하게 대했어요. 딸들은 애지중지하며 금이야 옥이야 키웠지만, 사도세자는 아무리 잘해도 칭찬은커녕 매번 눈치만 줬으니, 그 상황이 어떠했을지는 안 봐도 비디오지요.

사도세자가 생각하는 아버지 영조

사도세자의 부인인 혜경궁 홍씨가 늘그막에 지은 『한중록』에 이런 얘기가 나와요.

동궁사도세자의 글 읽는 소리는 크고 맑았으며, 글의 뜻을 이해함에도 그릇됨이 없었으니 뵙는 사람마다 동궁의 거룩하심을 일컬어 궁중 밖에서도 좋은 명성이 많이 떠돌았다.

사도세자가 혜경궁 홍씨와 결혼한 것은 10세 때로 이때 당시 세자가 매우 영특했다는 것을 알 수 있는 대목이에요. 하지만 말이에요. 이 시절에 사도세자는 이미 아버지인 영조에게 매우 주눅이 들어 있어 정신적 공황 상태에 빠져들고 있었어요. 『한중록』의 한 장면을 더 살펴봐요.

10세 된 아기네가 감히 (아버지와) 마주 앉지도 못하였고 신하들처럼 몸을 굽혀 엎드리고 보셨으니 어찌 그리 지나치게 하셨던가 싶다.

영조의 냉대와 카리스마 넘치는 스파르타식 교육 탓에 열 살밖에 안된 아들은 아버지만 나타나면 벌벌 떨며 감히 쳐다볼 생각도 못했어요.

트라우마
영구적인 정신 장애를 남기는 충격.

한중록
혜경궁 홍씨가 말년에 지은 자전적 회고록.

기록에 의하면 영조는 학문을 좋아하고 부지런했으며 매사를 균형 있게 처리했지만, 한번 미워한 사람은 끝까지 용서하지 않고 멀리했을 정도로 좋고 나쁨의 기준이 명확했던 사람이에요. 이런 성격이 아들을 대할 때도 예외 없이 적용되어 아들의 앞날을 가로막고 있었지요. 삭막한 부자 관계 속에서 세자는 새 옷만 입히려 하면 몸이 뻣뻣하게 굳어져 버리는 의대증과 억울한 마음을 삭이지 못하여 생긴 울화병으로 심신이 날이 갈수록 황폐해졌어요.

세자를 뒤주 속에 가둔 것은 누구일까?

한편 영조 시절에 나랏일은 주로 서인이 이끌었는데, 사도세자는 자신이 왕이 되면 서인을 모두 없애 버리겠다고 공공연하게 말하고 다녔어요. 이런 얘기는 서인의 귀에도 들어가, 그들은 자파의 미래를 위하여 세자가 왕위에 오르는 것을 막기 위한 저지 작전을 꾸몄어요. 그것이 뭐냐고요? 세자의 잘못된 행동 열 가지를 적어 영조에게 고자질하는 것이었어요.

영조는 세자가 공부는 도외시하고 맨날 술타령이나 하면서 나쁜 짓만 일삼는다는 이야기를 전해 듣고 세자를 불러 크게 꾸짖었어요. 이때 사도세자가 적극적으로 변명했다면, 죽음은 피했을지도 몰라요. 그러나 아버지 앞에만 서면 한없이 오그라드는 세자였기에, 눈을 부릅뜬 아버지 면전에서 변명 한마디 제대로 못 하고 쩔쩔매다가 결국은 뒤주 속에 갇혀 죽고 말았어요. 아버지와 아들로 인연의 끈을 맺었지만, 결말은 '불행' 그 자체였지요.

아들을 죽여 놓고 아버지는 편히 잘 수 있었냐고요? 물론 그렇지 못했어요. 영조 또한 자신이 저지른 일을 후회했던 것 같아요. 영조는 죽은 아들에게 '사도'라는 시호를 내려 주었으며, 세자의 아들 '이산'을 자신의 후계자로 삼아 왕위를 잇게 했어요. 이산이 누구냐고요? 조선의 학문과 예술을 크게 발전시킨 제22대 임금 정조로 사도세자의 아들이자 영조의 손자지요.

시호 諡號
국가에 공이 많은 사람에게 죽은 뒤에 국가에서 내려주는 이름.

한 남자를 사랑한
두 여인의 비극

인현왕후
vs
장희빈

1667~1701 **인현왕후**		장희빈 ?~1701
10	정치력	40
국모로 있으면서도 정치적 영향력을 행사하지 못했다.		숙종의 사랑을 듬뿍 받던 시기에는 어느 정도 정치력을 행사했다.
30	지력	30
자기 뜻을 제대로 펴지 못한 것을 보면, 지력이 뛰어나지 못했을 성싶다.		자기에게 온 기회를 제대로 활용할 만한 지혜는 없었다.
70	인품	30
가정교육이 매우 잘된 요조숙녀로 매사에 반듯하게 행동했다.		자기 욕망의 성취를 위해서라면, 편법도 서슴없이 저질렀다.

우리나라 역사 인물 중에서 사극의 주인공으로 가장 많이 등장한 인물은 누구일까요? 정답은 숙종의 후궁 장희빈이에요. 1961년 영화 〈장희빈〉이 만들어진 이후, 지금까지 장희빈을 주제로 한 영화와 TV 연속극이 무려 여덟 편이나 제작되었어요. 희빈 역을 했던 연기자들도 모두 당대를 대표하는 스타였으니, 장희빈이 여걸은 여걸이었죠. 이처럼 현대까지 인기를 지속하고 있는 장희빈에게 영원한 애증의 라이벌이 있었으니, 그 여인은 바로 인현왕후였어요.

맞수 열전 열세 번째 시간에는 왕의 사랑을 얻기 위해 서로를 밀쳐내야 했던 인현왕후와 장희빈을 초대하여 그들의 얽히고설킨 서러운 인생 이야기를 엿들어 봐요.

궁중 여인이 된 장옥정

장희빈과 인현왕후는 둘 다 조선 제19대 임금 숙종의 부인이었어요. 두 사람 모두 부인이라는 것이 이상하다고요? 이상할 것은전혀 없어요. 성리학이 지배했던 조선은 일부다처제를 인정하는 사회였어요. 따라서 대다수 사대부는 본부인 외에 첩을 데리고 살았으며, 특히 왕은 본부인 인 왕비 이외에도 많은 후궁을 거느렸어요.

현실이 이러하다 보니, 왕의 여자들은 법적으로 위계질서가 정해져 있었는데, 이를 '내명부'라고 해요. 즉 왕비 아래에 빈정1품, 귀인종1품, 소의정2품, 숙의종2품, 소용정3품, 숙용종3품, 소원정4품, 숙원종4품 순으로 품계가 정해져 있었어요. 궁궐 내에서 발생하는 여자들 사이의 일은 모든 권한이 왕비에게 있었어요. 천상천하 지존무상인 왕도 왕실 여자들의 일과 다툼에 함부로 끼어들 수 없었어요. 왜 그랬냐고요? 기강 확립

경륜 經綸
일정한 포부를 가지고 일을 조직적으로 계획함. 또는 그 계획이나 포부.

그럼 여기서 질문을 하나 할게요. 우리 민족 최고의 악녀로 알려진 장희빈은 내명부 위계상 몇 번째에 해당할까요?

잘 모르겠다고요?

정1품이에요. 숙종이 '빈'의 품계를 내려 주며, '희빈'이라 이름을 지어 줬어요.

본명이 장옥정인 장희빈은 중인 출신으로 집안이 매우 큰 부자였어요. 역관이었던 큰아버지 장현이 중국과의 무역업으로 큰돈을 벌어 옥정네 집안은 당대 조선 최고의 갑부였어요. 이런 집안 출신이기에 옥정은 비록 중인 계층이라도 어릴 때부터 금지옥엽으로 귀하게 자랐으며, 글공부 또한 사대부 집안 여자들 못지않게 했어요.

하지만 그녀의 편안한 삶은 그리 오래가지 못했어요. 10대로 접어들 무렵에 집안 전체가 풍비박산 났어요. 남인 세력의 돈줄 역할을 하던 큰아버지가 '경신환국'으로 몰락했거든요.

경신환국이 뭐냐고요? 숙종은 14세 어린 나이에 임금 자리에 올랐는데, 이때 조선 조정은 남인이 주도하고 있었어요. 나이가 어려 조정을 이끌 경륜이 없던 왕은 나랏일 대부분을 남인에게 의존했는데, 문제는 숙종이 직접 정치를 할 나이가 됐는데도 남인이 자기들 맘대로 나랏일을 요리하려 했다는 거예요. 이에 불만을 가진 숙종은 1680년, 남인을 대거 내쫓고 야당 세력이던 서인으로 조정을 구성하는 일대 모험을 감행했어요. 이 사건을 경신환국이라 해요. 경신년에 정치 국면이 바뀌었다고 해서 붙인 이름이지요.

아무튼 이 일로 남인의 경제적 후원자였던 장현은 함경도 땅으로 귀양을 가게 되었으며, 장씨 집안 전체는 거덜 나고 말았어요. 이때 옥정의 어머니는 옥정이 궁녀가 되면 먹고사는 데는 지장이 없을 것 같아, 연

줄을 대어 궁에 들여보냈어요.

서인과 남인의 주도권 다툼 속에서 희생양이 된 두 여인

옥정이 궁궐로 들어갈 무렵, 숙종은 첫 번째 부인인 인경왕후를 잃고 홀로 외로운 밤을 보내고 있었어요. 이럴 즈음에 숙종의 눈에 우연히 들어온 여인네가 있었으니, 그녀는 바로 장옥정이었어요. 숙종은 새로 궁궐에 들어온 옥정의 아리따운 자태에 반해 밤이면 밤마다 옥정의 처소를 찾았어요.

하지만 문제는 조정 대신들이었어요. 경신환국 이후 나라를 이끌던 서인은 자기 정권의 장기적 안정을 위하여 새 왕비만큼은 서인 집안에서 물색하려 했어요. 그래서 고르고 고른 여자가 병조판서 민유중의 딸이었어요. 서인의 선택에 숙종의 어머니인 명성왕후도 대찬성을 했어요. 본인 또한 서인 집안 출신이었거든요. 이리하여 숙종은 자기 의지와는 다르게 새장가를 들어 민씨를 왕비로 맞이했어요. 그러나 숙종의 마음은 온통 옥정에게 가 있었어요. 따라서 새 왕비가 된 민씨는 명목상 부인이었을 뿐 숙종과 깊은 정을 나눌 수 없었어요.

왕과 왕비 사이가 맨숭맨숭하다는 사실은 곧바로 소문이 났어요. 서인들과 명성왕후는 애간장이 녹았어요. 두 사람 사이가 좋아 자식 생산을 많이 해야 자신들의 지지 기반이 넓어질 터인데, 그러하질 못했으니 이거 참, 안타깝기 그지없었지요. 보다 못한 명성왕후가 두 사람 사이를 좋게 하려고 직접 나서기까지 했어요. 하지만 숙종은 어머니 말도 듣지 않고 끝까지 옥정만 챙겼어요. 이에 화가 머리끝까지 난 명성왕후는 옥정을 궐 밖으로 내보내라 했고, 단식투쟁을 통해 옥정을 결국 궐 밖으로 내쫓아 버렸어요.

이후 숙종과 인현왕후 사이는 좋아졌냐고요? 아뇨. 어머니 뒤에서 자

민씨
이 왕비를 흔히 인현왕후라고 한다. 죽은 이후에 나라에서 '인현왕후'라 시호를 붙였기 때문이다.

신과 옥정 사이를 갈라놓은 사람들이 서인이라는 사실을 잘 알고 있던 숙종은 서인 세력이 지지하는 인현왕후를 더더욱 미워하며 눈도 마주치려 하질 않았어요.

그로부터 6년이 흘러, 1686년 명성왕후가 세상을 떠났어요. 이제 궁궐 내 여인들의 일은 전적으로 인현왕후의 손에 의해 결정되었어요. 인현왕후는 남편 숙종의 마음을 조금이나마 되돌리기 위해 옥정의 입궁을 추진했어요. 그렇게라도 해서 숙종의 눈에 들고 싶었던 게지요. 하지만 현실은 인현왕후의 의도와는 전혀 다르게 돌아갔어요. 옥정이 궐내로 들어오자, 숙종은 다시 옥정에게 푹 빠져 지내며, 내명부 종4품 숙원을 거쳐 정2품 소의로 옥정의 초고속 신분 상승을 단행했어요.

이러한 숙종의 행태에 남인은 신바람이 났어요. 경신환국으로 빼앗긴 정권을 되찾을 수 있는 절호의 기회가 코앞으로 바싹 다가왔어요. 여

기에 인현왕후를 구석으로 모는 일이 하나 더 발생했으니, 옥정이 덜컥 남자아이를 낳아 버렸어요. 왕자가 탄생하자, 숙종의 입은 함지박만 하게 벌어져, 앞뒤 재지 않고 이 아이를 자신의 대를 이어 임금이 될 '원자'로 지명해 버렸어요. 또한 생모인 옥정을 내명부 정1품 지위인 '빈'으로 봉하고 복스러움을 뜻하는 '희禧' 자를 이름으로 내려 줬어요. 서인은 애가 탔어요. 이거 자칫 잘못하면 남인에게 엎어치기를 당해 정권에서 내쫓김당할 판이었어요. 서인의 우두머리 격인 송시열이 직접 나섰어요. 장문의 상소문을 숙종에게 올렸지요.

"왕후의 나이 이제 23세에 불과한데, 조금 더 기다려 보지 않고 후궁이 낳은 아이를 곧장 원자로 삼는 것은 천부당만부당한 일이옵니다."

이 상소에 숙종의 심기는 완전히 뒤틀려 버렸어요. 그렇지 않아도 인현왕후를 싸고도는 서인이 고깝기만 한데, 왕의 권위를 무시하는 상소까지 올라오자 숙종은 곧바로 서인을 조정에서 쫓아내 버렸어요. 기사환국, 1689 또한 숙종은 신하들의 반대를 무릅쓰고 인현왕후를 궐 밖으로 쫓아냈으며, 장희빈을 왕비로 임명하는 일대 사건을 단행했어요. 장희빈의 입장에서는 꿈속에서나 이룰 성싶은 인생 역전을 숙종이 단 한 방에 이뤄 준 것이죠.

원자 元子
아직 왕세자에 책봉되지 아니한 임금의 맏아들.

다시 역전되는 두 사람의 기구한 운명

이런 민요 들어 보셨나요?

미나리는 사철이요
장다리는 한 철일세.
철을 잊은 호랑나비
오락가락 노닐으니

119

제철 가면 어이 놀까.

제철 가면 어이 놀까.

인현왕후가 폐출된 이후에 어린 아이들이 놀면서 부르던 노래예요. 노래 가사의 미나리는 민씨를, 장다리는 장씨를 의미해요. 따라서 이 노래는 민씨 성을 가진 인현왕후는 영원하지만, 장씨 성을 가진 옥정의 부귀영화는 한 철에 불과하다는 예언성 의미를 담고 있지요.

아니라 다를까, 왕비가 된 옥정의 권세는 그리 오래가지 못했어요. 인현왕후가 퇴출된 지 6년이 지나 숙종이 다시 깜짝 쇼를 연출했어요. 남인이 새 왕비를 등에 업고 조정을 좌지우지하자, 주도권 세력을 서인으로 교체하기 시작했어요. 그러면서 인현왕후를 다시 왕비로 복위시켰어요. 이를 '갑술환국'이라 해요.1694

이제 옥정은 끈 떨어진 뒤웅박 신세가 되어 빈으로 다시 강등되고, 인현왕후가 다시 왕비 자리에 올랐어요. 희빈의 입장에서는 분하고 원통했지만 어쩔 도리가 없었어요. 천상천하 지존무상인 왕의 결정을 감히 누가 뒤엎겠어요.

다시 왕비가 되기 위해서는 희빈에게 뭔가 작전이 필요했어요. 인현왕후만 없어지면, 다시 왕비가 될 수 있을 것 같았어요. 그래서 비밀리에 인현왕후 죽이기 작전에 돌입했어요. 짚으로 만든 인형에 중전복을 입히고 저주의 주문을 외우면서 바늘로 찔러 대고, 밤이면 밤마다 제단을 차려 놓고 중전이 죽기를 기도했어요. 이러한 일이 효과가 있었던지, 시름시름 앓던 인현왕후가 35세를 일기로 세상을 떠나고 말았어요.

장희빈은 이제야말로 사랑하는 연인 숙종을 독점할 줄 알았어요. 그러나 웬걸요? 현실은 그게 아니었어요. 희빈의 인현왕후 죽이기 작전이 세상에 알려지면서 숙종 귀에까지 들어가고 말았어요. 숙종은 장희빈의 악독함에 치를 떨며 사약을 내렸어요. 아들인 세자를 방패막이 삼아 죽음을 면하려 했지만, 왕의 뜻이 너무 완강하여 희빈은 결국 황천길로 떠나야 했어요.

인현왕후와 장희빈. 두 사람은 숙종이란 한 남자와의 인연 때문에 제 명대로 살지 못하고 30대 중반에 앞서거니 뒤서거니 하며 짧은 인생을 마쳐야 했어요. 어찌 보면 참으로 불행했던 인생이 인현왕후와 장희빈의 삶이었지요.

서인과 남인의
대변인

송시열
vs
허목

1607~1689 송시열		허목 1595~1682
90	정치력	70
강한 카리스마를 바탕으로 조선 관계 및 사대부층의 여론을 주도했다.		효종 시대 야당 세력이었던 남인의 리더이자 핵심 브레인이었다.
70	지력	70
끈기를 가지고 성리학을 탐구해서 '조선의 주자'로 일컬어졌다.		성리학 이외에 역술 분야에도 능통했으며, 글씨를 잘 썼다.
50	인품	50
자기가 옳다고 생각한 것은 왕 앞에서라도 끝까지 주장할 정도로 강단이 있었으나, 편 가름이 심하여 사람 사귐에 있어서 좋고 나쁨이 명확했다.		성리학자로서 기개가 있었으나, 반대 세력에 대한 포용력이 부족했다.

두 차례 호란이 지나간 뒤 조선은 혼돈의 소용돌이에 허우적거리며 유교 윤리가 땅에 떨어져 버렸어요. 오랜 전란의 후유증과 몇 년간 지속된 가뭄으로 삶이 궁핍해지며, 부모가 자식을 버리고 자식이 부모를 외면하는 일이 비일비재했어요. 이러한 시기에 예의 확립으로 사회 질서를 바르게 하려는 두 사람이 있었으니, 바로 우암 송시열과 미수 허목이었어요.

맞수 열전 열네 번째 시간에는 예송 논쟁의 중심에서 치열하게 대립했던 우암과 미수를 초청하여 그들의 주장을 들어 봐요.

라이벌이었던 두 사람의 아름다운 이야기

'조선의 주자'라고 추앙받는 우암 송시열이 큰 병에 걸렸어요. 아랫배가 부어오르며 온몸에 열이 났어요. 한양에서 용하다고 소문난 의사들이 하나둘 와서 진맥했지만, 어느 누구도 병명을 정확히 알아내지 못했어요. 이때 우암은 자신의 라이벌 미수 허목에게 병을 치료해 달라고 편지를 보냈어요. 미수가 편지를 가져온 하인에게 나직하게 물었어요.

"그래 대감마님의 증세가 어떠하더냐?"

"아랫배가 부어오르고 얼굴과 온몸이 누렇게 떴으며 열이 높습니다."

"앓기 전에 복용하던 약이 있더냐?"

하인이 고개를 갸웃거리며 흐릿하게 말했어요.

"딱히 드시던 약은 없습니다만⋯⋯. 어린아이의 오줌을 간혹 드셨습니다."

주자
성리학을 체계화했던 중국 송나라 시대 유학자.

진맥 診脈
병을 진찰하기 위하여 손목의 맥을 짚어 보는 일.

123

일필휘지 一筆揮之
글씨를 단숨에 죽 내리씀.

비상 砒霜
비석에 열을 가하여
승화시켜 얻은 결정체로
독성이 강한 물질이다.

미수가 고개를 끄덕이며 일필휘지로 처방전을 써 주었어요. 그런데요, 하인이 가져온 처방전을 본 우암의 집에서는 난리가 났어요. 왜냐고요? 조금만 먹어도 바로 죽는 독약이 처방약 안에 들어 있었거든요. 우암의 제자들은 스승을 죽이려 한다며 주먹을 불끈 쥐고 미수의 집으로 곧 쳐들어갈 기세였어요. 하지만 당사자인 우암만은 눈 하나 깜짝하지 않고 미수의 처방대로 약을 지어 오게 했어요.

탕이 도착하자, 우암은 앞뒤 재지 않고 단박에 입안에 털어 넣어 꿀꺽꿀꺽 삼켜 버렸어요. 아차! 이거 큰일이 났네요. 우암의 숨소리가 거칠어지더니, 이내 혼수상태에 빠져 버렸어요. 곁에서 스승을 지키고 있던 제자들이 급히 의사를 불러와 진맥을 하며 요란법석을 떨었어요. 의사는 고개를 절레절레 흔들며 살기가 힘들다고 말했어요. 우암의 집에서는 장례 치를 준비를 하면서 만약 우암이 죽으면 미수를 가만두지 않겠다고 단단히 다짐을 했어요.

하루가 지나고 이틀이 지났어요. 우암이 숨을 쉬기 시작하더니 눈을 번쩍 떴어요. 제자의 부축을 받아 몸을 일으킨 우암이 큰 숨을 길게 내쉬며, "이제야 조금 몸이 가뿐하구나" 하고 자리를 털고 일어나 앉았어요.

얼마 지나지 않아 미수는 우암으로부터 감사 편지를 한 통 받았어요. 보내 준 처방전 덕분에 몸이 한결 좋아졌다는 내용이었지요. 제자들이 미수에게 물었어요.

"어찌하여 독약이 우암 대감의 병환에 효과가 있는 줄 아셨습니까?"

"우암이 건강을 위하여 어린아이의 오줌을 먹었다고 했는데, 원래 오줌에는 약 성분만이 아니라 백태 같은 찌꺼기가 있느니라. 그 때문에 생긴 병이기에 비상을 써서 몸속에 있는 찌꺼기들을 제거하게끔 처방했느니라."

어때요? 이 이야기만 들어 보면, 우암 송시열과 미수 허목은 무척이

나 절친했을 것 같지요. 하지만 말이에요. 둘은 자기 붕당의 이익을 위하여 서로 치열하게 논리 대결을 벌인 당대의 라이벌이었어요. 그런데 왜 우암은 미수에게 의사도 치료하지 못하는 자기 병의 처방을 부탁했을까요? 당이 달라 정치적으로 격하게 싸웠지만, 인간적으로는 그를 깊이 신뢰했기 때문이에요.

우암과 미수가 살았던 시대는?

두 사람이 살던 시대는 정묘호란과 병자호란이 끝난 이후로 전란의 후유증과 몇 년간 계속된 가뭄으로 민심이 지극히 흉흉했어요. 부모가 자식을 버리고, 자식이 부모를 외면할 정도로 유교 윤리가 땅에 떨어져 있던 시기였어요. 이러한 시절에 조선을 이끈 사대부 계층은 성리학적 사고관에 입각한 예의 확립을 통해 민심과 풍습을 바로잡으려 했어요.

서인의 리더 우암 송시열은 꼬장꼬장한 대쪽 선비로, 율곡 이이를 시조로 하는 기호학파의 학풍을 충실하게 계승·발전시킨 성리학자였어

기호학파 畿湖學派
경기 지방과 호서 지방을 중심으로 한 한반도 중부 지역을 '기호 지방'이라 일렀는데 이곳을 중심으로 이이의 학문 경향을 따르는 학자들이 많이 배출되었다. 이들을 이황을 중심으로 한 영남 지방 학파인 영남학파와 구분하여 기호학파라 불렀다.

조 대비
자의대비. 인조의 첫 번째
아내이자 효종의 생모인
인렬왕후가 죽자, 인조와
혼인하여 왕비로 책봉되었다.

갑론을박 甲論乙駁
여러 사람이 서로 자신의
주장을 내세우며 상대편의
주장을 반박함.

요. 반면에 미수 허목은 퇴계 이황의 학맥을 이어받은 영남학파의 선두 주자로 우암이 이끄는 서인에 비해 세력이 약했던 남인을 이끌며 자기 당의 주장을 정책에 반영하기 위해 최선을 다하는 성리학자였어요.

이 두 사람이 조선의 대표 라이벌이 된 것은 예송 논쟁 때문이었어요. 이 논쟁이 뭐냐고요? 북벌 정책을 추진하던 효종이 죽었는데, 그의 어머니인 조 대비는 눈을 시퍼렇게 뜨고 살아 있었어요. 조정에서는 서인과 남인이 서로 편을 갈라 대비의 상복을 몇 년으로 할 것인가를 놓고 갑론을박을 벌였어요. 이 다툼을 '예송 논쟁'이라 하지요. 예송의 예禮는 '장례'를 말하고, 송訟은 '서로 다투다'라는 뜻을 가진 한자예요.

조선에서 예송 논쟁은 크게 두 번에 걸쳐 일어나 수십 년간 계속됐어요. '아니 뭔 귀신 씨 나락 까먹는 소리여? 사람이 죽은 것 가지고 몇 십 년을 싸웠다는 게 말이나 돼?'라고 의아해 할 수도 있지만, 성리학이 지배했던 시대에 사대부들은 조상 모시는 일을 매우 중시했어요. 따라서 현대적 관점에서 보면 어이없는 사건이지만, 당시 사대부들에게는 목숨을 걸고 싸울 만한 가치를 가진 일이었어요.

두 번에 걸쳐 전개된 예송 논쟁

1659년, 첫 번째 예송 논쟁. 어머니 조 대비가 살아 있는 상태에서 효종이 죽었어요. 임금이 죽었으므로 대비도 상복을 입어야 했어요. 여러 대신들이 머리를 맞대고 조 대비가 몇 년 동안 상복을 입어야 할지 논의했어요. 결론은 쉽게 나지 않았어요. 당시 조선 조정을 이끌던 서인은 조 대비가 1년 동안 상복을 입으면 된다고 주장했어요. 반면에 야당 세력으로 조정의 한 축을 담당하던 남인은 조 대비가 3년 동안 상복을 입는 것이 유교 윤리에 적합하다고 고집을 피웠어요. 제1차 예송 논쟁은 서인의 승리로 끝났어요. 새로 임금이 된 현종이 서인의 주장을 받아들여 조 대비 복상은 1년으로 결정되었어요.

'아니! 대체 상복을 몇 년 동안 입는 것이 무슨 대단한 일이라고, 조정 전체가 두 파로 갈라져 침을 팍팍 튀겨 가며 싸움질을 했을까요?'라고 의문을 품지는 마세요. 이 문제는 명분과 예를 중시하는 성리학을 국교로 삼고 있던 조선의 리더들인 사대부로서는 대단히 중차대한 문제였어요. 뿐만 아니라 왕의 권위와도 연결되어 있었어요.

조선은 종법에 의해 사회가 운영되고 있었어요. 이 법에 의거하면, 부모에 앞서 자식이 죽으면, 그 부모는 자식이 장자일 경우 3년 동안, 차남 이하는 1년 동안 상복을 입어야 했어요. 효종은 인조의 둘째 아들이었어요. 따라서 원칙적으로 생각한다면, 효종의 어머니인 조 대비는 1년간 상복을 입으면 돼요. 즉 서인의 리더이자 책사였던 송시열의 주장대로 장례식을 치러야 했지요. 하지만 허목의 생각은 달랐어요. 사대부 집안이라면 당연히 1년 상복을 입어야 했지만, 효종은 천상천하 지존무상인 왕이었어요. 비록 효종이 차남일망정, 왕통을 이어받았으므로 장자의 대우를 해야 한다는 게 허목이 이끄는 남인 측의 논리였어요. 따라서 남인의 주장대로라면, 조 대비는 3년 동안 상복을 입는 것이 타당했어요.

그런데 왜 송시열과 허목은 이런 일로 서로 대립했을까요? 그것은 어지러운 사회 질서를 바로잡기 위한 해법이 각기 달랐기 때문이에요. 송나라 주자가 체계화한 성리학을 그대로 계승하려 했던 송시열은 둘째 아들인 효종을 적장자로 대우하면, 사회 질서의 근간을 이루는 종법이 무너짐과 동시에 천륜에도 어긋난 일이 되고 만다고 생각했어요. 따라서 남인의 주장대로 3년상을 인정해 버리면, 그렇지 않아도 혼란스럽기만 한 사회 질서가 더 혼란해질 가능성이 커 보였어요.

하지만 허목의 생각은 달랐어요. 물론, 예로써 혼란한 사회 질서를 바로잡아야 한다는 생각은 송시열과 같았어요. 그러나 그것은 왕권이 먼

복상
장례식 때 상주가 전통
장례복을 입음.

종법 宗法
조선 시대 사회 질서를
유지했던 핵심 규범으로 왕위
계승을 비롯한 각 친족 간의
제사나 재산 상속 등이 모두
이 규범에 의거하여 행해졌다.
요즘의 헌법과 같은 권위를
가지고 있었다.

책사 策士
꾀를 써서 일이 잘 이루어지게
하는 사람.

해법 解法
어려운 문제나 곤란한 일을
푸는 방법.

적장자
일부 다처제 국가에서 정실이
낳은 맏아들을 가리키는 말.

저 강해져야 달성될 수 있는 일이었어요. 왕실의 예는 일반 사대부 집안과는 달리 적용하여 왕권의 우월성을 보여야 한다고 생각했어요.

이처럼 각각 서인과 남인을 이끄는 송시열과 허목의 사회 혼란을 막기 위한 해법이 달랐기에 예송 논의는 우리 생각과는 달리 서로 물러설 수 없는 첨예한 대결로 전개될 수밖에 없었어요.

어찌되었건, 1차 예송은 송시열의 주장대로 1년 복상으로 결정되며, 남인의 기를 꺾어 버렸어요. 하지만 말이에요. 예송 논쟁이 여기서 끝난 것은 아니에요.

두 번째 예송 논쟁. 효종이 죽은 지 15년 뒤인 1674년에 시어머니인 조 대비가 살아 있는 상태에서 효종의 마누라 인선왕후가 죽었어요. 이번에도 조 대비의 복상 문제를 놓고 서인과 남인이 치열하게 다퉜어요. 맏며느리가 죽었을 때 시어머니는 1년 동안, 둘째 이하 며느리가 죽었을 때는 9개월 동안 상복을 입는 게 원칙이었는데, 서인과 남인은 다시 이 문제를 놓고 치열하게 논리 대결을 펼치기 시작했어요. 서인은 효종의 장례식 사례를 그대로 적용하여 9개월 복상을 주장했어요. 남인 또한 물러서지 않았어요. 효종 장례식 때 예의 적용이 잘못되었기에 이번에는 제대로 적용하여 조 대비가 1년 동안 상복을 입어야 한다고 주장했어요.

그 결과는요? 현종이 이번에는 남인의 손을 들어 주었어요. 그러자 조선 정치의 주도권이 남인에게 넘어옴과 동시에 서인의 정치력은 급격히 약화되었어요. 송시열은 왕실의 권위를 무시했다는 이유 아닌 이유로 귀양을 가야 했으며, 허목은 대사헌 자리를 거쳐 곧바로 우의정이 되어 조선 정치를 주도적으로 이끌었어요. 이로써 우암 송시열과 미수 허목은 예송 논쟁 과정에서 카운터펀치를 주고받으며 1승 1패의 전적을 남겼어요.

우암과 미수로 대표되는 서인과 남인의 한판 싸움인 '예송 논쟁'. 요즘 사람들이 보면, 헛웃음만 나오지만, 당시로써는 절대 질 수 없는 논리 대결이었어요. 어느 시대건 그 시대가 필요로 하는 사상이나 철학은 있어요. 따라서 우리 현실과 다르다고 해서, 예송 논쟁이 전개되었던 시대를 잘못된 시대로 단정 지을 수는 없어요. 아무리 그래도 조금 헛웃음이 나오는 것은 사실이지만요…….

당신은 찢으시오
나는 주우리오

최명길
vs
김상헌

1586~1647 **최명길**　　**김상헌** 1570~1652

	정치력	
90		**70**

호란으로 풍전등화의 위기에 빠진 나라를 살리기 위해
최선을 다했고, 전후에는 책임지고 조정을 이끌었다.

병자호란 당시 조정의 대세였던 주전파 리더였다.

	지력	
80		**50**

통찰력이 깊어 주전파의 거센 반대에도 불구하고
청나라와 화친하여 도탄에 빠진 조선을 구해 냈다.

성리학적 명분론에 입각하여 백성의 고통은 도외시하고
전쟁 지속을 강하게 주장했는데, 이는 지적 능력이
균형감을 상실했기 때문으로 판단된다.

	인품	
80		**70**

나라에 도움이 된다면 자기 목을 걸고 임금 앞에서
거침없이 말할 정도로 강단이 있었으며 포용력과
화합력을 갖추고 있었다.

성리학자로서 대쪽 같은 기개를 지니고 있었기에
따르는 사람이 많았다.

왜란1592~1598이 끝난 지 30여 년이 지난 17세기 전반에 조선은 다시 한 번 전쟁의 소용돌이에 휘말렸어요. 만주에서 여진족이 쳐들어왔지요. 이 전쟁을 역사는 '호란胡亂'이라 기록하고 있어요. 조선이 묵사발이 된 혼란스런 전쟁 와중에 각기 해법을 달리하며 자기 주장을 강하게 했던 맞수 중의 맞수가 있었으니, 최명길과 김상헌이 바로 그들이에요.

맞수 열전 열다섯 번째 시간에는 전쟁에 대한 대처법을 달리했던 최명길과 김상헌을 초청해서 그들이 대립했던 이유를 알아봐요.

죽으면 죽었지, 청의 속국이 될 수는 없다!

인조반정 이후 조선 조정을 장악하고 있던 서인은 광해군 시절과는 달리 명과만 친하게 지냈어요. 하지만 이러한 조선의 외교 정책은 당시 동아시아 최강이었던 후금을 자극해서 두 번의 큰 침략을 받게 돼요.

첫 번째 전란인 정묘호란은 인조가 나라를 5년째 다스리던 1627년에 있었어요. 명과만 친하게 지내던 조선 외교 정책에 후금이 위협을 느껴 쳐들어왔지요. 결과는요? 조선이 후금군에게 흠씬 얻어터져 쌍코피 쭉쭉 흘리며 손이 발이 되게 빌어 겨우 화해를 했어요. 강화 조건이 '조선은 명과 관계를 단절하고, 후금을 형으로 모신다'였으니, 안 봐도 뻔한 상황이었어요. 국제 정세에 밝던 광해군이 바로 이런 결말을 걱정하여, 명과 후금 사이에서 등거리 외교를 펼쳤던 것이에요.

두 번째 전란인 병자호란은 인조 14년인 1636년에 발생했어요. 한층

등거리
여러 사물에 같은 비중을 두는 일.

힘이 강해진 후금은 나라 이름을 '청'으로 바꾼 후에 명나라와 일대 결전을 준비하면서 조선에 군신 관계를 요구해 왔어요. 형과 동생 관계도 부족해서 철저한 주종 관계라 할 수 있는 임금과 신하 관계를 맺자는 얘기였지요.

청나라 사절단이 오자, 조선 조정에서는 난리가 났어요. '오랑캐 놈들에게 죽으면 죽었지, 속국이 될 수는 없다. 끝까지 싸우자'부터 '아직 나라 힘이 약하니 일단 저들의 요구를 들어주고 나중에 곱절로 되갚아 주자'까지 여러 주장들이 오고 가며 갑론을박이 벌어졌어요. 결론은요? '죽을 때 죽더라도 청나라의 무례한 요구는 들어줄 수 없다'였어요. 청나라 사절단은 푸대접을 받고 아무 소득이 없이 자기 나라로 돌아갔어요.

청나라 군대가 다시 쳐들어왔어요. 인조는 청 대군이 성난 파도처럼 밀고 들어오자, 강화도로 들어가 청군과 맞짱을 뜨려 했어요. 하지만 섬으로 가는 길목을 청군이 먼저 점령해 버려 인조 일행은 하는 수 없이 남

남한산성.

한산성으로 들어가 장기전 태세를 갖췄어요. 청나라 군대 10만여 명이 쳐들어왔는데, 남한산성 안 조선 군대는 1만 3천이었고, 식량은 절약하고 또 절약해도 50일 정도 버틸 양이 비축되어 있었어요. 싸움의 결과는 안 봐도 '뻔할 뻔 자'였지요. 성 안은 그렇다손 치더라도 성 밖 사정은 차마 눈뜨고 볼 수 없었어요. 수많은 백성이 청나라 군사의 살육전 아래 목숨을 빼앗겼으며, 굶어 죽는 백성 또한 부지기수였어요.

이러한 시기에 산성 안에 있던 관리 중에 과감하게 '청과 협상을 하자'고 주장하는 선비가 있었으니, 그 사람은 바로 지천 최명길이었어요.

백성과 나라를 살리는 길은 화친뿐이다!

지천은 최명길의 호예요. 그는 인조반정에 주도적으로 참여한 반정 공신으로 이조 판서와 호조 판서를 거쳐 홍문관 대제학까지 지낸 성리학자였어요. 병자호란이 일어날 무렵에는 은퇴하여 집 안에서 책을 보며 소일거리를 하고 있었는데, 전쟁이 일어나자 인조는 최명길을 불러 이조 판서에 임명했어요. 이 자리는 우리나라 현재 직제로 보면, 나라의 실제 행정을 총괄적으로 담당하는 안전행정부 장관이에요.

산성 안에서 힘겹게 버티고 있던 조선 조정은 오랑캐의 막강 파워 앞에 전 국토가 황폐화되자 크게 당황했어요. 대책을 강구하던 조정 관리들은 각자의 정치 견해에 따라 두 개 파로 갈라져 논쟁을 벌였어요. 최명길은 별도리가 없으니, 청과 화친하자는 주화파의 리더였어요.

"성이 포위되어 배급로가 차단되는 바람에 성안 사람들은 굶어 죽기 일보 직전이옵니다. 원망과 고통이 하늘을 찌를 듯하니, 백성을 무마시키고 종묘사직을 지키는 길은 화친밖에 없사옵니다."

한편 머리부터 발끝까지 성리학으로 무장한 명분의 사나이가 있었으니, 그는 바로 김상헌이에요. 호가 청음인 김상헌은 인조반정 이후 대사

남한산성
경기도 광주시에 있는 산성으로 조선 시대 요새지였다.

주화파 主和派
상대국과 화해하고 의좋게 지내기를 주장하는 세력.

133

간, 이조 참의, 도승지, 대사헌을 잇달아 지낸 후, 병자호란 당시에는 예
조 판서로 나라의 외교와 교육을 책임지고 있었어요. 청음은 전쟁을 지
속해야 한다는 주전파主戰派의 대표 주자였어요. 그는 지천 최명길의 주
화론을 정면으로 반박했어요.

"저들이 보내온 편지를 보면, 우리를 신하로 깔보는 것이 분명합니
다. 답서를 보내는 일이 절대 있어서는 아니 되옵니다."

죽을 때 죽더라도 오랑캐 족속인 청나라에 결코 머리를 조아려서는
안 된다는 단호한 주장이었지요. 양 파의 갑론을박에 고민하던 인조는
강화도에 피난해 있던 왕실 사람들이 청군에 붙들려 다 죽게 되었다는
소식이 들어오자 더 이상 버틸 힘을 잃어버렸어요. 결국 화친을 주장하
는 지천에게 항복 문서를 쓰게 했어요.

지천이 임금의 명을 받아 항복 문서를 쓰고 있다는 소식을 전해 들은
청음은 득달같이 달려가 노기에 가득 찬 음성으로 버럭 소리를 질러 댔
어요.

"사내대장부로 태어나서 나라가 망하는 판국에 자결하지는 못할망
정, 이따위 글을 쓰고 있는 게요? 이런 더러운 글을 쓰려고 공부를 했단
말이오? 어디 후대에 길이 남을 명문장이나 한번 읽어 봅시다."

청음은 지천이 쓰고 있던 편지를 빼앗아 읽더니, 몸을 부들부들 떨며
편지를 갈기갈기 찢어 버렸어요. 청음의 행동을 물끄러미 바라보던 지
천은 찢어진 종잇조각이 바람에 날리자 그것을 주우며 한마디 했어요.

"대감은 찢으시오, 줍는 일은 내가 하오리다."

지천의 이 말에는 대단히 심오한 뜻이 담겨 있었어요. 당시 조선을 이
끌던 핵심 세력인 사대부들은 대부분이 명분에 얽매여 죽을 때 죽더라
도 전쟁을 계속하자는 주의였어요. 하지만 지천의 생각은 달랐어요. 전
쟁의 지속은 백성들만 도탄에 빠뜨릴 뿐, 실익이 전혀 없는 무모한 도전

일 뿐이었어요. 그는 굴욕적일망정 화친이 필요하다고 생각했어요. 그러나 말이에요. 그 또한 성리학자였어요. 당연히 그도 청에 대한 감정이 좋지 않았어요. 그는 청음의 분노를 십분 이해했기에 본인이 쓴 편지를 찢어도 노여워하지 않았어요. 물론 자기라도 항복 문서를 써서 보내야 한다는 것을 잘 알고 있었기에 굴욕을 무릅쓰고 편지를 완성해 전쟁을 중단시켰지만요.

조선 역사상 최대의 치욕 '삼전도 굴욕'

지천이 항복 문서를 들고 가자, 청나라 왕은 거만하게 앉아 편지를 쭉 읽더니, 전쟁 중단의 조건을 내걸었어요.

"조선 임금이 직접 내 앞에 와서 무릎을 꿇고 사죄하라. 그러면 내가 너희들을 용서해 주겠다."

지천은 임금 앞에 엎드려 죽을 각오를 하고 이 말을 전했어요. 체면을 구길 대로 구긴 인조는 몸을 부들부들 떨며 어찌할 바를 몰랐지만, 다

삼전도
서울 송파구 삼전동에 있던
한강 나루. 현재 석촌 호수
근방으로 추정된다.

선양
중국 만주에 있는 주요 도시.
베이징북경으로 수도를 옮기기
전에 청의 수도였다.

른 방도가 특별히 없었어요. 그래서 어쩔 수 없이 청의 요구대로 단상 위에 높이 앉아 있는 청나라 왕에게 세 번 절을 하며 아홉 번 머리를 땅에 찧는 대굴욕을 당해야 했어요. 이러한 항복 의식이 삼전도에서 치러져서 역사는 병자호란의 종지부를 찍은 이 사건을 '삼전도의 굴욕'이라 하고 있어요.

중국 땅 선양에서 다시 만난 지천과 청음

삼전도에서 조선의 항복을 받은 청군은 인조의 두 아들인 소현세자와 봉림대군을 비롯한 주전파 거두들과 함께 조선의 아녀자 다수를 인질로 잡아가 버렸어요. 이때 청음도 청나라 수도 선양심양으로 끌려가 차가운 감옥에 갇히고 말았어요.

호란 이후 지천은 잠시 관직에서 은퇴해 있다가, 인조의 부름을 받고 다시 나와 영의정으로 조선의 정치를 주도했어요. 이때 지천은 청을 아버지 나라로 섬기는 척했지만, 비밀리에 명과 연락하며 청에게 치명타를 먹일 준비를 나름대로 하고 있었어요. 하지만 그의 이러한 계획은 곧바로 청에 발각되고 말았어요. 청은 지천 또한 선양으로 잡아다 청음 옆방에 가둬 버렸어요. 지천이 잡혀 왔다는 소식을 들은 청음이 시를 한 수 지어 보냈어요.

가만히 두 사람의 생각을 되돌아보니
문득 백 년의 의심이 풀리는구려.

지천이 화답하는 시를 지어 청음에게 보냈어요.

그대 마음은 돌과 같아서 바꾸기가 어렵지만

나의 도는 둥근 고리 같아 경우에 따라 되돌리기도 한다오.

그토록 대립했건만, 이국땅 선양 감옥에서 두 사람은 서로의 진심을
이해하고, 화해했던 것이지요.

시대의
이단아들

허균
vs
이이첨

	1569~1618 **허균**		**이이첨** 1560~1623	
30	광해군 시절 우리나라 법무부 장관에 해당하는 형조 판서까지 지냈으나, 큰 업적을 남기지는 못했다.	정치력	광해군 시대 권력의 1인자로 군림했으나, 인조반정으로 가문 전체가 몰락했다.	**70**
90	자신이 읽은 수천 권의 책 내용을 기억했으며, 수백 편의 시를 통째로 외워 중국 사절단의 입을 떡 벌어지게 만들었다.	지력	과거에 급제할 정도는 되었으나, 허균의 지적 능력에 비하면 '새 발의 피'였다.	**50**
20	도덕과 법에 어긋나는 일을 거침없이 행했으며, 말과 행동이 따로따로인 경우가 상당히 많았다.	인품	자기 권력의 강화를 위해서라면 수단과 방법을 가리지 않을 정도로 권모술수에 능했다. 광해군 시대에 발생한 '폐모살제 사건'도 그의 작품이었다.	**20**

반체제·반봉건 문학의 시초라고 할 수 있는 『홍길동전』의 저자 허균. 그는 뜨거운 피를 가진 열혈 남아로 시대를 거슬러 산 이단아였어요. 이런 그에게 라이벌이 있었으니, 광해군 시대를 좌지우지했던 대북파의 최고 권력자 이이첨이 바로 그 사람이에요. 맞수 열전 열여섯 번째 시간에는 시대의 이단아 허균을 초대하여 이이첨과의 얽히고설킨 인연을 살펴봐요.

최초의 한글 소설, 『홍길동전』

질문 하나 할게요. 한글로 쓰여진 최초의 소설이 무엇이지요?

『홍길동전』?

예, 맞았어요. 딩동댕동 딩동댕~이에요.

『홍길동전』은 광해군 시대를 살다 간 교산 허균이 지은 우리나라 최초의 한글 소설이에요.

주인공 홍길동은 머리가 총명하고 재간이 많은 명문 가문의 자식이었어요. 하지만 서자였기에, 적자와 서자의 차별이 일반화된 조선 사회에서 '아버지를 아버지라 부르지 못하고, 형을 형이라고도 부르지 못할' 정도로 차별 대우를 받았어요.

자신이 처한 현실이 싫어 집을 떠난 길동은 정처 없이 떠돌다가 도적 떼를 만나 그들의 우두머리가 되었어요. 무리 이름을 활빈당이라 지었

재간 才幹
어떤 일을 할 수 있는 재주와 솜씨.

서자 庶子
본부인이 아닌 딴 여자가 낳은 아들.

적자 嫡子
본부인이 낳은 아들.

지요. '활빈活貧'이 가난한 백성을 살린다는 의미이니, 허균이 이 소설을 지은 의도를 어느 정도는 추측할 수 있어요. 즉, 허균은 소설에서나마 지배층의 수탈 속에 어렵게 살아가는 백성의 입장을 대변하고 싶었던 거지요.

소설 속에서 활빈당이 무슨 일을 했냐고요? 백성을 착취하던 관리에게 치도곤을 먹였으며, 수탈을 일삼는 부자에게서 재물을 탈취하여 어려운 백성에게 골고루 나누어 주는 등 의로운 도둑질을 주로 했어요. 따라서 길동이 이끈 활빈당은 백성의 입장에서는 '의적'이었지요.

반면에 조선 조정의 입장에서 활빈당은 골치 아픈 존재였어요. 나라 전체를 혼란의 소용돌이로 몰아넣었거든요. 왕은 신출귀몰하는 그를 잡기 위해 동분서주했어요. 하지만 홍길동이 누구예요? 신묘한 재주로 동에서 번쩍 서에서 번쩍하니, 전 군사를 동원해도 도무지 그를 잡을 수 없었어요. 왕은 결국 길동의 형을 특사로 보내 그와 담판을 지으려 했어요. 아버지와 형의 간절한 애원에 길동은 서울로 와서 임금을 만났어요.

"병조 판서로 임명해 주면, 무리를 데리고 조용히 떠나겠습니다."

병조 판서는 우리나라 정부 직제로 국방부 장관을 말해요. 길동의 제안에 임금은 서둘러 그를 병조 판서로 임명했어요. 그때서야 길동은 무리를 이끌고 홀연히 사라졌어요. 이후 길동은 부하들과 함께 율도국으로 가서 그곳에서 자신의 이상인 차별 없는 사회를 만들다 세상을 떠났어요.

이런 소설이 신분제 사회인 조선에서 쓰여졌다니, 고것 참 신통하지요. 그리고 보면, 허균은 강심장을 가진 사람이었을 게 분명해요. 그렇지 않고서야, 어떻게 자기 목숨을 담보로 이런 소설을 통 크게 쓸 수 있겠어요?

강심장 이단아 허균

허균 집안은 당대 최고의 명문 집안이었어요. 아버지 허엽은 뛰어난 문장가이자 학자였고, 큰형 허성은 이조 판서와 병조 판서를 지낸 대정치가였어요. 여기에 그의 누나 허난설헌은 한국을 대표하는 여류 시인으로 자리매김할 정도로 시를 잘 지었던 명문장가예요. 이런 집안의 막내아들로 태어난 사람이 허균이었는데, 어렸을 때부터 문장을 잘 지어 광해군 일기에 "글 쓰는 재주가 매우 뛰어나, 수천 마디 말을 붓만 들면 쭉쭉 써 내려갔다"고 적혀 있어요.

허균이 과거에 급제한 것은 선조 27년1594으로, 이후 여러 관직에 임명되어 최종적으로 좌참찬까지 역임했어요. 하지만 그의 관직 생활은 굴곡이 매우 심했어요. 황해도 도사직에 있을 때 상소 때문에 관직에서 쫓겨났는데, 이유가 상당히 황당해요. 서울의 기생을 데리고 가서 함께 살았다는 이유였어요. 또한 성리학을 고집하는 일반 사대부와 달리 복직 이후에도 불교를 신봉하고 일탈 행동을 자주 해서 관직에서 여섯 번이나 쫓겨났으며, 무려 세 차례나 귀양을 가야 했어요.

이러한 삶의 행로로 보았을 때, 허균은 명석한 두뇌를 지닌 천재였으나 현실과 타협하지 못하고 사사건건 부닥트렸던 시대의 이단아, 부적응아였음이 분명해요. 유배지에서 쓴 글 중에 "당신들은 당신들의 법대로 사시오. 나는 내 멋대로 살겠소"라는 대목에서 보여지듯, 그가 얼마나 당대 사람들과 소통하지 못했는지 알 수 있지요.

이러한 좌충우돌 인생에서 전환점이 되는 일대 사건이 광해군 5년인 1613년에 발생했으니, '칠서지옥七庶之獄, 계축옥사'이라는 사건이에요. 당대에 한가락 한다는 집안의 서자 일곱 명이 신분차별에 항의하여 난을 일으키려다 실패하고 말았는데, 이 난에 허균이 말려들었어요. 직접 가담하지는 않았지만 평소에 이들과 친하게 지냈기에, 일곱 서자들 뒤에

좌참찬
의정부에서 영의정·좌의정·우의정을 보좌했던 고위 관리.

일탈 逸脫
정하여진 영역 또는 본디 목적이나 길, 사상, 규범, 조직 따위로부터 벗어남.

허균이 있다는 소문이 시중에 떠돌았지요. 이로 인해 허균은 절체절명의 위기에 빠졌는데, 다행히도 별 탈 없이 넘어갔어요. 당대 최고의 권력자 이이첨이 지켜 주었기 때문이지요.

그때 그 시절의 역사 현장 ## 칠서지옥?

광해군 5년인 1613년에 서자 일곱 명이 적서차별에 불만을 품고 반란을 일으키려다 미수에 그친 사건으로 알려져 있으나, 대북파가 광해군 정권을 위태롭게 하는 인목대비와 영창대군을 제거하기 위해 의도적으로 확대했다는 설도 있다. 허균이 이들 뒤에서 난을 조정했다는 설이 유포되어서 허균의 입장이 난처했는데, 이이첨이 적극적으로 변호하여 위기에서 빠져나왔다.

허균과 이이첨의 인연

선조와 광해군 시대를 살았던 이이첨은 효성이 매우 지극했으며, 강직한 관리였어요. 그는 선조 임금이 세자였던 광해군을 쫓아내고 막내인 영창대군을 세자로 세우려 할 때, 끝까지 반대하다가 유배형에 처해졌어요. 그러나 운이 좋게도 유배를 떠나기 직전 선조가 죽어 광해를 지키려 한 행동은 오히려 전화위복이 되어 그의 명예를 드높여 주었어요. 광해군 시절에는 초고속 승진을 하며 광해군의 핵심 인물로 자리 잡았으며, 집권 세력인 대북파 리더로 나랏일을 좌지우지했어요.

허균은 이런 이이첨과 젊을 때부터 친하게 지냈는데, 죽고 못 살 정도로 절친이 된 계기는 '칠서지옥'이에요. 이 사건으로 허균이 위기에 처했을 때 이이첨은 허균의 바람막이가 되어 보호해 주었을 뿐만 아니라, 고속 출세의 백이 되어 허균이 형조 판서를 거쳐 좌참찬으로 승진하는 데 큰 도움을 주었어요.

하지만, 이이첨이 허균에게 결코 달콤한 꿀 과자만은 아니었어요. 허

대북파
조선의 붕당은 크게 노론·소론·남인·북인으로 나뉘어져 있었는데, 북인 안에서 다시 분화하여 대북파와 소북파로 갈라져 있었다. 광해군 시절에는 대북파가 정치를 주도적으로 이끌어 갔다.

균은 이이첨의 사주를 받아 영창대군의 어머니인 인목대비 폐비에 앞장 섰는데, 그로 인해 많은 사대부들의 비난을 받아야 했으며, 결국에는 권력 독점욕이 강한 이이첨의 흉계에 말려들어 억울한 죽음을 당해야 했어요. 어찌 보면 허균에게 이이첨은 꿀과 함께 독도 같이 준 지킬 박사이자 하이드였지요.

좋은 인연은 악연으로 끝나고

광해군 10년1618, 허균은 반역질을 했다는 이유로 죽게 되었어요. 그런데 그 이유가 참으로 황당해요. 허균이 매일 밤 부하를 남산에 올려 보내 "북방 오랑캐는 벌써 압록강을 건넜으며, 유구국 사람들은 남쪽 섬에 와서 매복하고 있으니, 서울 사람들은 지금 피해야 죽음을 면할 수 있다"고 외치게 했으며, 소나무 사이에 등불을 달아 놓고 "살고자 하는 사람은 성 밖으로 나가 피신해라" 했다는 어처구니없는 죄목이었어요.

광해군이 직접 나서서 심문했는데, 허균은 끝까지 자신의 죄를 인정하지 않았어요. 하지만 말이에요. 허균은 변명도 제대로 하지 못하고 전

사주 使嗾
남을 부추겨 좋지 않은 일을 시킴.

지킬 박사
로버트 루이스 스티븐슨 단편소설 『지킬박사와 하이드 씨의 이상한 사건』 주인공. 인품이 선한 지킬 박사는 살인을 서슴지 않는 악인 하이드와 동전 앞뒤면처럼 쌍을 이룬다. 한 사람 안에 공존하는 두 인격이었던 것이다.

유구국
현재 일본의 오키나와현. 조선시대에는 독립국으로 존재했다.

토사구팽 兎死狗烹
사냥하러 가서 토끼를 잡으면,
사냥하던 개는 쓸모가 없게
되어 삶아 먹는다는 뜻으로,
필요할 때 요긴하게 써먹고
쓸모가 없어지면 가혹하게
버린다는 뜻.

폐모살제
광해군이 인목대비를
폐위시키고 영창대군을
살해한 사건.

격 처형되고 말았어요. 누가 죽였냐고요? 아직도 명확하게 밝혀지지 않은 미스터리지만, 대북 정권의 핵심이었던 이이첨이 허균 세력이 강해지는 것을 막기 위해 저지른 일이라고 추정해요. 당시 세자빈이 자식이 없어 허균 딸이 세자의 후궁으로 간택되었는데, 이 딸이 아이를 낳게 되면 허균에게로 권력이 이동할 것을 우려한 이이첨이 죄를 일부러 만들었다는 얘기지요. 허균은 자신의 초고속 출세를 이끌어 준 이이첨에 의해 결국은 토사구팽 되고 말았어요.

그럼 이이첨은? 한때 나라의 모든 권력을 한손에 틀어쥐고 좌지우지했던 그였지만, 끝은 허균만큼이나 좋지 못했어요. 인조반정 때 형장의 이슬로 사라져 버렸거든요. 새로 권력을 잡은 서인 정권은 그를 폐모살제 사건의 주모자로 몰아 그와 세 아들을 모두 죽여 버렸어요. 한때의 잘못된 권력 행사가 집안 전체를 절단 내 버렸지요.

다른 생각, 다른 삶을 꿈꾸었던 사람

허균은 우리 역사에서 그 유래를 찾아보기 힘들 정도로 박학다식했던 사람이에요. 그는 책 수천 권을 읽고 내용을 기억했으며, 중국 사절단 앞에서 시 수백 편을 통째로 외워 입이 떡 벌어지게 만들었어요. 중국 국가 도서관에 『조선시선』이란 책이 보관되어 있다고 해요. 이 책은 허균이 구술해 준 우리나라 한시들을 중국 사신이 받아 적은 것을 모아 편찬한 것으로 신라 최치원부터, 고려 이규보, 조선 허난설헌까지 우리나라를 대표하는 시인의 시 332편이 실려 있어요. 이것만으로도 허균이 참으로 명석한 두뇌를 가진 천재였음을 짐작할 수 있지요.

생각 또한 무척 혁명적이어서 그는 수많은 서출과 기생, 무사, 심지어는 노비를 친구로 사귀었어요. 평소 "귀천에 따른 차별이 없어야 하며, 우리나라처럼 작은 나라, 더군다나 양편에 적을 둔 나라에서 서얼이라거나 개가녀의 자손이라는 이유만으로 재능 있는 자를 등용하지 않는다는 것은 나라 발전에 해가 된다"고 주장했으며, "천하에서 가장 두려운 존재는 오직 백성뿐"이라며, 정치를 하는 사람들은 "백성을 무서워해야 한다"는 말을 자주 했다고 해요.

이러한 생각을 품고 살았기에, 그는 평소 소신을 『홍길동전』에 담아낼 수 있었어요. 그러나 당대 사대부들과 다른 생각, 다른 삶을 꿈꾸었기에, 시대와의 불화 속에 처참히 죽어야 했어요. 어찌 보면, '모난 돌이 정 맞는다'는 속담을 생각나게 하는 사람이 교산 허균이지요.

명군주일까
패륜아일까

광해군
vs
인목대비

| 1575~1641 **광해군** | | **인목대비** 1584~1632 |

70 ━━━━━━━━━━━ **정치력** ━━━━━━━━━━━ **30**

세자 시절 임진왜란을 극복하는 데 큰 힘을 보탰으며,
전후 복구 사업과 중립 외교 정책을 통해서 민심을
안정시키는 데 기여했다. 그러나 신하들의 갈등 관계를
조절하는 데는 실패하여 왕좌에서 쫓겨나야 했다.

광해군이 축출된 이후 왕실 최고 어른으로
대접받았지만, 정치적 영향력은 미미했다.

90 ━━━━━━━━━━━ **지력** ━━━━━━━━━━━ **?**

국제 정세를 읽는 눈이 탁월했고 정세를 균형 있게
판단하는 능력을 가지고 있어서 왜란의 소용돌이에서
막 빠져나온 조선을 안정시키는 데 기여했다.

글씨를 잘 썼다는 기록이 남아 있기는 하나,
역사 자료가 부족해 지력을 측정하기는 힘들다.

30 ━━━━━━━━━━━ **인품** ━━━━━━━━━━━ **?**

남을 의심하는 증세가 심했고, 추종 세력이 혈육을
죽이는 데 앞장서는데도 이를 적극 저지하지 않았다.

사료 부족으로 인품 또한 확실하게 파악할 수 없다.

때는 1623년, 서인 세력이 작당하여 임금인 광해군을 왕위에서 몰아냈어요.

이로써 조선 제15대 임금 광해군은 15년 동안 몸담았던 왕의 자리에서 쫓겨나 강화도,

태안, 제주도로 거처를 옮겨 가며 무려 19년여를 죄인의 몸으로 유배 생활을 해야

했어요. 왜 그랬을까요? '천상천하 지존무상'인 왕이 도대체 왜! 자리에서 쫓겨나

오랫동안 수모의 세월을 살아야 했을까요.

맞수 열전 열일곱 번째 시간에는 패륜아의 대명사로 자리매김한 광해군과

그의 라이벌 인목대비를 초청하여 그들의 질기고 질긴 인연을 살펴봐요.

묘호가 없는 왕

왕이 죽으면, 신하들은 왕이 살아생전 했던 일들을 바탕으로 별명을
붙여 줘요. 이 별명을 '묘호廟號'라고 하지요.

왜 붙여 줬냐고요? 머리에 손을 얹고 잠시만 생각해 보세요.

아무것도 떠오르지 않는다고요?

그러면 귀 기울여 제 이야기를 들어 보세요.

신하들이 '천상천하 지존무상'인 임금의 이름을 함부로 부르진 않았
겠지요. 만약 임금의 이름이 철수라고 해서 '철수야!' 하고 아무 생각 없
이 쉽게 불렀다가는 목이 남아나는 신하가 하나도 없을 거예요.

신하들은 평소에 임금을 '상감마마', '주상 전하'로 높여 불러요. 그런
데 이 때문에 문제가 발생해요. 왕이 죽어요. 신하들은 죽은 왕을 '전하'
라고 불러야 할까요? 새 임금이 버젓이 용상에 앉아 있는데도요? 당연

용상 龍床
임금이 앉는 자리.

히 '주상 전하'는 새 왕의 몫이 되겠지요.

이러한 까닭으로 왕이 죽고 나면 별도로 이름을 붙여 줘야 했고, 이 별명을 '묘호'라 해요. '廟묘' 자가 '죽은 사람의 혼령을 모시는 장소'를 뜻하니, 묘호는 '죽은 임금에게 붙여 준 이름' 정도로 생각하면 돼요. 우리가 평소에 스스럼없이 부르는 세종·단종·세조·선조·효종·정조 같은 이름이 전부 묘호예요.

그런데 참 이상해요. 왜 광해군은 임금을 지냈는데도 묘호가 없이, 지금도 '광해군'이라 부를까요? '군君'은 왕자, 그것도 후궁이 낳은 왕자에게 붙여 주는 이름이에요. 왕의 본부인인 왕비가 낳은 아들은 호칭이 'OO대군大君'이고, 첩인 후궁이 낳은 아들은 'OO군'이에요. 따라서 임금을 오래 한 광해군을 정상적으로 높여 부른다면, '광해군'이라 해서는 절대 안 되지요.

우리 지금부터 역사 추적자가 되어 그 이유를 밝혀 봐요.

광해군과 인목대비의 질긴 악연

1623년, 서인이 왕을 쫓아내는 쿠데타를 일으켰어요. 이 사건을 '인조반정'이라 해요. 왜냐고요? 쿠데타를 주도한 서인이 광해군을 쫓아내고 광해의 조카 능양군을 새 왕으로 추대했는데, 이 임금의 묘호가 '인조'거든요.

인조는 왕이 될 의지가 전혀 없는 왕족이었어요. 하지만 광해군을 쫓아내기로 작정한 서인 일파가 작심하고 추대하여 졸지에 왕위에 오르게 되었어요. 그런데요, 인조가 왕이 될 때에 이를 인정해 준 왕실의 여자 어른이 한 분 계셨으니, 그녀의 이름은 인목대비였어요. 광해군과는 악연으로 만나 악연으로 끝난 일생일대 라이벌이었지요.

추대 推戴
윗사람으로 떠받듦.

작심 作心
마음을 단단히 먹음.

148

붕당정치?

선조 임금이 집권하던 16세기 말에 조선 조정에 서로 뜻이 같은 관리끼리 뭉치며 당이 만들어졌다. 이 당들을 '벗들이 뭉친 조직'이라 하여 '붕당朋黨'이라 했고, 처음에는 동인과 서인, 두 개 당이 출현했다. 이후 동인은 북인과 남인, 서인은 노론과 소론으로 나누어졌는데, 이 붕당들을 흔히 '사색 당파四色黨派'라 한다. 광해군 시절에는 북인이 나랏일을 이끌었으며, 인조반정 이후로는 서인이 주로 정계를 주도해 갔다.

인목대비는 광해군의 아버지인 선조의 부인이었어요. 그럼에도 불구하고 광해군 시절에 그녀는 평민으로 강등되어 경운궁에 홀로 갇혀 한 많은 세월을 살아야 했어요. 왜 그랬냐고요? 광해군 시대 집권 세력인 북인이 인목대비가 낳은 아들인 영창대군을, 왕권을 위협한다는 구실로 죽여 버렸어요. 그러고는 인목대비를 위험인물로 간주하여 궁궐 안에 잡아 가두고 옴짝달싹도 못하게 했어요.

잘 이해가 안 된다고요? 그러면 이 부분은 좀 더 자세히 설명해 보죠. 집중해서 잘 읽어 주세요.

1602년 선조는 50세가 넘은 노인이었는데도 부인이 죽자 새로 부인을 얻었어요. 50세를 노인이라 한다고 의아해하진 마세요. 요즘이야 의료 기술 발달로 50세도 청춘이지만, 조선 시대 때만 하더라도 나이 50이면 이미 노인 축에 속해요. 아무튼 이때 선조의 부인으로 간택된 여자가 열아홉 살의 아리따운 처녀 인목대비였어요. 선조의 아들 광해군보다도 아홉 살이나 어린 꽃다운 청춘이었지요. 아마 요즘 같으면 심각한 원조교제에 해당하겠지만, 남성 중심의 전통 사회에서는 가능했던 결혼이에요. 결혼 5년째 되던 해에 인목대비가 선조의 아이를 낳았어요. 이 아이가 영창대군으로 선조의 나이 55세 때 얻은 늦둥이였어요.

경운궁
현재의 덕수궁. 인목대비가 유폐당했을 당시엔 서궁이라 불렸다.

간택 揀擇
왕·왕자·왕녀의 배우자를 고름.

사별 死別
죽어서 이별함.

좌불안석 坐不安席
마음에 불안이나 근심 등이
있어 한자리에 오래 앉아
있지 못함.

선조 입장에서 늘그막에 얻은 막내아들은 하늘의 축복 그 자체였어요. 고대하고 고대했던 적장자의 탄생이었거든요. 적장자가 뭐냐고요? 본부인이 낳은 '집안의 대를 이어 갈 장남'을 '적장자'라고 해요. 사별한 본부인은 아들을 낳지 못했고, 후궁들이 낳은 아들들만 있었는데 새장가를 든 젊은 부인에게서 적장자가 탄생했으니 이 얼마나 기뻤겠어요. 그것도 늙디늙은 나이에. 아마 요즘 같았으면 최고급 호텔에서 팡파르를 울리며 지상 최대의 잔치를 벌였을 거예요.

그런데요, 빛이 밝으면 그림자 또한 짙은 것처럼, 영창대군의 탄생으로 처지가 매우 곤궁해진 사람이 하나 있었어요. 그 사람의 이름은 '광해군'이었어요. '아니! 광해가 어째서!'라고 놀라지는 마세요.

광해군은 선조의 둘째 아들로 임진왜란이 발발한 직후 세자 자리에 올랐어요. 그러나 그는 어머니가 후궁이었기에 태생적으로 왕위 계승에 결함을 가지고 있었어요. 유교 윤리가 지배하고 있던 조선 사회에서 집안의 대는 반드시 본부인이 낳은 아들이 이어야 한다는 원칙 아닌 원칙이 존재했거든요. 이런 시대에 적장자가 탄생해 버렸으니, 비록 오랜 기간 세자 자리에 있었지만, 광해군의 위치가 좌불안석이 된 것은 어쩔 수 없는 현실이었지요.

북인 정권의 정치적 무리수가 광해군을 왕 자리에서 몰아내다

태생적 한계가 있었지만, 광해군은 왕의 자질이 충분한 인재였어요. 임진왜란 초기에 세자가 된 그는 조선의 북쪽 끝 의주로 도망치듯 피난 간 선조를 대신해, 전국을 돌아다니며 술렁이는 민심을 다잡고 의병을 독려하여 전쟁을 승리로 이끌었어요. 여기에 임금이 된 뒤에는 장기간의 전란으로 엉망이 되어 버린 나라를 되살리기 위해 온 힘을 다했어요.

토지세를 제대로 거두기 위해 전국적인 토지 조사를 실시하였으며,

대동법을 시행해 나라 재정을 늘리는 동시에 백성의 생활을 안정시켰어요. 또한 질병에 시달리는 백성을 위해서 의사 허준으로 하여금 『동의보감』을 완성하게 하였으며, 전란 도중에 무너져 버린 성곽들을 보수하고 무기를 수리하여 국방력을 키우는 데도 힘을 쏟았어요.

이처럼 나라 살리기에 두 팔 걷어붙인 그가 쿠데타 때문에 왕의 자리에서 쫓겨나다니요? 고것 참 이상하네요. 왜 그랬을까요? 그럼 지금부터는 왜 광해군이 왕위에서 내쫓겼는지 실상을 한번 파헤쳐 봐요.

광해군을 쫓아낸 서인은 정변의 명분으로 크게 두 가지를 내세웠어요. 첫째는 광해군 추종 세력인 북인이 일으킨 '폐모살제' 사건이에요. '폐모'란 어머니 인목대비를 일반 백성으로 신분을 낮추어 서궁 깊숙한 곳에 가둔 일이고, '살제'란 친형 임해군과 배다른 동생 영창대군을 죽인 일이에요. 이 사건은 당시 정계를 이끌던 북인 주도로 발생했지만, 유교 윤리를 중시했던 대다수 사대부는 왕의 동의가 있었기에 이런 패악무도한 일이 생겼다며 광해군을 비난했어요. 여기에 서인이 광해군을 쫓아내야겠다고 결심하게 만든 결정적인 사건이 하나 더 있었으니, 그것은 바로 광해군의 '중립 외교 정책'이에요.

중립 외교 정책은 또 뭐냐고요? 임진왜란 이후 동아시아는 머리가 지끈거릴 정도로 정세가 불안정했어요. 만주에서 여진족이 '후금'이라는 나라를 세워 주변 나라를 위협했거든요. 특히나 명나라 입장에서 후금의 탄생은 가시방석에 앉은 듯 불편한 일이었어요. 탄생지가 자기 나라의 변방인 만주 땅인데다가, 후금의 성장은 명나라에 커다란 위협 요소로 작용할 가능성이 99.9퍼센트였거든요. 이러한 이유 때문에 명나라는 군사력을 동원하여 후금이 더 크게 성장하기 전에 싹을 싹둑 잘라 버리려 했어요. 그런데 문제는요, 명이 자기들 단독으로 후금을 치려 하지 않고, 조선에 후금 정벌을 함께하자고 도움을 청해 온 것이었어요.

대동법
특산물로 바치던 세금인 공물을 쌀이나 베로 통일해서 바치게 한 세금 납부 제도.

151

전후 복구 사업에 전력을 다하고 있던 광해군에게 명나라의 이 제안은 참으로 난감하기만 했어요. 신하 대다수가 명나라는 조선이 받들어 모시는 아버지 나라이자, 왜란 때 도와준 은혜가 있으니, 명의 요청을 들어줘야 한다고 주장했어요. 하지만요, 광해군 생각은 달랐어요. 명나라는 당시 국내에 반란이 끊임없이 이어지며 나라 꼴이 말이 아니었어요. 가만 놔둬도 멸망할 가능성이 큰 나라였어요. 반면 후금은 비 온 뒤 끝의 대나무 순처럼 쭉쭉 뻗어날 가능성이 큰 신흥 강국이었어요. 이런 나라를 시피 보고 조심성 없이 맞상대했다가 여차하면 조선에게 큰 피해가 올 가능성이 컸어요.

국제 정세에 밝던 광해군은 오랜 고민 끝에 기발한 아이디어를 하나 내놓았어요. 명의 요구대로 군대를 파병하되, 현지에서 후금 군사를 만나면 적당히 타협해 버리는 작전이었어요. 후금에게 명의 요청을 무시하기 어려운 조선의 사정을 설명하고, 후금과 싸울 생각이 추호도 없다고 알릴 작정이었죠. 이러한 광해군의 외교 정책을 '중립 외교 정책'이라고 해요. 결과가 어찌 되었냐고요?

이 전술은 조선의 당시 현실에서 매우 적절한 것이었어요. 조선에게 시급했던 문제는 명나라와 의리를 지키는 것이 아니라, 임진왜란의 후폭풍을 앓고 있던 국내 정세를 안정시키는 것이었으니까요. 하지만 문제는 서인이었어요. 명분을 중시하는 서인 입장에서 광해군의 파병 작전은 아버지 나라인 명에 대한 배신행위에 불과했어요. 서인 생각에 동방예의지국의 선비로서 광해군의 전략과 전술은 용납할 수 없는 천부당만부당한 일대 사건이었어요. 이 사건 이후 서인은 비밀리에 거사를 꾸미며 광해군을 왕위에서 쫓아내 버렸어요. '인조반정'이었지요.

인목대비, 한을 풀다

서인 주도의 반정이 성공한 이후, 광해군과 인목대비의 인생은 역전되었어요. 경운궁에 감금되어 한 많은 세월을 보내야 했던 인목대비 앞에 광해군이 죄인 신분으로 섰어요.

인생 역전을 이룬 대비의 입에서 추상같은 호령이 떨어졌어요.

"무엇들 하는 게냐! 저 역적을 당장 꿇어앉히지 않고!"

광해가 무릎을 꿇자, 대비가 말했어요.

"내 이 궁궐에서 십 년 세월을 감금당했느니라. 그 원한을 오늘에야 씻게 되었으니, 폐주 광해와 그 파당을 남김없이 잡아 죽이고 내 이 서궁의 문을 나설 것이다. 폐주 광해는 듣거라! 너의 죄목 서른여섯 가지가 여기 적혀 있으니, 너는 이것을 들고 큰 소리로 외치거라."

광해가 아무 말도 못 하고 머뭇거리기만 하자, 인목대비가 자리에서 벌떡 일어나 발악하듯이 말했어요.

추상 秋霜
가을의 찬 서리.

호령 號令
지휘하여 명령함. 혹은 그 명령.

"어서 외치지 않고 무얼 하는 게냐!"

그때서야 광해가 덜덜 떨리는 손으로 죄목이 적힌 종이를 집어 들었어요. 인목대비가 자지러지며 다시 소리쳤어요.

"그래, 첫 번째 죄목이 무엇이더냐!"

"종묘사직을 공경치 않고 저버린 죄."

"다음은!"

"적자를 시해하고……."

광해의 얼굴은 치욕과 모멸감으로 얼룩졌지만, 인목대비는 그를 계속 다그쳤어요. 광해가 한 죄목을 읽을 때마다 '그다음', '또'를 외쳐 가며 계속 외치기를 강요했어요. 광해가 기어들어 가는 목소리로 죄목을 끝까지 다 읊고 나자 그때서야 인목대비는 쓰러질 듯 앉아 울다가 시녀들의 부축을 받아 안으로 들어갔어요.

만약 광해군 시대가 더 길었더라면?

반정 이후 광해군은 어찌 되었냐고요? 왕 자리에서 쫓겨난 광해군은 가족과 함께 쓸쓸히 강화도로 귀양 갔다가 훗날 바람 많은 제주에 이배되어 한 많은 일생을 마쳤어요.

광해군! 그는 15년 동안 왕 자리에 있으면서 천상천하 유아독존으로 세상을 다스렸어요. 그러나 그는 묘호마저 부여받지 못한 채 '폭군'의 이미지로 덧칠되어 역사 속에서 현재까지 불명예스런 삶을 살고 있어요.

하지만요, 달리 생각해 보면, 광해군을 폭군이라고만 할 수는 없어요. 그가 추진했던 중립적 실리 외교 정책은 당시 조선 현실에서 반드시 필요했던 탁월한 외교 정책이었고, 전후 복구 사업은 오랜 전란 후유증으로 살기가 팍팍했던 조선 백성들에게 '가뭄 속 단비' 같은 유효적절한 정책이었어요.

이배 移配
귀양살이하는 곳을 다른 곳으로 옮김.

인조 시대로 접어들어 조선은 후금후에 나라 이름을 '청'으로 바꿈과 두 차례 전쟁정묘호란·병자호란을 해요. 명분을 강조했던 서인이 국제 정세를 제대로 읽지 못하고 쓰러져 가는 명나라와만 화친하며 후금을 멀리한 결과였지요. 때문에 현대의 역사가 다수는 '만약'이라는 단서를 붙여 광해군 시대를 이렇게 말해요.

"만약 광해군이 계속 집권했더라면 후금의 침입을 받지 않았을 것이고, 당시 백성의 삶은 좀 더 편안했을 것이다."

과연 광해군은 인간으로서 짐승의 탈을 쓴 패륜아에 불과할까요? 시각을 달리하면, 국제 정세를 냉철하게 파악하여 적절히 대처하려 했던 세종에 버금가는 '명군주'는 아닐까요? 어떻게 생각하세요? 여러분 나름대로 한번 평가해 보세요.

그때 그 시절의 역사 현장 호란이란?

인조반정1623 이후 정치를 주도했던 서인 세력은 명나라와만 친하게 지내고 후금 세력을 멀리했다. 이를 빌미로 후금 군대가 조선 영토를 두 차례 침범해 왔으니, 정묘호란1627과 병자호란1636이 바로 그것이다. 이 전쟁으로 조선 국토는 다시 쑥대밭이 되었으며, 백성의 삶은 한층 곤궁해졌다.

영웅의 길
반역자의 길

이순신
vs
원균

1545~1598 **이순신**　　**원균** 1540~1597

30	**정치력**	70

조정 대신의 모함을 받아 죽을 위험에 처할 정도로
중앙 정계에서 영향력이 미미했다.

이순신과 갈등을 벌여 경상우수사 자리에서 쫓겨났지만,
오뚝이처럼 재기하여 이순신 후임으로 삼도수군통제사에
올랐다. 조정에서의 평판 또한 나쁘지 않았다.

100	**지력**	30

왜군을 상대로 23번 싸워 23번 승리할 정도로
전략·전술이 뛰어났다. 요즘 같으면
'전투의 신'으로 칭송받았을 것이다.

죽기를 각오하고 솔선수범하여 전투에 임했지만, 전략·전술에는
능하지 못했다. 임진왜란과 정유재란 당시 유일하게 패배한 해전인
칠천량 전투로 조선을 풍전등화의 위기에 몰아넣었다.

70	**인품**	30

강직한 성품으로 매사에 치밀했으나.
뜻이 맞지 않는 사람은 얕잡아 보는 경향이 간혹 있었다.

전라좌수사로 임명되었으나 시중 여론이 나빠
철회될 정도로 인망을 얻지 못했다.

조선 역사에서 최고 맞수는 누구일까요? 샘의 생각으로는 이순신 장군과 원균 장군이 조선 역사상 최고의 라이벌이었던 것 같아요. 둘은 왜란이 발생하기 전에 전라좌수사와 경상우수사로 부임하여 전쟁 초기에 남해에서 함께 왜군을 물리치며 절체절명 위기에 빠진 조선에 한줄기 빛을 던져 주었던 사람들이에요. 하지만 말이에요. 전투를 거듭하면서 둘은 서로 배척하는 사이가 되고 말았어요. 왜 그랬을까요? 맞수 열전 열여덟 번째 시간에는 구국의 영웅으로 추앙받는 이순신과 그의 라이벌 원균을 초대하여 그들의 얽히고설킨 인연에 대해 자세히 알아봐요.

조선 역사에서 최고 맞수는?

'이순신과 원균' 하면 '맞수'라는 단어가 바로 떠오를 정도로 두 사람은 역사의 라이벌이었어요. 둘은 임진왜란이 일어나기 전 전라좌도 수군절도사와 경상우도 수군절도사로 임명되어 조선 수군의 핵심인 전라도와 경상도 수군을 나란히 지휘했어요.

수군절도사가 뭐냐고요? 오늘날의 해군 사령관이에요. 조선은 각 도마다 수군 기지를 하나씩 두었는데, 전라도와 경상도는 왜적이 쳐들어오는 길목에 있었기에 특별히 좌도와 우도로 나누어 수군 기지를 두 개씩 두었어요. 이 기지를 수영水營이라 하지요. 경상도는 부산경상좌수영과 거제도경상우수영, 후에 충무시로 옮김에, 전라도는 여수전라좌수영와 해남전라우수영에 영이 있었고, 이곳을 책임진 관리가 수군절도사였어요. 줄여서 '수사'라고 했지요.

영 營
군대 거주지.

유성룡
1542~1607년.
호는 서애. 왜란 시기에
영의정으로 있으면서 국난
극복에 큰 공을 세웠다.
1604년 임진왜란 회고록인
『징비록』을 펴냈다.

임진왜란 발발 무렵, 전라좌수사는 이순신, 경상우수사는 원균이었는데, 둘은 일본군 20만여 명이 부산포로 쳐들어오자, 서로 협력하여 왜군의 전라도 바다 침범을 막았어요. 그런데 전투가 여러 차례 치러지면서 둘 사이는 차츰 벌어져, 종래에는 서로를 사정없이 헐뜯는 사이가 되고 말았어요. 도대체 왜 그랬을까요?

무장의 길로 들어서는 두 사람

이순신 장군은 1545년 서울의 선비 집안에서 태어났어요. 그는 자기보다 세 살이나 더 먹은 유성룡 등과 어울리며 어린 시절을 개구쟁이로 보냈어요. 기록에 의하면, 동네 꼬마를 모두 인솔하고 다니며 전쟁놀이를 했다고 하니, 어릴 적부터 무장으로서의 자질이 충분했던가 봐요. '순신은 힘이 다른 사람보다 세었고, 말타기와 활쏘기에도 능해 당시에 같이 놀던 사람들 중에 그를 당할 자가 없었다'는 기록 또한 전하는 걸로 보아 젊은 시절부터 무예 솜씨가 출중했음을 알 수 있어요.

그런 그가 28세 때인 1572년 가을 무과 시험에 응시했어요. 그런데요, 달리던 말이 갑자기 고꾸라지는 바람에 낙마하여 왼쪽 다리뼈가 부러지고 말았어요. 시험장에 있던 사람들은 이순신이 죽었다고 생각했대요. 하지만 그는 벌떡 일어나 부러진 다리를 질질 끌고 버드나무 아래로 가서 휘영청 늘어진 나무 줄기를 꺾어 그 껍질로 다리를 고정한 후 끝까지 시험을 치렀어요. 비록 낙방했지만, 이순신의 인내심과 끈기, 용맹성이 어느 정도인지를 잘 보여 주는 사례지요.

그가 무과에 합격한 것은 32세 때인 1576년으로, 이후 주로 북방에서 여진족을 상대로 군대 생활을 했어요. 관직 운은 그다지 평탄하지 못했는데, 워낙 강직하여 상관에게 바른말을 하다가 미움을 받아 승진에서 밀려나는 경우가 허다했으며, 때에 따라서는 관직에서 쫓겨나기까지

했어요. 이런 그가 전라좌도 수군절도사로 발탁된 것은 어릴 적부터 친하게 지낸 유성룡이 그를 선조 임금에게 적극 추천했기 때문이에요. 임진왜란이 일어나기 1년 전인 1591년의 일이었어요.

이순신보다 다섯 살 위인 원균은 경기도 평택 출신이에요. 무인 집안 후손으로 일찍 무과에 합격하여 여진족 토벌에 공을 세우며 젊은 시절부터 무장으로 명성을 날렸어요. 여진족이 그의 이름만 듣고도 공격을 멈추었다고 하니, 원균 또한 매우 용감한 장수였음은 분명해요.

하지만 그에게도 약점이 있었으니, 주변 사람과 불화가 잦아 평판이 별로 좋지 못했어요. 이순신보다 3년 먼저 전라좌수사에 임명되었으나, 여론 악화로 부임을 못 했고, 왜란 발발 두 달 전인 1592년 봄에 비로소 경상우수사로 한 지역을 책임진 사령관이 되었어요.

서로 다른 길을 걷는 이순신과 원균

전라좌수사로 부임한 이순신은 치밀하게 군사를 조련하여 왜적의 침입에 충분히 대비했어요. 아니나 다를까 도요토미 히데요시豊臣秀吉, 풍신수길의 명을 받은 왜군이 1592년 4월 14일 오후에 부산 앞바다에 나타났어요. 왜란의 시작이었지요. 이후 한반도는 1598년까지 무려 7여 년 동안 전쟁의 소용돌이 속에서 허덕이며, 동북아시아 삼국인 조선·명·일본은 서로 물고 물리는 치열한 싸움을 전개했어요.

왜란 초기 왜군의 기본 전략은 수륙병진 작전이었어요. 이 작전은 육군이 부산포로 상륙하여 충청도를 거쳐 조선의 수도인 한양을 신속히 점령한 후에 계속 북상해 가면, 수군은 남해안에서 서해로 들어가며 조선의 곡창지대인 전라도 지방을 육군과 함께 합동으로 점령하는 전략이었지요. 그러면서 호남에서 양곡을 약탈하여 한강·대동강·압록강 같은 물줄기를 오르내리며 북상하는 육군의 군량미를 조달하는 것이었어

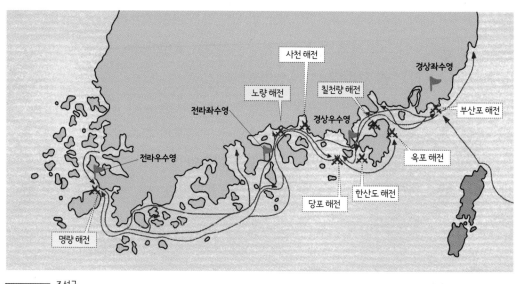

왜란 수군 전투 지도

조선군
일본군
임진년(1592년)
정유년(1597년)

요. 작전은 성공할 수가 없었어요. 왜냐고요? 이순신이 이끄는 조선 수군이 남해에서 일본 수군을 연달아 물리치며 왜군의 서해 진출을 막아냈거든요.

이순신은 부산포에 왜적이 쳐들어왔다는 소식을 듣고 1592년 5월 4일 함대를 이끌고 부산 아래 있는 섬 거제도로 향했어요. 경상우수사로 있던 원균도 휘하의 부하들과 함께 이순신 군대에 합류하여 두 영의 군사들은 5월 7일, 합동으로 거제도 옥포 앞바다에 있던 일본 수군을 공격했어요. 이순신 장군은 본격적인 전투로 돌입하며 군사들이 동요하지 않도록 강한 어조로 당부했어요.

"함부로 움직이지 말고 고요하고 무겁기를 태산같이 하라! 한 번에 명중시켜라!"

우왕좌왕하지 말고 평소 훈련한 대로 실전에 임하라는 독려였지요.

어조 語調
말의 가락.

독려 督勵
감독하며 격려함.

160

이후 이순신과 원균의 합동 부대는 당포에서 다시 한 번 적을 물리친 후에 전라우수영 부대까지 합류한 상태에서 임진왜란 당시 조선 수군 최대의 승리를 거둔 한산도 해전을 치렀어요.

7월 8일이었어요. 이순신 장군은 물살이 빠른 곳에 정박해 있는 왜적을 한산도 앞바다로 유인하여 마치 학이 날개를 펼친 것 같은 대형으로 군함을 배치하고는 몰려오는 적을 대포로 공격하여 깡그리 침몰시켰어요. 이 전술을 학 날개처럼 군함을 배치하여 적을 둘러싸고 공격하는 전법이라 하여 '학익진법'이라 하지요. '翼익'이 날개를 뜻하는 한자예요. 아무튼 이 전투로 왜군 함선 66척이 불타 없어지거나 바닷속에 수장되어 버렸어요.

그런데요. 이때부터 이순신과 원균 사이에 파열음이 나기 시작했어요. 선조 임금은 한산 대첩의 공을 인정하여 이순신 장군을 전라도·경상도·충청도 수군을 모두 통제하는 삼도수군통제사로 임명했어요. 그

러자 원균이 이를 질투하여 이순신이 하고자 하는 일에 간간이 어깃장을 놓았어요. 다행히 조정이 먼저 나서서 원균을 충청도 육군을 지휘하는 충청절도사로 발령 냈다가 전라좌병사로 임명하여 이순신과의 갈등을 줄여 주었지만, 이 균열은 전쟁이 끝날 때까지 앙금으로 남아 두 사람 사이를 내내 불편하게 만들었어요.

배 열두 척을 남긴 자, 열두 척으로 맞선 자

1597년 정유재란이 발발하며 이순신이 모함을 받아 옥에 갇히는 신세가 되었어요. 요즘으로 치면 공문서 위조범으로 몰렸어요. 왜적과 전투를 계속하라는 임금의 명에도 불구하고 전투는 하지 않고 전과만 과장하여 중앙에 보고했다는 점을 문제 삼아 조정 대신들이 이순신을 죽이려 들었어요. 만약 이 당시 중앙 정계에 유성룡이 없었다면, 이순신은 이때 황천객이 되고 말았을 거예요. 다행히 이순신의 충정을 누구보다 잘 아는 유성룡이 조정에서 크게 활동하고 있었고, 일부 대신들이 그의 편을 들어 주어 죽기 일보 직전에 구제되었지요. 정말 천만다행한 일이었어요.

이순신 후임으로 삼도수군통제사는 원균이 차지했어요. 하지만 말이에요, 원균은 최고 지휘관으로서 역량이 부족했어요. 본인이 지휘한 첫 전투칠천량 해전에서 왜군에게 대패하여 조선 함대를 열두 척만 남기고 전부 수장시켜 버리고 말았어요. 자신 또한 황천객이 되었고요.

원균이 전쟁에서 참패할 때, 이순신은 뭐 하고 있었냐고요? 간신히 구제되어 백의종군하고 있었어요. '백의종군'이 뭐냐고요? 아무 직책 없이 일개 병사 신분으로 전쟁에 참가하는 것을 백의종군이라 해요.

원균이 패배했다는 소식을 전해 들은 선조는 멘붕 상태가 되어 자기가 죽이려 했던 이순신을 다시 발탁했어요. 이순신이 다시 삼도수군통제사가 되어 조선 수군을 지휘하게 되었지요. 그런데 안타까운 것은 당시 조선 수군의 현실이었어요. 이순신이 통제사로 복귀하여 군세를 살펴보니, 조선 수군에 남겨진 함선은 오직 열두 척뿐이었어요. 임금에게 이를 보고하니, 선조 임금은 바다를 버리고 육지에서 왜군을 막으라고 조언했어요. 하지만 이순신은 임금에게 바다에서 능히 왜적을 물리칠 수 있다며 다시 편지를 올렸어요.

신에게는 아직도 열두 척의 배가 있사옵니다. 나아가 죽기로 싸운다면 능히 적을 이길 수 있습니다.

아나나 다를까 이순신은 배 열두 척을 이끌고 진도로 가서 울돌목^{명량}을 굳게 지키며 서해안으로 넘어가려는 왜군 함선 133척을 상대로 죽기를 각오하고 싸웠어요.

여러 장수를 불러 모아 약속하면서 이르되, "병법에 반드시 죽고자 하면 살고, 살려고만 하면 죽는다고 했으며, 또 한 사람이 길목을 지키면 천 사람이라도 두렵게 한다고 했음은 지금 우리를 두고 한 말이다. 살려는 생각은 하지 마라. 조금이라도 명령을 어기면 군법으로 다스릴 것이다"라고 재삼 엄중히 약속했다.

명량 해전을 하루 앞두고 쓴 이순신의 일기예요. 필사적으로 싸울 것, 잔꾀 부리지 말 것을 강조하는 말 속에 긴박한 상황이 고스란히 담겨 있어요.

진도와 해남 사이에 있는 울돌목은 남해안에서 서해안으로 넘어가려면 반드시 거쳐야 하는 길목으로 물살이 워낙 험하여 배를 잘 부리는 사람이 아니면 지나가기가 무척 힘들어요. 이순신 장군은 이 장소를 최후 결전 장소로 선택하고 죽기 아니면 까무러치기로 대적하여 6천여 명의 적을 물귀신으로 만들어 버리는 세계 전쟁 역사상 전무후무한 승리를 거두었어요. 이 전투가 '명량 해전'이에요.

이제 왜군은 더 이상 이순신을 상대로 싸움을 벌일 생각을 하지 못했으며, 이후 왜적은 남해 해안가와 섬 지역에 거주하며 방어에만 신경 썼어요. 그러다가 전쟁을 일으킨 주역 도요토미 히데요시가 '철수하라'는 유언을 남기고 죽자, 철수를 시작했어요. 조선에 침략군을 파병한 지 장장 7년여 만의 철군이었죠.

왜적이 물러간다는 소식을 전해 들은 이순신 장군은 금수강산 조선 땅을 쳐들어온 왜적을 한 놈도 남기지 않고 섬멸하기 위해 노량에서 최후의 격전을 치렀어요. 그러나 안타깝게도 이 전투에서 장군은 적함에서 쏜 조총에 맞아 절명하고 말았어요.

명장과 배신자, 누구의 평가인가?

우리 민족에게 이순신 장군은 그냥 이순신이 아닌, '성웅 이순신'이에요. 성스러운 영웅이란 뜻이죠. 반면에 이순신과 더불어 여러 전투에서 승리를 거두었음에도 불구하고 원균은 명장인 이순신을 모함이나 한 매우 쪼잔한 하찮은 장수로 자리매김되어 있어요.

하지만 말이에요, 실제 역사 기록은 원균도 임진왜란 당시에 큰 공을 세운 장수로 인정하고 있어요. 임진왜란이 끝난 이후 선조 임금은 '선무공신'을 선정하며 원균에게 권율·이순신과 함께 최고 훈장을 내려 줘요. 선무공신은 왜란 당시 왜군과 직접 싸웠거나, 승리하는 데 큰 도움을 준 관리에게 내린 포상이에요. 이로 보아 두 사람이 살았던 당대에는 칠천량에서 비록 대패했지만, 원균의 공을 이순신 장군의 전공만큼 높이 평가했음을 알 수 있어요.

그런데 왜 현재 우리는 이순신은 명장으로, 원균은 배신자로만 생각할까요? 그 이유를 자세히 추적하기는 힘들어요. 단지, 임진왜란 당시의 국난 극복이 이순신 장군 혼자 힘으로 이뤄졌다는 단순한 생각은 조금 수정할 필요가 있어요. 원균 또한 자신이 처한 위치에서 최선을 다했던 용맹한 장수였음이 분명하니까요. 이런 의미에서 원균은 이순신 장군의 진정한 라이벌인 게 분명해요.

일본의 전쟁 준비에 대한
서로 다른 시각

황윤길
vs
김성일

	1536~? **황윤길**	**김성일** 1538~1593	
50		정치력	70
	일본의 침략을 정확히 예측했으나, 이를 현실 정치에 반영할 정치력은 갖고 있지 못했다.	평생 관리로 일하며 자신의 뜻을 현실 정치에 반영하기 위해 노력했다.	
50		지력	70
	성리학을 공부한 유학자였으나, 특별한 학문적 성과는 남기지 못했다.	퇴계 이황의 학문을 계승한 유학자로 특별한 학문적 성과는 쌓지 못했으나, 제자들에 의해 학문이 꾸준히 계승되어 퇴계학파 내에서 최대 학맥을 형성하였다.	
70		인품	50
	온화한 성품을 가졌고 남의 말에도 귀를 잘 기울였다.	성리학적 사고관에 입각하여 모든 일을 공평하게 처리하려 했으나, 워낙 자기 주관이 뚜렷하여 주변 사람들과 논쟁을 자주 벌였다.	

임진왜란이 있기 2년 전 1590년에 조선의 사절단이 일본을 방문했어요. 대표단 단장인 정사로 황윤길이, 부단장인 부사로 김성일이 임명되어 사절단을 이끌고 다녀왔어요. 주된 임무는 외교 관계를 돈독하게 만드는 것이었어요. 그러나 또 다른 임무는 당시 일본의 지도자인 도요토미 히데요시가 조선을 침략하려는 계획을 세우고 있는지 알아 오는 것이었어요. 전국시대의 혼란을 통일한 도요토미가 조선 침탈을 계획하고 있다는 소문이 조선 조정에까지 들어와 있었거든요. 두 사람은 일본에서 돌아온 후 임금에게 아뢰었어요. 정사 황윤길은 도요토미가 반드시 조선을 침략할 것이라고 말했어요. 반면 부사 김성일은 전쟁은 없을 거라고 딱 부러지게 보고했어요. 일본 땅에 함께 가서 보고 들은 것이 같건만, 둘은 각기 다른 말을 했어요. 왜 그랬을까요?

맞수 열전 열아홉 번째 시간에는 황윤길과 김성일을 초대하여 그들이 서로 다른 주장을 했던 이유를 자세히 알아봐요.

도요토미 히데요시에 대한 두 견해

1592년 4월, 일본이 20만 군사를 동원하여 조선을 점령하려 왔어요. 당시 일본은 전국시대戰國時代의 혼란을 도요토미 히데요시가 진압하여 통일 일본을 이룬 상태였기에 사기가 하늘을 찌를 만큼 가득 차 있었어요. 전국시대가 뭐냐고요? 일본은 우리와는 다르게, 왕이 정치에 관여하지 못하고 2인자인 쇼군장군이 막부를 중심으로 나라를 좌우하고 있었어요. 그런데 15세기 후반에 정권 내부에 분열이 생겨 일본 전체가 싸움터로 변해 버렸어요. 이 시기를 전국시대라 하지요. 전국시대의 종결자가 누구냐고요? 바로 임진왜란을 일으킨 도요토미 히데요시였어요. 그는 1590년 전국시대의 혼란을 끝장낸 후에 틈만 나면 조선을 정벌하겠다고 떠벌렸어요.

정탐 偵探
드러나지 않은 사정을
몰래 살펴 알아냄.

그때 그 시절의 역사 현장   막부?

막부는 '쇼군을 중심으로 한 일본의 무사 정권'을 말한다. 초기에는 군사 지휘 본부라는 의미로 사용되었으나, 군사령관인 쇼군이 실질적인 국가 통치자가 되고 그의 본부가 정치·행정·경제권을 장악하면서 '정부'라는 뜻으로 쓰이기 시작했다. 일본 역사에는 크게 세 차례 막부가 등장하는데 가마쿠라 막부1185~1333, 무로마치 막부1336~1573, 도쿠가와 막부1603~1867이다.

일본의 이러한 정세 변동은 조선 정부에까지 알려져 선조 임금 귀에 들어왔어요. 왕은 일본이 사절단 파견을 요청해 오자, 도요토미가 정말 우리 땅을 침범할 의사를 가지고 있는지 정탐도 할 겸 사절단을 일본에 보냈어요. 사절단의 총책임자인 정사正使로는 황윤길이, 부책임자인 부사副使로는 김성일이 선임되어 단원 200여 명을 이끌고 부산포를 출발하여 일본으로 갔지요.

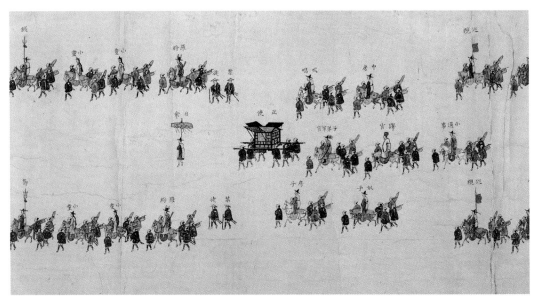

1636년. 인조 14년, 일본에서 육로로 이동하고 있는 조선 사절단을 그린 그림이에요. 황윤길이 이끌고 간 사절단도 이처럼 위엄 있는 모습이었을 거예요.

일본에 들어가서 정세를 살펴보니, 분위기가 아무래도 이상했어요. 황윤길이 이끈 조선 사절단이 일본에 도착한 것은 1590년 4월이었는데, 공식 일정을 끝내고 국서를 전달했지만, 일본 측이 우리나라 국왕에게 보내는 답서를 써 주지 않았어요. 우리 사절단이 공식적인 편지 없이는 귀국할 수 없다고 항의하자, 일본 조정은 마지못해 답신을 써 주기는 했어요. 하지만 그 내용이 불손하기가 이루 말할 수 없었어요. 답신을 살펴본 황윤길과 김성일은 국가 간의 공식 편지가 이래서는 안 된다고 거듭 항의했어요. 결국 일본은 사절단의 강한 반발에 눌려 양국의 외교 관계를 훼손하지 않는 선에서 편지를 다시 써 주었고, 사절단은 1591년에 조선 땅으로 되돌아 올 수 있었어요. 하지만 말이에요. 문제는 두 사람이 귀국한 후에 터졌어요.

서울로 상경하여 처음으로 왕을 대면한 둘은 '일본 정세가 어떠하더냐? 정말 우리를 침범할 의사가 있더냐?'는 왕의 질문에 각기 다른 대답을 했어요. 정사인 황윤길은 전쟁을 예상하는 답변을 했어요.

도요토미의 눈빛이 예사롭지 않으며 반드시 침범이 있을 것입니다.

김성일은 정반대 의견을 내놨어요.

도요토미는 두려워할 인물이 못 되며 전쟁은 없을 것입니다.

두 사람의 상반된 견해에 조선 조정은 두 편으로 갈라져 갑론을박을 벌였어요. 여러 의견이 오고 간 끝에 결론은? '전쟁은 없을 거다'였어요. 그리고는 별다른 대책 없이 왜란이 일어나기 직전까지 허송세월을 보냈어요. 하지만 도요토미 히데요시는 조선의 무대책을 비웃기라도 하듯

이 대군을 양성하여 바다를 건너와 싸움을 걸었어요. 7년 전쟁인 임진왜란의 시작이었지요.

황윤길과 김성일은?

황윤길의 자는 길재, 호는 우송당이었어요. 1561년 과거에 급제하여 관리가 되었지요. 이후 여러 관직을 거쳐 현재 우리나라 직제로 국방부 차관에 해당하는 병조 참판을 지내다가 1590년 사절단 대표로 발탁되어 일본을 다녀왔어요. 귀국길에 대마도에서 조총 두 자루를 얻어 와 정부에 보고했지만, 당시 조정은 그것의 위력을 제대로 알지 못하여 실용화하지 않았어요. 임진왜란 때 조총으로 무장한 일본군에게 속수무책 당한 것을 생각하면 참으로 아쉬운 일이지요.

임진왜란이 일어나자 선조는 초야에 묻혀 있던 황윤길을 국방부 장관 격인 병조 판서로 발탁하려 했어요. 그러나 어찌된 영문인지, 그는 전쟁의 소용돌이 속에서 흔적도 없이 사라져 버렸어요. 그래서 지금도 그가 죽은 연도는 알 수 없어요.

자 字
본명을 허투루 부르지 않고
귀히 여기는 관습에 따라 성년
이후 본명을 대신하여 부른
이름.

김성일은 자가 사순, 호는 학봉이에요. 고향이 안동인 그는 어렸을 때 퇴계 이황 문하에 들어가 열심히 공부하여 고위 관리로 성장했어요. 그가 나주 목사로 있던 1584년경의 일이에요. 순무어사로 온 관리가 밤늦도록 술을 마시고 고주망태가 되어 관청에 들어오려 하자 그를 질책하며 문을 열어 주지 않았어요. 또한 고을 일을 공명정대하게 잘 처리하여 백성의 신임이 대단했어요.

그의 엄격함은 사절단을 이끌고 간 일본 땅에서도 고스란히 드러났어요. 일본에 머무르던 중 왜인들이 법도에 어긋난 일을 자주 저지르자, 조선 사신의 체통을 강조하며 왜인들의 무례함을 단호하게 꾸짖었어요. 정사인 황윤길이 "오랑캐와는 겨룰 필요가 없으며, 자그마한 예절은 다툴 것이 못 된다"라고 하면서 김성일의 강직한 행동을 막았으나, 그는 "나라의 위신을 높여야 한다"고 주장하며 끝까지 왜인의 잘잘못을 따졌다고 해요. 어찌 보면 앞뒤가 꽉 막힌 선비였고, 다른 면에서 보면 자기가 해야 할 일에 최선을 다한 올곧은 관리였지요.

일본 정세를 보는 눈이 달랐던 이유는?

두 사람이 일본 정세를 보는 눈은 왜 각기 달랐을까요? 역사학자들은 조선 정치의 최대 문제점이라 할 수 있는 '붕당정치'에서 그 답을 찾아요.

15세기 후반부터 시작된 훈구와 사림의 대결에서 훈구가 승리하는 듯했지만, 최종 승리는 사림에게 돌아갔어요. 사림은 16세기 후반 중앙 정계에서 훈구 세력을 몰아내고 나랏일을 이끌어 갔어요. 이른바 사림 세상이 된 거지요. 그러나 사림은 집권 초기부터 서로 뜻이 같은 사람끼리 당을 만들어 대립하기 시작했어요. 물론 붕당정치가 상대 당의 잘잘못을 따지고 서로를 견제하며 조선 정치를 활성화시킨다는 장점도 분명

순무어사
지방에서 가뭄이나 홍수 같은 재해가 일어났을 때 두루 돌아다니며 백성의 어려움을 해결했던 특사.

고주망태
술에 몹시 취하여 정신을 가누지 못하는 상태. 또는 그런 사람.

있어요. 하지만 상대 당의 잘못을 빌미 삼아 자기 당의 이익만 극대화하는 쪽으로 흐르기도 했으니, 황윤길과 김성일의 정반대 보고는 붕당정치의 이러한 폐해 때문이었어요. 황윤길은 서인이고 김성일은 동인이니, 역사학자들의 이러한 주장은 일견 맞는 말이지요.

그러나 말이에요, 이게 두 사람의 견해차가 발생한 모든 원인은 아니에요. 임진왜란을 극복하는 데 큰 공을 세운 유성룡이 종전 후 전쟁 원인과 경위를 돌이켜보고 반성하고자 저술한 『징비록』에 다음과 같은 이야기가 나와요.

제가 어찌 왜적이 쳐들어오지 않으리라고 꼭 집어 말할 수 있겠습니까? 단지 저는 온 나라가 놀라고 두려워하며 민심이 흉흉해질까 봐 그렇게 말했습니다.

이 말은 김성일이 임금 앞에서 사절단 보고를 마치고 궁궐을 빠져나오며 유성룡에게 했다는 이야기예요. 유성룡 또한 동인이기에, 김성일을 변호하기 위해 이런 기록을 남겼을 수도 있지만, 실제로 김성일은 백성의 삶을 먼저 생각했고 자기 말에 책임을 다하려 했던 심지가 굳은 관리였어요. 따라서 유성룡의 변명이 자기 당의 입장만 반영한 얼토당토 않은 소리라고는 할 수 없어요.

왜란이 일어나자, 선조는 김성일을 크게 책망하며 경상우도 병마절도사로 근무하고 있던 그를 감옥에 가두라고 했어요. 이 일은 김성일의 진심을 알고 있던 유성룡의 간청으로 무마되었고, 김성일은 잘못된 판단을 만회하기 위하여 전쟁터를 돌아다니며 의병을 모으고 민심을 수습하는 일에 최선을 다했어요. 그러다가 왜군이 진주성을 치러 온다는 소식을 듣고는 진주로 가서 싸움을 준비하다가 병이 들어 죽고 말았어요.

물론 김성일의 잘못된 견해 때문에 전쟁 준비를 소홀히 하다가 왜군에게 호되게 당했으니 그에게 면죄부를 주어 전적으로 잘했다고 칭찬해 줄 수는 없어요. 하지만 김성일의 나라 사랑 정신을 깎아내릴 필요 또한 없어요. 그는 자신의 처지에서 최선을 다해 나라와 백성을 위했던 진정한 학자이자 관리였거든요.

조선 성리학의
큰 별들

이황
vs
조식

	1501~1570 **이황**	**조식** 1501~1572	
70	**정치력**		**30**
	중앙 정계에서 활동한 기간은 짧았지만, 말과 행동 하나하나가 당대 정치에 영향을 주었다.	평생을 처사로 살았기에 정치적 영향력은 거의 없었다.	
100	**지력**		**90**
	주리 철학을 완성한 조선 최고의 성리학자였다.	의리와 지조를 중시 여긴 조선의 대표 성리학자였다.	
90	**인품**		**70**
	말과 행동이 일치할 정도로 바른 삶을 살았으며, 매우 자상하여 선비들의 귀감이 되는 인물이었다.	주관이 뚜렷했으며, 평생 불의와 타협하지 않고 올곧게 살았다.	

1501년, 영남 땅에서는 앞서거니 뒤서거니 하며 걸출한 학자 두 명이 탄생했어요. 안동 출신 퇴계 이황과 합천 출신 남명 조식이 바로 그들이지요. 두 사람은 분명 매우 뛰어난 성리학자였어요. 하지만 학문적 경향은 매우 달라, 이황은 성리학 이론을 정교히 하여 개인 수양을 쌓는 공부를 중시한 반면 조식은 자신이 공부한 내용을 실천하는 삶에 더 비중을 두었어요.

맞수 열전 스무 번째 시간에는 동갑내기 학자로 자신의 길을 꾸준히 걸어갔던 이황과 조식을 초대하여 그들의 학문 세계를 재조명해 봐요.

같은 해에 태어난 두 학자

예로부터 추풍령과 죽령을 잇는 고개의 남쪽 땅을 영남 지방이라 했어요. 오늘날의 경상도를 말하지요. 이 지역은 서울에서 내려다보는 것을 기준으로 낙동강 오른쪽을 경상좌도, 왼쪽을 경상우도라고 해요.

지금으로부터 500여 년 전인 1501년에 경상 좌도와 우도에서 조선 최고의 성리학자로 이름을 떨친 걸출한 학자가 각기 태어났어요. 바로 퇴계 이황과 남명 조식이지요. 둘은 성리 철학을 깊게 연구한 조선의 대표적인 성리학자예요. 하지만 공부 방법과 세상을 대하는 법은 제각각이었어요. 이황은 관직 생활을 하면서도 학문 연마에 최선을 다하여 조선 최고의 성리학자로 자리매김했어요. 반면에 조식은 한평생 벼슬을 하지 않고 오직 공부만을 하면서 절의 정신을 학문의 목표로 삼아 정진한 선비 중의 선비였어요.

절의 節義
절개와 의리.

주리 철학을 집대성한 퇴계 이황

어린이들이 즐겨 부르는 노래 중에 〈한국을 빛낸 100명의 위인들〉이 있지요. 이 노래에 서른여섯 번째로 등장하는 인물이 누굴까요? 퇴계 이황이에요. 노래를 들어 보면, '주리 이퇴계'라고 하고 있어요. 왜 그럴까요? 이황이 조선 성리학의 큰 줄기인 주리설을 집대성했기 때문이에요.

주리설이 뭐냐고요? 이 학설을 알기 위해서는 성리학을 먼저 이해해야 해요. 성리 철학은 중국 송나라 유학자 주희가 예로부터 전해 내려온 유교 경전을 자기 식대로 해석하여 체계화시킨 학문이에요. 이 철학 사상을 성리학性理學이라고 하는 이유는 인간 본연의 심성心性과 의리義理를 탐구하는 데 주력했기 때문이에요. 또한 주희가 공자나 맹자에 버금갈 정도의 학자란 의미에서 '주자'라 했기 때문에 '주자가 체계화한 학문'이란 뜻에서 성리학을 '주자학'이라 부르기도 해요.

성리학이 우리나라에 들어온 것은 고려 후기로, 유학자 안향에 의해서였어요. 이후 성리학은 젊은 지식인 위주로 자리 잡아 가며 학문의 폭을 넓혀 갔고, 조선 시대로 접어들어서는 나라를 이끄는 기본 이념으로 위상을 확고히 했어요. 조선은 이른바 성리학이 지배하는 사회였죠. 특히 이황과 조식이 살았던 16세기는 성리학이 철학적으로 한층 풍성해지며 발전에 발전을 거듭하던 시기로 그 중심에 퇴계 이황이 있었어요.

경상북도 안동 땅에서 1501년에 출생한 이황은 열두 살에 유학의 핵심 경전이라고 할 수 있는 『논어』를 공부하며 성리학의 세계에 흠뻑 빠져들었어요. 그 후 열심히 공부하여 40세 중반에는 주자의 성리 철학을 한층 발전시켜 주리 철학을 완성시켰어요.

성리학을 집대성한 주자는 "만물은 태어나고 성장하는 근원이 되는 이理와 각 사물의 고유한 특질을 가지게 하는 기氣의 작용으로 이루어졌다"고 주장했어요. 이를 '이기이원론理氣二元論'이라 하지요. 그런데 이황은 이러한 주자의 주장에서 한 걸음 더 나아가 "만물의 근원에는 이理가 있고, 기氣는 이理에 편승하여 작동한다"라고 하며, 기보다 이의 역할을 중시하는 철학 체계를 완성했어요. 이를 '주리설'이라 하며, 이황의 제자들에 의해 한층 발전되어 조선 성리 철학의 큰 학맥을 형성했어요.

이황은 학문을 연구하는 틈틈이 자신의 뜻을 펼치기 위해 관직에 나가기도 했는데, 이름이 어느 정도 알려진 40대 이후로는 왕이 불러도 조정에 나가기를 한사코 거부했어요. 그 이유는 학문 탐구에 정진하기 위해서였다고 해요. 왕이 내린 벼슬을 72번이나 거절했다고 하니, 공부를 향한 열정이 어느 정도인지를 능히 짐작할 수 있어요. 어찌 보면 이황은 공붓벌레에 책벌레였어요. 또한 60세에 지은 도산 서당에 기거하며 말년에는 제자 양성에 전심전력을 다해 유성룡·김성일·기대승 같은 대학자들을 길러 낸 명선생이기도 했어요.

이런 그가 70세에 죽음을 맞이했는데, 세상을 떠나는 마지막 순간도 참으로 고결한 학자다웠어요. 병든 몸으로 자리에 누워 있던 선생은 생이 다했음을 느끼고 제자들의 부축을 받아 간신히 자리에서 일어나 단정히 앉았어요. 마침 옆에는 평소 아끼던 매화 화분이 하나 놓여 있었는데, 그는 매화를 지그시 바라보며 "저 화분에 물을 주어라" 하고는 세상을 떠났다고 해요. 고매한 삶을 살았던 학자다운 최후라고 할 수 있지요.

퇴계 이황의 학문은 당대뿐 아니라 조선 시대 내내 많은 선비들에게 영향을 주며 이른바 퇴계학파라는 큰 학맥을 형성했으며, 지금도 국내뿐 아니라 세계 곳곳에서 심도 깊게 연구되고 있어요.

평생 처사로 산 실천적 지식인 남명 조식

성리 철학이 전성기를 누리던 16세기에 영남좌도에 퇴계 이황이 있었다면, 영남우도에는 남명 조식이 있었어요. 그는 인간의 심성과 함께 성리 철학의 핵심 주제인 의리를 평생 동안 탐구하고 당대의 사회 모순과 정치 현실을 적극적으로 비판하며 처사의 길을 걸어갔던 선비 중의 선비였어요.

물론 그도 젊은 시절에는 벼슬살이에 뜻을 두었어요. 하지만 그가 과거 준비에 한창이던 16세기 전반은 조선 전체가 사화의 소용돌이 속에 지극히 혼란했던 시절이었어요. 피비린내 나는 사화 속에 젊은 개혁파 학자들이 억울하게 죽어 나가는 것을 지켜본 그는 일찌감치 관리의 길을 포기하고 지리산 자락인 진주 덕산에 공부방인 '산천재'를 짓고 이곳에서 학문만 매진하며 죽을 때까지 처사로서 의연한 삶을 살았어요.

조식 또한 이황만큼 학문적 명성이 높았기에 나라에서는 그의 경륜을 높이 사서 여러 차례 관직을 권했어요. 하지만 그는 한사코 거부하며 죽을 때까지 공부에만 열중했어요. 이황은 처음에는 거절하다가도 자꾸 권하면 왕의 명에 복종하여 관직에 종사하고는 했는데, 조식은 이와는 또 다른 삶을 살았지요.

제자를 가르치는 데 있어서도 조식과 이황은 비교가 되었어요. 이황이 성리학 이론을 바탕으로 개인 수양을 쌓는 공부에 비중을 두었다면, 조식은 이론보다는 사회적 실천을 더 중시하여 제자들에게도 실천적 삶을 강조했어요.

어느 날이었어요. 조식의 제자들이 방 안에서 공부를 하다가 토론을 벌였어요. "내 말이 맞다", "아니다, 내 말이 맞다" 하면서 서로 언성을 높이고 있는데, 갑자기 문이 열리며 빗자루 하나가 날아들어 왔어요. 깜짝 놀라 밖을 내다보니, 스승이 마당 한가운데 뒷짐을 지고 서 있었어요.

"방구석에서 이론만 가지고 싸우느니, 어서 나와 마당이나 쓸어라."

제자들이 어리둥절해 하며 바라보자, 조식이 재차 말했어요.

"사람 구실 제대로 하려고 공부하는 놈들이 책 속의 글귀만 앵무새처

처사 處士
벼슬을 하지 아니하고 초야에 묻혀 살던 선비.

사화
'사림士林이 당한 화'를 줄인 말로 기득권 세력이었던 훈구파와 중앙 정계에 조금씩 발을 담그며 새로운 정치를 주장했던 사림파 간의 갈등 속에 벌어졌던 정치적 싸움을 뜻한다. 무오사화[1498] 갑자사화[1504] 기묘사화[1519] 을사사화[1545]가 있다.

종사 從事
어떤 일에 마음과 힘을 다함.

언성 言聲
말하는 목소리.

럼 외우며 떠들고 있느냐? 차라리 빗자루를 들고 마
당을 쓰는 것이 더 의미 있겠다.”

그때서야 제자들은 스승이 이론보다 실천이 중요
하다는 것을 강조하기 위해 빗자루를 던졌음을 알고
숙연해졌어요.

이처럼 남명 조식은 학문이 이론에만 그치는 것을
지극히 경계하며 배운 것의 실천을 강조했어요. 조식
의 이러한 가르침은 임진왜란이 일어났을 때 큰 힘을
발휘했어요. 제자 정인홍과 곽재우는 왜군이 쳐들어오자 의병장이 되어
바람 앞에 촛불이 된 조선 땅을 지키는 데 앞장섰어요.

으뜸 중의 으뜸 공붓벌레들

조식과 이황. 둘은 칠십 평생을 영남 땅에서 함께 살면서도 서로 맞대
면하지는 않았어요. 단지 오가는 사람들을 통해 편지를 주고받았을 뿐
이죠. 그러면서 한 사람은 잦은 벼슬길에도 학문 연마에 최선을 다하여
대학자로 우뚝 섰으며, 또 다른 사람은 절개와 지조를 지키며 의리 정신
에 충만한 실천적 지식인으로 한평생을 보냈어요. 두 사람의 삶 중 어느
삶이 학자로서 더 올바른지는 쉽게 판단할 수 없어요. 다만 이황은 대학
자로 현재까지 회자되고 있으며, 조식 또한 실천적 지식인의 표본으로
세상에 자신의 이름을 뚜렷이 남겼어요.

퇴계 이황과 남명 조식. 두 사람은 같은 해에 태어
나 70여 년 동안 학문 탐구에 최선을 다했던 당대의
맞수임에 틀림없어요.

신하의 나라
왕의 나라

조광조
vs
중종

	1482~1519 **조광조**	**중종** 1488~1544	
60		**정치력**	50
	자신을 지지하는 사림 세력을 등에 업고 뚝심 있게 개혁 정치를 펼쳤다. 그러나 너무 과격하여 반대파의 반격을 받아 개혁에 실패하고 말았다.	사림파와 훈구파 사이에서 자주 우왕좌왕해서 국가의 미래상을 확실하게 제시하지 못했다.	
90		**지력**	50
	율곡 이이에 의해 동방사현 중 한 사람으로 추앙받을 정도로 학문에서 발군의 실력을 발휘했다.	특별할 정도로 지력이 출중하지는 못했다.	
70		**인품**	50
	올곧고 강직한 성품이었으나. 너무 강하여 반대파 또한 많았다.	주관이 뚜렷하지 않았기에 신하의 말에 끌려다니는 경우가 빈번했다.	

화려한 등장. 초고속 승진. 그러나 관직에 오른 지 4년 만에 사약을 받고 최후를 마쳐야 했던 조광조. 철두철미한 성리학자 조광조를 발탁하여 고속 승진시키며 그와 함께 이상적 왕도 정치를 구현하고자 했지만 인연을 맺은 지 4년 만에 조광조를 죽여야 했던 중종. 그들은 어떤 사연이 있었기에 좋은 인연으로 만나 악연으로 끝을 맺게 되었을까요?

맞수 열전 스물한 번째 시간에는 유교적 이상 국가를 만들기 위하여 손잡고 개혁에 나섰던 중종과 조광조를 초대하여 그들의 짧지만 굵은 인연에 대해 이야기해 봐요.

연산군을 쫓아내고 왕이 된 중종

1506년 음력 9월 2일 연산군이 왕 자리에서 쫓겨나고 진성대군이 왕위를 잇는 사건이 발생했어요. 이 사람은 연산군의 이복동생이었는데, 왕의 횡포에 염증이 난 관료들이 난데없이 추대하여 팔자에 없던 왕이 되었어요. 이 사건을 '중종반정'이라 하는데, 왕이 된 진성대군의 묘호가 '중종'이기 때문이에요.

쿠데타라고 할 수 있는 반정이 발생한 이유는 연산군이 무오사화와 갑자사화를 일으켜서 많은 선비들을 희생시켰고, 국가 최고의 학교인 성균관을 폐지하여 연회 장소로 이용하였으며, 사대부 부녀자를 농락하는 등 사치스럽고 방탕한 생활이 도를 넘었기 때문이에요.

중종의 신임 속에 개혁에 나서는 조광조

새로 왕이 된 중종은 연산군 시대의 잘못된 정치를 개혁하는 일에 적극적으로 나섰어요. 두 차례 사화로 억울하게 죽은 사람들의 원한을 풀어 줌과 동시에 연산군이 폐지했던 성균관을 공부하는 장소로 다시 만들었어요. 여기에 왕권이 안정을 찾아 가던 시기인 1515년에는 사림파의 미래 조광조를 발탁하여 그를 개혁의 선봉장으로 삼아 조선을 이상적 유교 국가로 탈바꿈시키려 했어요.

조광조가 누구냐고요? 그는 서울 출신으로 17세에 사림의 정통 학맥을 이어받은 김굉필의 제자가 되어 학문을 전수받았어요. 김굉필은 무오사화에 연루되어 평안도 희천에 귀양 가 있었는데, 때마침 조광조 아버지가 평안도 어천 땅에서 관리 생활을 하고 있어서 조광조는 그로부터 2년간 성리학 공부를 할 수 있었어요. 이후 조광조는 과거를 위한 공부보다는 성리학의 근본을 파헤치는 공부에 몰두했으며, 20세 중반에 이미 성리학에 달통했다는 소문이 돌아 제자 되기를 원하는 사람들이 이곳저곳에 많았다고 해요.

이처럼 조광조는 관계에 진출하기 전부터 학자로 세상에 이름을 알렸는데, 1515년에 임시 과거라 할 수 있는 알성시 별시에 급제하여 성균관 전적을 시작으로 관직 생활을 시작했어요. 성균관 전적은 정6품 벼슬로, 처음 관리가 된 사람이 정6품부터 시작했다는 것은 조선 역사상 유래가 없을 정도로 파격적인 대우였지요. 보통 종9품부터 관직을 시작했거든요. 또한 그는 사헌부 감찰을 거쳐 3년 만에 사헌부 대사헌이 되었는데, 과거에 급제하여 당상관이 되려면 최소 10년이 걸렸다고 하니, 조광조의 초고속 승진은 가히 혀를 내두를 정도예요.

이러한 조광조를 선두에 내세워 사림파가 펼치고자 했던 정치는 '도학정치道學政治'였어요. 도학정치가 뭐냐고요? 덕德과 예禮로 나라를 다

사헌부 대사헌
사헌부는 관리의 부정과 비리를 감시·감독하는 기구로 대사헌은 사헌부의 장관이기에 현재 우리나라 직제상 검찰총장이나 감사원장에 해당한다. 종2품 벼슬자리였다.

당상관
정3품 이상의 관직을 가진 고위 관리를 말한다.

스리는 유학의 이상 정치인 왕도王道를 현실에서 실현하자는 것이지요. 즉, 백성의 입장에서 바르고 깨끗한 정치를 하자는 얘기예요.

조광조는 중종의 적극적인 후원하에 도학정치를 구현하기 위해 지지 세력을 확보하는 방안으로 관리 추천 제도인 현량과를 실시하였으며, 성리학적 생활 규범을 적어 놓은 소학과 향약 보급에 적극적으로 나서서 조선을 유교적 이상 사회로 변모시키려 했어요.

중종의 배신 속에 추락한 도학정치

하지만 조광조와 그 일행이 추진했던 개혁은 실패로 끝났어요. 이상만 앞세우며 개혁을 추진하다 보니, 중종이 임금이 되는 데 앞장선 반정 공신들과 사사건건 대립했으며, 심지어는 자신들의 후원자인 중종과도 대립하는 경우가 종종 발생했어요.

1518년이었어요. 사림들은 도교 행사를 주관하는 관청인 소격서를 미신 타파라는 명분을 내세워 폐지하려 했어요. 이때 중종은 "세종과 성종처럼 훌륭하신 임금들도 폐지하지 않은 기구를 내가 없앨 수는 없다"라면서 절대 해체하지 않겠다고 선언했어요. 그럼에도 조광조와 사림세력은 집단 상소로 중종을 압박하여 끝내 소격서를 폐지시켜 버렸어요. 여기에 사림 세력이 중종의 속을 빡빡 긁는 사건을 하나 더 터트렸으니, 바로 '위훈 삭제 사건'이에요.

1519년이었어요. 조광조를 비롯한 사림들은 중종반정 이후 공신 반열에 든 사람 중 다수가 공이 없음에도 불구하고 공신이 되었다며, 전체 공신의 4분의 3에 해당하는 76명을 공신 대열에서 탈락시키려 했어요. 중종은 어이가 없었어요. 참으로 기함할 노릇이었지요. 그러나 조광조를 비롯한 사림파는 왕의 체면은 안중에도 없이 명분만을 앞세워 자기들 뜻대로 위훈을 삭제하려 했어요. 이러한 사림의 급진적인 개혁은 중

현량과
조선 중종 때 학문과 덕행이 뛰어난 인재를 추천을 통해 관리로 선발한 제도. 조광조의 건의로 시행하였는데, 이 제도를 통해 많은 사람들이 중앙 정계에 진출하였다. 기묘사화로 조광조가 유배되면서 현량과도 폐지되었다.

소학
성리학을 집대성한 송나라 학자 주자의 지시에 따라 그의 제자가 8세 안팎 아동에게 유학의 기본 소양을 가르치기 위해 편찬한 책. 유교 교육의 입문서로 조선 시대 사람들이 중시했다.

향약
향촌의 자치 공동체로 사림은 이 조직을 활성화하여 향촌에 유교 윤리를 보급하려 했다.

공신 功臣
국가나 왕실을 위해 공을 세운 사람에게 주던 칭호 또는 그 칭호를 받은 사람.

기함 氣陷
갑작스레 몹시 놀라거나 아파 소리를 지르면서 넋을 잃음.

위훈 僞勳
공을 가짜로 조작하여 공신 칭호를 받음.

종만 자극한 것이 아니었어요. 훈구파 또한 분노하게 했지요. 참다못한 훈구파가 드디어 사림 제거 작전에 나섰어요.

홍경주·남곤을 비롯한 훈구 대신은 "조광조 일파가 붕당을 만들어 조정을 문란하게 했다"고 주장하며 이들을 죽이자고 탄핵했어요. 중종은 즉시 조광조를 비롯한 김정·김구·김식 등 사림 세력을 감옥에 가두어 죽이려 했어요. 사림들과 함께 개혁에 나섰던 영의정 정광필이 적극적으로 나서서 그들을 변호했기에 중종은 자신의 뜻을 일시나마 접었지만, 먼 곳으로 귀양을 보냈다가 결국에는 사약을 내려 대부분의 유배자를 죽여 버렸어요. 이 사건을 '기묘사화'라 해요. 조광조는 전라남도 화순군에 있는 능주로 귀양을 갔는데, 자신을 총애했던 중종이 사약을 보내오자, 그 약을 받아 마시면서 절명시를 한 수 남겼어요.

탄핵 彈劾
죄상을 들어서 책임을 물음.

절명시
죽으면서 지은 시.

임금을 아버지같이 사랑했고
나랏일을 내 집 일같이 걱정했노라.

밝고 밝은 햇빛이 세상을 내려다보니
거짓 없는 이 마음을 훤히 비추리라.

마지막까지 자신의 개혁이 나라를 위한 일이었음을 강조한 시이지요.
한편 조광조의 학문을 이어받아 조선의 성리학을 한층 발전시킨 율곡 이이1536~1584는 개혁을 완수하지 못하고 죽어 간 조광조를 다음과 같이 평가했어요.

오직 한 가지 애석한 것은 조광조가 출세한 것이 너무 일러 경세치용의 학문이 아직 크게 이루어지지 않았고 같이 일하는 사람 중에는 충성스러운 사람도 많았으나, 이름나기를 좋아하는 자도 섞이어서 의논하는 것이 너무 날카롭고 일하는 것도 과격하기만 했다. 또한 임금의 마음을 바로잡는 것으로 기본을 삼지 않고 명분만 앞세웠으니, 간사한 무리가 이를 갈며 기회를 엿보고 있다가 어진 사람들을 한 그물에 잡아넣어 죽이고 말았다.

조광조의 개혁이 실패한 이유를 학문이 완전히 성숙하지 않은 상태에서 이상만을 좇아 급진적 개혁을 추진한 데서 찾고 있지요.
조광조와 중종. 그들은 한때 개혁의 동반자로 조선을 이상적 유교 국가로 만들기 위해 서로 힘을 모았어요. 하지만, 왕의 입장에서는 도학정치를 한다며 왕권을 능멸하는 조광조 일당을 그냥 둘 수 없었어요. 결국 죄를 뒤집어씌워 황천길로 보내고 말았지요.
역사에 가정은 없지만, '만약에'라는 단서를 달아 중종에게 묻고 싶어요. 중종 임금이시여! 조광조를 주축으로 한 사림 세력과 힘을 합쳐 조선을 유교적 이상 국가로 만들고 싶은 생각이 정녕 없으셨나요? 하늘나라에 계신 중종은 뭐라고 답변할까요? 그게 무척 궁금해요.

왕권 수호를 위한 변명

김종서 vs 세조

1383~1453 김종서　세조 1417~1468

김종서		세조
50	정치력	90
세조의 왕위 찬탈을 사전에 막을 수 있는 위치에 있으면서도 충분히 대비하지 못했다.		담력이 크고, 상황 판단을 잘했다.
80	지력	60
문무를 겸비했다고 자타가 인정했다.		학문 연마에 큰 뜻은 없었으나, 임기응변에 능했다.
70	인품	30
올곧고 강직한 성품이었으나, 너무 강하여 반대파 또한 많았다.		반대 세력에게는 가문의 숨통을 끊어 놓을 정도로 냉혹했지만, 자신을 따르는 자들은 한없이 우대했다.

왕이 죽으면 그 사람의 업적을 바탕으로 근사한 이름을 지어 줘요. 이 이름을 '묘호'
라고 하지요. 왕실 사당인 종묘에서 사용하는 이름으로, 태조·태종·세종 따위가
묘호예요. 그런데 묘호에서 '조祖'는 나라를 세우거나, 그에 버금가는 공을 세운
특별한 임금에게만 붙여 주고, 대부분 계승자란 의미를 가진 '종宗'을 사용해요.
조선 제7대 임금 세조가 죽은 직후 신하들은 신종·예종·성종 중에서 하나를 묘호로
선택하려 했어요. 하지만 새 왕이 된 세조의 아들 예종이 극구 '조'를 고집하여
'세조'가 되었어요. 과연 세조는 어떠한 일을 했기에 나라를 만든 임금에게나
주어지는 특별한 이름자인 '조'를 부여받았을까요?
맞수 열전 스물두 번째 시간, 조선을 재창업했다고 해서 '조'를 부여받은 세조와 그
반대편에서 투쟁하다가 비참하게 살해된 김종서를 초대하여 당시 상황을 재조명해 봐요.

문무를 겸비한 김종서 장군

김종서 하면, 가장 먼저 떠오르는 것이 두만강변 6진이에요. 6진이
뭐냐고요? '진鎭'은 군사적으로 중요한 지역에 설치한 조선 시대 군사행
정구역으로, 6진은 두만강 하류에 설치한 여섯 개 진을 말해요. 이 땅에
는 본래 여진족이 살고 있었는데, 세종이 김종서를 보내 조선 땅으로 만
들어 북쪽 경계가 두만강에 이르게 되었어요. 여기에 김종서 하면 하나
더 생각나는 것이 『고려사절요』예요. 세종 뒤를 이어 임금이 된 문종 대
에 김종서는 고려사를 날짜별로 정리한 『고려사절요』를 주도적으로 편
찬했어요. 이처럼 문무 양 방면에서 다양한 활동을 하며 고위 관직에 있
던 그에게 참혹한 시련이 닥쳐 왔으니, 그 발단은 문종의 죽음이었어요.

온성
경원
종성
회령
경흥
부령
6진

왕실의 권위가 쪼그라들다

세종의 첫째 아들 문종은 어릴 때부터 몸이 약했어요. 그래서 아버지 세종도 자신의 뒤를 이어 임금이 될 큰아들의 병약함을 무척 걱정했어요. 그런 문종이 임금이 된 지 3년 만에 덜컥 죽게 되었어요. 문종은 죽음을 눈앞에 두고 영의정 황보인과 좌의정 김종서를 비롯한 몇몇 신하를 불러 놓고 세자를 부탁하는 유언을 남겼어요.

"내 경들에게 어린 세자를 간절히 부탁하노니, 부디 저버리지 말고 힘써 보호해 주시오."

이때 세자 나이 열두 살이었어요. 요즘으로 치면 '초딩'인데, 어찌 나랏일 전체를 감당할 수 있겠어요. 당연히 나랏일은 황보인과 김종서 중심으로 움직였고 왕실의 권위는 알게 모르게 조금씩 땅으로 떨어졌어요.

단종의 첫째 작은아버지인 수양대군은 이러한 정치 현실에 내심 불만이 많았어요. 왕실 친척인 종친宗親의 힘이 대신들 때문에 자꾸 쪼그라들어 간다고 생각했거든요.

세종의 둘째 아들로 태어난 수양은 책보다는 밖으로 나돌며 사람 사귀기를 좋아했고, 성질이 무척 급했어요. 그래서인지 세종은 수양의 호방한 기질을 인정하면서도 성급한 성미를 고쳐 주기 위해 이름까지 바꿔 주었어요. 원래 이름이 진양이었는데, 몸과 마음을 더 진중하게 하라는 의미에서 '수양'으로 교체했대요.

쿠데타를 일으킨 수양대군

수양대군은 종친을 왕따시키는 대신들을 제거하여 왕실의 권위를 되찾고자 했어요. 그래서 심복 한명회 등과 짜고 김종서와 황보인 등을 제거하는 쿠데타를 일으켰어요. 이를 '계유정난'이라 해요. 계유년1453에 발생한 정치적 변동이라는 뜻이지요.

　수양이 생각하기에 쿠데타 성공의 핵심은 김종서의 살해 여부였어요. 지략과 무술 실력이 탁월한 그를 제거하지 않고서는 자신의 뜻을 절대 펼칠 수가 없을 것 같았어요. 이런 생각이 있었기에 수양은 심복들과 함께 우선적으로 김종서 부자를 죽이고 영의정 황보인마저 살해했어요. 그러고는 자신이 영의정이 되어 나랏일을 좌우하다가, 결국 조카 단종으로부터 반강제로 왕위를 빼앗아 조선 제7대 임금으로 등극했어요. 1455년으로 단종이 왕위에 오른 지 3년 되던 해였어요.

사육신과 생육신의 단종 복위 운동

　왕이 된 세조는 단종을 상왕으로 추대하고, 자신의 동생 집인 금성대군의 집에서 살게 했어요. 하지만 말이 좋아 상왕이지, 단종의 거처에는 군사 10여 명이 항시 붙어 감시했어요. 자유라고는 전혀 없는 감옥 생활이었지요. 이제 세상은 완전히 세조의 것이 되었어요. 그런데요, 관리들과 백성들 모두가 세조를 왕으로 받들어 모신 것은 절대 아니었어요. 집현전 출신의 젊은 학자들은 성삼문과 박팽년을 중심으로 단종 복위 운동을 비밀리에 전개했어요.

상왕 上王
왕 자리를 후임자에게 물려주고 정치적 고문 역할을 한 전임 왕.

복위 復位
본래 자리로 되돌리는 것.

때마침 기회가 찾아왔어요. 세조가 명나라 사신을 위한 연회에 참석한다는 정보가 입수되었어요. 성삼문은 동지들과 상의하여 연회석에서 세조를 죽이기로 결의했어요. 거사가 성공했다면, 단종은 다시 왕위에 올랐을 거예요. 그러나 안타깝게도 이 거사는 배신자의 밀고로 사전에 발각되고 말았어요. 단종 복위 운동 주동자를 잡아 놓고 보니, 총 여섯 명이었어요. 성삼문·박팽년·하위지·이개·유응부·유성원이었지요.

세조는 이들을 체포하여 처음에는 회유하려 했어요. 하지만 주모자들은 끝까지 굴하지 않았어요. 거사를 주도한 성삼문은 시뻘겋게 달군 인두로 다리를 지지고 팔을 자르는 혹독한 고문 속에서도 세조를 '나으리'라 불렀어요. 박팽년 또한 마찬가지였어요. 세조가 직접 설득에 나섰지만, 전혀 미동이 없었어요. 세조가 화가 나서 크게 소리쳤어요.

"네가 이미 나의 신하임을 자처했고, 내가 준 녹을 먹었으니 비록 네가 지금 나를 업신여겨도 다 소용없는 일이다."

그러자 박팽년이 대답했어요.

"나는 지금까지 나으리를 한 번도 전하로 생각하지 않았으며, 녹도 먹지 않았소."

나중에 실제로 조사해 보니, 박팽년이 충청 감사로 있으면서 조정에 보낸 보고서에는 신하를 뜻하는 '臣신' 자 대신 '巨거' 자가 써 있었으며, 박팽년의 집 창고에는 세조가 정권을 잡은 이후 받은 녹봉이 고스란히 쌓여 있었어요. 한편 세조의 왕위 찬탈에 항의하여 벼슬을 내놓고 은둔하여 살면서 끝까지 단종에게 충성을 맹세한 여섯 선비가 있었으니, 이들을 사육신에 빗대어 생육신이라 해요. 이들의 일편단심 절개는 사육신의 추상같이 곧은 절개와 함께 지금까지도 추앙되며 귀감의 대상이 되고 있지요.

단종의 애절한 죽음

불발로 끝난 단종 복위 운동은 금성대군의 집에 갇혀 있던 단종에게는 오히려 악재로 작용했어요. 이 사건으로 단종은 상왕 자리에서 쫓겨나 노산군으로 강등당했으며, 강원도 영월 땅으로 유배되었어요. '군君'은 왕족에게 붙이는 존칭이에요.

한편 단종이 영월에 있을 때, 금성대군이 비밀리에 단종 복위 운동을 펼쳤어요. 하지만 이 사건도 사전에 발각되어 금성대군은 사약을 받았으며, 단종 또한 연루자로 몰려 살해당했어요. 왕위에서 쫓겨난 지 2년 만인 1457년의 일로 17세였으니, 딱 여러분만 한 나이 때였지요. 강원도 영월에 가면 청령포가 있어요. 바로 이곳에서 지금으로부터 약 550년 전에 단종은 평민으로 강등되어 한 많은 인생을 마쳤어요.

연루자 連累者
함께 일을 도모한 사람.

강원도 영월 청령포의 단종 유배지예요.

한글 창제를 둘러싼
왕과 신하의 갈등

세종
vs
최만리

	1397~1450 세종		최만리 ?~1445	
100		**정치력**		30
	신하들과 함께 모든 일을 논의하며 나랏일을 해 나갔다.		큰 정치력은 발휘하지 못했다.	
100		**지력**		80
	본인 스스로 '경서는 모두 100번씩 읽었고, 딱 한 가지 책만 30번을 읽었으며, 역사서와 기타 다른 책들도 30번씩은 읽었다'고 할 정도로 다양한 분야의 책을 고루 많이 읽었으며, 책 속 내용을 실제 생활에서 실천하려 노력했다.		한글 창제에는 반대했으나, 세종이 실력을 인정한 뛰어난 학자였다.	
100		**인품**		80
	모든 일의 중심에 백성을 두었으며, 백성의 삶의 질을 높여 주기 위한 정책을 많이 폈다.		죽고 난 후에 조선 정부에서 청백리로 인정했을 정도로 품행이 단정했다.	

우리 역사에 등장하는 많은 위인을 놓고 인기투표를 하면 이순신 장군과 1·2위를 다투는 조선의 임금이 있어요. 누굴까요? 세종대왕! 예, 맞습니다. 딩동댕이에요. 이순신이 국난 극복의 영웅으로 우리에게 존경을 받는다면, 세종은 우리 글자인 한글을 창제한 임금으로 영웅이 되었어요. 그런데요, 세종이 한글을 창제할 때 모든 사람이 전부 환영했을까요?

맞수 열전 스물세 번째 시간에는 한글을 만들어 우리나라 사람 모두에게 추앙받는 세종과 그가 한글을 만들 때 선두에 서서 반대했던 학자 최만리를 초대하여 한글 창제 당시의 급박했던 상황을 재조명해 봐요.

왕이 되기 이전의 세종대왕

1418년 6월 3일, 조선 3대 임금 태종이 세자인 양녕대군을 폐위하고 충녕대군을 새 세자로 삼았어요. 태종이 생각하기에 첫째 아들인 양녕은 공부보다 놀기를 좋아해서 왕의 자격이 없었어요. 반면에 셋째 아들 충녕은 이해심이 깊고, 백성을 사랑하는 마음이 양녕과는 비교할 수 없을 정도로 컸어요. 여기에 어려서부터 다양한 책을 많이 읽어 왕이 되면 능히 나라를 잘 다스릴 수 있을 것 같았어요. "충녕은 천성이 총민하고 학문을 좋아하며, 나랏일을 잘 보살필 자질을 충분히 가지고 있다"는 왕의 말에 신하들도 적극 찬동하여 세자 교체는 별다른 잡음 없이 이루어졌어요. 두 달여가 지난 8월에는 태종이 왕위를 물려주어 충녕대군이 조선 제4대 임금으로 등극했어요.

민족 문화를 꽃피우다

세종은 22세에 왕이 된 후 1450년 54세로 세상을 떠날 때까지 32년 동안 나라를 다스리며 찬란한 문화를 꽃피웠어요. 학문을 연구하고 토론하는 집현전을 만들어 인재를 길러 내 유교 정치의 기반이 되는 의례와 제도를 정비하였으며, 다양하고 방대한 편찬 사업을 벌였어요. 고려 역사를 체계적으로 정리한 『고려사』, 농업기술서적 『농사직설』, 천문역법서 『칠정산』, 의학서적 『의방유취』·『향약집성방』, 화포 주조 및 사용법을 서술한 『총통등록』이 세종 시대에 발간된 대표적인 책이에요. 이러한 책들을 만드는 과정에서 인쇄술 또한 획기적으로 발전하여 1434년에 만든 갑인자甲寅字는 활자체가 맵시 있고 보기 좋아서 이후 주조된 조선의 활자는 모두 갑인자에 기준을 두고 만들어졌어요.

또 북방 개척에 지대한 관심을 가져 최윤덕과 김종서에게 4군 6진을 개척하게 해 두만강에서 압록강까지 조선 영토를 확장했어요.

뿐만 아니라 과학기술과 예술 분야에도 관심을 기울여 집권 초기부터 천문학을 연구하는 서운관을 활발하게 운영했으며, 천문관측기구인 혼천의, 해시계앙부일구, 물시계자격루, 측우기 등을 만들어 백성의 실제 생활에 도움을 주었어요. 또한 음악에 조예가 깊은 박연을 등용하여 궁중 음악 아악을 체계적으로 정리하기도 했어요. 이처럼 세종은 정치면 정치, 학문이면 학문, 음악이면 음악 등 다방면에서 자신의 역량을 뽐낸 탁월한 군주였어요.

백성을 사랑하는 마음이 지극한 임금

우리 역사에서 세종만큼 백성을 사랑했던 임금은 눈 씻고 찾아봐도 없을 정도로 세종은 애민정신이 투철했어요. 그는 억울한 사람이 생기지 않도록 항시 노력했으며, 재산 취급을 받던 노비의 처우 개선에도 앞장섰어요. 노비는 인간이기 이전에 소유물로 취급받아 함부로 대해지는 경우가 많았는데, 세종은 주인의 과도한 노비 체벌을 금지했으며, 실수로라도 노비를 죽이면 주인을 반드시 처벌했어요. 관청에 소속된 여자 노비의 경우 아이를 낳으면 100일 동안 휴가를 주었으며, 남편 또한 1개월 정도 휴가를 주어 부인의 수발을 들게 했어요.

훈민정음 창제도 애민정신 때문에 가능했어요. 백성 대다수가 한자를 몰라 억울한 일을 당하고도 그 억울함을 해결하지 못함을 보고 세종은 집현전의 젊은 학자들인 성삼문·신숙주와 함께 연구를 시작하여 백성 모두가 쉽게 배울 수 있는 우리 글자를 만들어 냈어요.

훈민정음 반포에 반대하는 최만리

세종은 한글을 만들 때 이 사실을 비밀에 부쳤어요. 그 이유는 대부분의 신하들이 중국을 큰집으로 생각하고 중국 것이라면 죽고 못 사는 사람들이었기에 그들의 반대가 완강하면 새 글자를 만들지 못할까 봐 염려했기 때문이에요. 아니나 다를까 한자와는 다른 한글이 만들어졌다는 이야기를 전해 듣고 많은 관리들이 반대하고 나섰어요. 특히 집현전의 부제학으로 있던, 세종이 총애하던 학자 최만리가 반대의 선봉에 서서 세종에게 상소를 올렸어요.

"전하! 신 만리 등이 엎드려 생각하옵건대, 언문 제작은 실로 대단한 일입니다. 하오나 언문이 옛 글자를 본받았다고 하지만, 다 옛 중국 것에 어긋나옵니다. 어찌 우리가 받들어 모시는 중국에 부끄러움이 없겠사옵니까? 옛부터 우리나라는 문물·예악을 중국에 비교하였는데 지금 따로 언문을 만들어 중국을 버리고 오랑캐와 같이 되는 것은 문명에 큰 폐단이 아닐 수 없사옵니다. 우리나라는 일찍부터 지성을 다하여 중국을 섬기며 한결같이 중국의 제도와 문물을 따랐는데 이제 언문을 창제

언문 諺文
한글을 낮춰서 부르는 말.

195

하여 한자를 버리려 하시다니 실로 놀라운 일입니다."

1444년 최만리가 주도하여 세종에게 올린 한글 반대 상소예요. 세종은 비판자들을 불러 왜 반대하는지를 물어보았어요.

"한글을 만든 것은 우리 글자를 가지고 백성을 편하게 하려 함인데 무엇이 그리도 못마땅하더냐?"

"언문을 창제함에 있어서 신 등은 결코 처음부터 전하의 어의를 그르침이 없었사옵니다. 하오나 언문을 창제한 이후 지금까지 진행 상황을 보면 점점 의구심만 더해 갈 뿐 의심이 풀리지 않습니다."

"대체 무엇이 그대들을 의심케 한단 말인가?"

"전하, 새로운 제도를 시행하려면 마땅히 여러 대신들과 의논하시어 의견을 들으심이 옳은 줄 아옵니다. 하온데 전하께오서는 지금 널리 의견을 모으지 아니하시고 지체 얕은 관리 10여 명에게 일러, 옛 사람이 앞서 만들어 놓은 글자와 아주 다른 문자를 만드셨사옵니다. 전하! 천하의

중심은 중국이옵고 우리나라 또한 중국의 변방에 있사옵니다. 신 등이 간절히 바라옵건대 부디 제멋대로 글을 가져 오랑캐 무리로 전락해 버린 저 일본이나 여진과 같이 되게 하지 마옵소서."

"제 나라 말을 제 나라 문자로 적는 것이 오랑캐란 말이냐?"

세종은 발끈하며 크게 화를 냈으나, 최만리 등은 끝까지 한글 창제에 반대했어요. 이에 세종은 더 이상 참지 못하고 최만리를 비롯한 한글 창제 반대론자들을 의금부 옥에 가두어 버렸어요.

의금부
조선 시대의 특별 사법 기구.

그런데 왜 최만리는 죽음을 무릅쓰면서까지 한글 창제를 반대했을까요? 그가 생각하기에, 우리 글자를 새로 만드는 것은 오랑캐 국가를 자처하는 멍청한 발상일 뿐이었어요. 이러한 생각은 당시 조선의 정치와 문화를 담당하고 있던 사대부 대다수가 가지고 있던 일반적인 생각이었어요. 따라서 세종의 의지가 조금만 부족했더라도, 한글 창제는 없던 일이 되고 말았을 거예요. 하지만 세종은 한글이 백성의 삶의 질을 높여 줄 수 있다는 확신이 있었기에 자신이 총애하던 만리를 옥에 가두면서까지 한글 보급을 뚝심 있게 실천에 옮겼어요.

얼마 안 가 세종은 반대론자들을 옥에서 모두 꺼내 주었어요. 그들이 반대한 것은 조선의 앞날을 걱정한 충정심 때문이지 개인 욕심을 채우려 한 사사로운 행동이 아님을 알고 있었기 때문이지요. 하지만 한글 반대 상소에 앞장섰던 최만리는 아무래도 못마땅했던지, 벼슬을 버리고 고향 땅으로 내려가 버렸어요. 세종은 그의 능력이 너무 아쉬워 한동안 집현전 부제학 자리를 비워 둔 채 다시 그가 돌아오기를 기다렸어요. 그러나 만리는 끝내 벼슬길에 오르지 않고 고향에서 은둔 생활을 하다가 이듬해에 죽고 말았어요.

세종이 의지를 가지고 이뤄 낸 한글 창제! 세종이 최만리의 말을 듣고 고집을 꺾었다면 어떻게 되었을까요? 여러분은 어떻게 생각하세요?

고려 개혁이냐
조선 개창이냐

정몽주
vs
정도전

1337~1392 정몽주　　**정도전 1342~1398**

정몽주	정치력	정도전
70		**90**

외유내강의 전형적인 정치인이자 학자였으나,
군사력이 없어서 이성계 일파와의 정치 싸움에서 패배하였다.

과감한 결단력의 소유자로 조선 개창의
실질적 주역이었다.

정몽주	지력	정도전
90		**80**

'허투루 내뱉는 말에도 깊은 뜻이 숨어 있었다'라고
평가받을 정도로 성리학에 조예가 깊은 학자였다.

백성을 위한 정치를 해야 한다는 생각이
매우 강했던 '실천력 짱'의 학자였다.

정몽주	인품	정도전
90		**60**

온화하면서도 상대방을 잘 설득했으며,
명분을 중히 여긴 올곧은 사람이었다.

정의감이 강했으나, 자신의 뜻을 달성하기 위해
스승을 탄핵할 정도로 과격한 성품을 지니고 있었다.

정몽주와 정도전. 두 사람은 베스트 프렌드로 이성계가 위화도에서 회군한 이후 서로 힘을 합쳐 나라 살리기에 앞장섰어요. 하지만 죽을 때까지 절친으로 지낸 것은 결코 아니에요. 정몽주는 고려 왕조를 지키기 위해 한 몸 바쳤으며, 정도전은 이와 반대로 새 왕조 개창을 위해 동분서주했으니 둘은 적이 되어 서로 칼날을 겨누게 되지요. 맞수 열전 스물네 번째 시간, 한때는 뜻이 맞아 개혁의 동지로 서로를 이끌어 주었지만, '조선 개국'이라는 선택의 갈림길에서는 결국 적이 되어야 했던 두 사람을 초대하여 그들의 인생행로를 살펴봐요.

절친이었던 포은과 삼봉

포은 정몽주가 쓴 글을 모아 놓은 책 『포은집』에 다음과 같은 문장이 있어요.

정 선생 동으로 가니, 길은 아득한데 철령 관문 높아 나팔소리 가을이라. 군대 안에 있는 손님 중에 누가 제일인가? 달은 밝은데 그 사람 유공루에 기댔더라.

여기서 '정 선생'은 삼봉 정도전이에요. 이성계의 군대에서 함께 지내 다가 다른 곳으로 떠난 정도전을 그리워하는 정몽주의 심정이 알알이 들어 있어요. 한편 정도전이 쓴 글을 모아 놓은 『삼봉집』에도 둘의 애틋 한 심정을 알 수 있는 문장이 보여요.

마음을 같이한 벗이 하늘 한구석에 각각 있는지 때때로 생각이 여기 미치니 저절로 사람을 슬프게 하네. 지란은 불탈수록 향기 더하고 좋은 쇠는 빛이 더 나네. 굳고 곧은 지조 함께 지키며 서로 잊지 말자 길이 맹세하네.

정몽주와 함께 굳고 곧은 지조를 영원히 지키고 싶어 한 정도전의 심정이 잘 나타나 있지요. 이처럼 두 사람은 둘 중 하나가 죽으면, 곧바로 따라 죽을 정도로 서로를 신뢰하며 모든 일을 함께하고자 했던 베스트 프렌드였어요.

하지만 세월이 흘러 이성계가 위화도에서 말 머리를 돌려 쿠데타를 성공시킨 이후, 둘의 인생길은 점차 달라졌어요. 정몽주는 고려 살리기에 적극적으로 나선 반면, 정도전은 새 왕조 개창을 위해 동분서주했어요.

한 스승 밑에서 벗이 되어 어울리다

포은 정몽주는 1337년 경상북도 영천에서 태어났어요. 어릴 때 이름이 몽란夢蘭으로 어머니가 난초 화분을 안고 있다가 떨어뜨리는 태몽을 꾸었기에 '꿈 몽夢'에 '난초 란蘭'을 써서 몽란이라 했대요. 공부를 매우 잘해서 집안의 기대주였는데, 20대 전반에 과거에 세 번 연속 장원을 차지한 후 나라에서 운영하는 학교 성균관에 입학하여 성리학의 대가 목은 이색에게 가르침을 받았어요.

삼봉 정도전은 1342년 경상북도 영주에서 출생했어요. 정몽주에 비해 나이가 다섯 살 어려요. 그럼에도 불구하고 두 사람이 친구 사이가 된 것은 성균관에서 맺은 인연 때문이에요. 정몽주보다 2년 늦게 과거에 합격한 정도전이 성균관에 입학하여 이색의 제자가 되면서 둘은 서로 뜻이 잘 맞아 친구처럼 지냈다고 해요.

두 사람에 대한 스승 이색의 평가는 무척 후했어요. 정몽주에 대해서는 "학문에 있어 어느 누구보다 부지런하고 뛰어나다. 그가 말하는 것은 어떤 말이든지 이치에 맞지 않은 것이 없다"라고 평가했으며, 정도전에 대해서는 "벼슬에 나가면 해야 할 일은 반드시 하고 어떤 일을 당해도 회피할 줄 몰랐으니, 옛날의 군자도 우리 정도전과 같은 사람은 많지 않다"라고 말했어요.

성균관에서 공부를 마친 후에 두 사람은 고려 정부에서 관료 생활을 하면서 30~40대를 보냈어요. 한창 분발하여 공부하던 이 시기는 공민왕이 집권하던 시절로 중국에서는 원나라가 쇠퇴하면서 신흥국가인 명나라가 점차 세력을 확장하고 있었어요. 이러한 중국의 정세 변동 속에 고려 조정은 친원파와 친명파로 나뉘어 서로 대립하고 있었는데, 두 사람은 공민왕의 반원 자주 개혁 정책에 적극 협조하는 친명파 세력으로 나랏일에 참여했어요.

분발 奮發
마음과 힘을 다하여 떨쳐 일어남.

그때 그 시절의 역사 현장 ## 친원파? 친명파?

공민왕이 나라를 다스리던 14세기 후반, 중국에서는 크나큰 정세 변동이 있었다. 원나라가 쇠퇴하여 몽골 고원 지대로 쫓겨나며, 명나라가 중국 전체를 장악하는 대국으로 성장했다. 이 시기 고려 조정은 원에 기대어 나라를 이끌어 갔던 세력과 새로운 대국인 명과 친하게 지내려 한 세력으로 나뉘어져 있었는데, 원과 친하게 지낸 세력을 '친원파', 명과 친하게 지내려 한 세력을 '친명파'라 했다.

공민왕이 살해된 이후 친명파는 기울어 가고……

하지만 공민왕은 1374년, 심복의 배신 속에 세상을 떠났고, 왕을 든든한 배경으로 삼아 친원파와 힘의 균형을 맞추고 있던 친명파 세력은 점차 처지가 옹색하게 되었어요. 공민왕의 뒤를 이어 10세의 나이 어린 임금우왕이 나라를 이끌었는데, 고려 조정의 힘은 이때 급속히 친원파로

문하시중
현재 우리나라 정부 직제로
국무총리.

쏠리며, 모든 권력을 문하시중으로 있던 친원파 거물 이인임이 쥐고 흔들었어요.

이러한 정치 구도를 타개하기 위해 정몽주·정도전을 비롯한 친명파 세력은 '명나라를 멀리하고 원나라와만 친하게 지내는 정책이 고려에게 이득될 게 없다'라는 상소문을 왕에게 올렸어요. 친원파를 견제하기 위한 고육지책이었지요.

하지만 우왕은 친명파의 상소문을 보고 버럭 화를 내며, 친명파 주역 정도전과 정몽주를 귀양 보내 버렸어요. 정도전은 전라남도 나주 땅으로, 정몽주는 경상남도 울산의 울주 땅으로 유배를 떠나야 했어요. 다행히 정몽주는 2년 만에 개경으로 돌아올 수 있었으나, 정도전은 무려 8년여를 유배지에서 힘들게 살아야 했지요.

유배지에서 깊어진 정도전의 백성 사랑

유배는 정도전에게 세상을 새로운 눈으로 바라보게 했어요. 이 기간 동안 그는 농민과 어울리며 지금까지 공부한 성리학 이론만으로는 현실에서 백성의 어려움을 직접 구제할 수 없다고 느꼈어요. 정도전은 머리로만 공부했던 이상주의적 성리학자에서 현실 개혁에 바탕을 둔 실천적 성리학자로 점차 변신해 갔어요.

한편 정도전이 긴 유배생활을 하고 있을 때, 정몽주는 정계에 복귀하여 이성계와 인연을 맺었어요. 성계가 전라도 운봉 땅에서 왜구를 물리칠 때 문관 참모로 참가하여 공을 세웠으며, 동북면 도지휘사로 함경도 땅에서 여진족을 방어하고 있을 때도 역시 문관 참모로 생사고락을 함께 나누었어요.

정도전은 귀양 간 지 8년이 지난 1383년에 유배에서 풀려났어요. 그는 절친 정몽주가 이성계의 참모로 있다는 이야기를 전해 듣고 그를 만나기 위해 함경도 땅 함흥으로 찾아갔어요. 긴 여행 끝에 군막에 도착한 그의 눈에 이성계는 자신의 이상을 실현시켜 줄 최대 적임자로 보였어요. 왜 그런 생각을 하게 되었냐고요? 당시 고려 사회는 왜구와 홍건적의 침입, 오랜 가뭄 등을 겪으면서 황폐화되어 백성의 삶이 말이 아니었어요. 그런데 이성계가 관할하는 함경도 지역은 농민들이 태평성대를 누리고 있었어요. 정도전이 생각하기에 이는 이성계 장군의 능력 때문이었어요. 이러한 인연 속에 정도전은 이성계의 팬이 되었어요.

1388년 최영의 요동 정벌 운동에 반발하여 이성계가 위화도 회군을 단행했어요. 이후 고려 정부에서 친원파 세력은 완전히 몰락해 버렸고, 이성계는 정몽주와 정도전이 이끄는 신진사대부들과 손을 잡고 고려를 완전히 개조하는 개혁에 착수했어요.

그때 그 시절의 역사 현장

요동 정벌 운동?

원·명 교체기의 혼란을 틈타 옛 고구려 영토인 요동 지방을 되찾으려 한 운동. 고려 말 원나라의 세력이 약해지자 공민왕은 쌍성총관부가 관할하던 철령 이북 지역을 점령했는데, 1388년 명나라가 이 지역의 소유권을 주장하며 철령위를 설치하려 했다. 이에 고려는 최영을 중심으로 요동 정벌을 단행했으나, 이성계에 의해 좌절되었다.

썩은 이를 처리하는 데는 두 가지 방법이 있다

이성계를 중심으로 한 정몽주·정도전 등의 개혁파는 먼저 권문세족이 가지고 있던 대토지를 몰수하여 농민에게 골고루 나눠 주는 토지 개혁을 단행했어요. 귀족들은 크게 반대했지만, 정몽주와 정도전은 함께 힘을 합쳐 토지 개혁을 성공리에 완수했어요.

하지만 이 무렵부터 정도전과 정몽주는 개혁의 방법과 속도를 놓고

군막 軍幕
군대 막사.

홍건적
원나라 말기 한족이 일으킨 반란군.

철령
강원도 고산군과 회양군 경계에 있는 고개.

권문세족
고려 후기를 지배했던 귀족 세력으로 친원파 위주로 구성되어 있었다.

다투기 시작해요. 정도전이 생각하기에, 고려 왕조는 썩을 대로 썩어서 아무리 개혁을 단행해도 결코 백성을 위한 건강한 나라가 될 수 없었어요. 그가 생각하기에 썩은 이는 뿌리째 뽑아야 치료가 되듯이 오직 새 나라 개창만이 백성을 진짜로 살릴 수 있는 길이었어요. 반면에 정몽주는 고려 왕조 내에서 점진적 개혁만으로도 백성에게 도움이 되는 세상을 만들 수 있다고 봤어요.

생각이 이처럼 달랐기에 두 사람 사이는 시간이 지날수록 점점 벌어졌어요. 정도전이 주도한 새 왕조 개창 세력은 이성계를 왕으로 만들기 위한 사전 공작으로 우왕을 몰아내고 창왕을 세웠으며, 창왕 또한 퇴장시키고 허수아비 임금으로 공양왕을 다시 세웠어요. 그들이 왕을 몰아낸 명분은 우왕이나 창왕이 고려 왕실의 정통 혈육이 아니라는 것이었어요. 그러나 속내는 고려 왕실을 무력화시켜 이성계 주도의 새 나라를 개창하려는 것이었어요. 또한 자신들이 하는 일에 사사건건 반대하는

나이 많은 신하들, 즉 이색이나 우현보 같은 고위 관리들을 쫓아내기 위한 공작도 함께 펼쳤어요.

정도전 세력의 이러한 움직임에 정몽주도 처음에는 동조했어요. 하지만 스승인 이색을 몰아내는 일까지 벌이자, 결국은 참지 못하고 정도전 세력에 정면으로 대응하기 시작했어요. 첫 대결은 정몽주의 승리로 끝나는 듯했어요. 이색·우현보 등이 왕의 마음을 움직여 정도전을 1391년 9월에 봉화 땅으로 유배 보냈거든요.

수족 手足
손과 발.

벽란도
예성강 하구에 있던 고려의 무역항.

선죽교에서 살해당한 정몽주

그러나 상황은 곧바로 역전되었어요. 고려 조정을 이끌던 정몽주에게도 약점이 하나 있었으니, 그에게는 수족처럼 부릴 수 있는 군사력이 없었어요. 고려 군사력의 대부분은 이성계의 손에 있었어요. 이러한 이유 때문에 정몽주는 이성계를 내치고 싶어도 쉽게 제거할 수가 없었어요.

1392년 3월 어느 날이었어요. 하늘이 고려를 보살피려고 그랬는지 세상에 단 한 번뿐인 절호의 기회가 찾아왔어요. 명나라에서 돌아오는 세자를 마중 나갔던 이성계가 황해도 해주에서 사냥을 하다가 말에서 떨어져 큰 부상을 당했어요. 이 소식을 전해 들은 정몽주는 이성계 세력을 몰살할 수 있는 기회가 찾아왔다고 생각했어요. 그는 심복을 불러 움직임이 불편한 이성계와 멀리 귀양 가 있던 정도전을 살해하라고 명했어요.

계획이 성공했을까요?

아니요. 정몽주의 계획은 한순간에 어그러지고 말았어요. 아버지가 말에서 떨어져 크게 다쳤다는 소식을 전해들은 이성계의 다섯째 아들 이방원이 급히 벽란도로 찾아가서 이성계를 개경 집으로 모셔 왔어요. 이성계 장군이 개경으로 돌아왔다는 소문이 장안에 쫙 퍼지면서 이성계의 지지 세력은 다시 힘을 얻었고, 정몽주의 계획은 일순간 물거품이 되고 말았어요.

정몽주는 하늘이 무너진 것만큼이나 낙심했어요. 집에서 두문불출하다가, 혹시 몰라 병문안을 핑계로 이성계 집을 염탐했어요. 문병을 마치고 나오자, 이방원이 정몽주에게 시를 한 수 들려주었어요.

이런들 어떠하며 저런들 어떠하리.
만수산 드렁칡이 얽혀진들 어떠하리.
우리도 이같이 얽혀서 백년까지 누리리라.

서로 손을 잡고 함께 새 왕조 개창에 앞장서자는 유혹의 시였어요.
정몽주가 이방원을 노려보며 응답했어요.

이 몸이 죽고 죽어 일백 번 고쳐 죽어
백골이 진토되어 넋이라도 있고 없고
임 향한 일편단심이야 가실 줄이 있으랴.

자신은 끝까지 고려 왕조에 충성을 다하겠다는 다짐의 시였어요.
이방원이 생각하기에 정몽주는 도저히 설득할 수 없는 존재였어요. 결국 그는 부하를 보내 선죽교에서 정몽주를 살해했어요. 이때가 1392년 음력 4월 4일이었어요. 정몽주의 나이 56세였고 이방원은 26세의 새파란 젊은이였어요.

그럼 정도전은 어찌 되었을까요? 이성계 일파가 정권을 완전히 잡으면서 유배에서 풀려난 정도전은 개혁의 전도사가 되어 이성계를 왕으로 하는 조선 왕조 개창에 앞장섰어요. 그러나 훗날 정도전의 죽음 또한 정몽주만큼이나 비극적이었어요. 아버지 뒤를 이어 왕이 되고자 했던 이방원과 갈등을 벌이다, 이방원의 추종 세력에 의해 1398년에 무참히 살해되고 말았어요. 그의 나이 57세로, 정몽주가 죽은 지 6년 만에 발생한 일이었지요.

나라를 위한
충성의 끝은?

최영
vs
이성계

	1316~1388 **최영**	**이성계** 1335~1408	
70	**정치력**		90
	문하시중까지 올랐으나, 정치적으로 큰 업적은 남기지 못했다.	과감한 결단력의 소유자로 위화도 회군을 통해 새 왕조 조선의 문을 열었다.	
100	**지력**		100
	매번 선두에서 전투를 지휘할 정도로 용맹했으며, 왜구와 홍건적을 물리치는 데 큰 공을 여러 번 세웠다.	전략·전술에 리더십까지 뛰어나 싸움에 나서면 백전백승이었다.	
90	**인품**		60
	청렴결백한 관리로 백성의 믿음이 두터웠다.	자신을 이끌어 준 최영 장군을 죽였다.	

고려 말로 접어들며 남쪽에는 왜구, 북쪽에는 홍건적의 침입이 부쩍 심해졌어요. 왜구는 일본의 대마도를 거점으로 활동한 해적이고, 홍건적은 만주에서 소란을 피운 중국의 한족 반란군이랍니다. 이들이 고려를 혼란스럽게 만드는 가운데, 외부 적들의 침략을 막아 내며 크게 명성을 떨친 인물이 있으니, 바로 최영과 이성계예요. 둘은 원래 서로를 존중하는 사이였지만, 요동 정벌 문제로 의견이 틀어져 크게 부딪쳤답니다. 맞수 열전 스물다섯 번째 시간, 고려 말 명장 최영과 그를 제거하고 조선 왕조의 문을 연 이성계를 초대하여 그들의 인생길을 따라가 보아요.

고려 말 두 전쟁 영웅

최영과 이성계가 이름을 떨친 시기는 고려 말인 14세기 후반이에요. 이들은 당시 골칫거리였던 왜구와 홍건적을 물리치며 백성의 우러름을 받았어요.

'황금 보기를 돌같이 하라'는 좌우명으로 유명한 최영은 전통 있는 무신 가문 출신이었어요. 그래서 그런지 몰라도 어려서부터 용맹하고 무술을 좋아해 결국 무장으로 출세했어요. 청년 장교 시절, 양광도에 쳐들어온 왜구를 물리치는 데 앞장서 왕을 호위하는 부대의 대원이 되었으며, 1352년에 '조일신의 난'을 진압하는 데 큰 공을 세워 2년 후 서른아홉 살의 나이에 당당히 대장군이 되었어요.

부여 지방에 전설처럼 전해 오는 이야기가 하나 있어요. 최영의 나이 61세 때였어요. 금강을 거슬러 홍산까지 쳐들어온 왜구를 토벌하기 위

양광도
지금의 충청도 일대.

홍산
지금의 충청남도 부여.

해, 그는 군사를 이끌고 적진으로 갔어요. 적은 공격하기가 무척 힘든 지역에 진을 치고 있었어요. 이미 노인이 되어 백발이 성성한 최영이 맨 앞에 나서서 적진으로 뛰어들어 갔어요. 솔선수범해서 적진을 깨트리려 했던 거지요. 결과는요? 적진에서 화살 하나가 날아와 최영 장군 윗입술에 꽂혔어요. 아마 보통 사람 같으면, 그 자리에서 바로 기절했겠지요. 하지만 최영은 남자 중의 상남자였어요. 태연하게 화살을 뽑은 후 마치 아무 일도 없었다는 듯이 싸움을 지휘하여 왜구를 전멸시켰어요. 이때부터 왜구는 "우리가 두려워하는 자는 백발의 최영뿐이다"라고 공공연하게 말하며, 전쟁터에서 그를 만나면 피하기에 급급했다고 해요.

이성계는 함경도 영흥 사람으로 당시로써는 변방 중의 변방 출신이에요. 즉 촌놈도 그런 촌놈이 없다는 얘기지요. 영흥은 현재는 북한 땅이지만, 고려 후기에는 원나라의 쌍성총관부가 있던 곳이에요. 쌍성총관부가 뭐냐고요? 이 기구는 1258년 몽골이 고려에 침입해 철령 이북 지역을 빼앗은 뒤, 그곳을 관리하기 위해 설치했던 관청이에요. 따라서 쌍성총관부 관할 지역은 본래는 고려 땅이었을망정, 원나라 시대에는 원의 식민지였어요. 그런 지역이 언제 고려 땅이 되었냐고요? 공민왕 때예요. 공민왕은 원의 힘이 급격히 약해지는 것을 보고 반원 자주 개혁 정책을 펼치며, 기습 작전으로 이 땅을 공략하여 고려 영토로 되돌려 놨어요. 이성계의 아버지는 본래 쌍성총관부의 관리였어요. 그런데 공민왕의 영토 확장 정책에 적극 협조한 대가로 고려의 중앙 관료로 발탁되었으며, 이성계 또한 고려 관리로 성장할 수 있었어요.

이성계가 고려 무장으로 이름을 날린 계기는 1361년 제2차 홍건적의 침입 때예요. 적들이 압록강을 건너와 수도인 개경까지 함락시키는 바람에, 공민왕은 경상북도 안동까지 피난을 가야 하는 위기를 맞았어요. 이 전쟁에서 이성계는 큰 공을 세우며 자신의 이름을 널리 떨쳤어요. 여기에 1380년에는 소년 장수로 불렸던 아기바투阿其拔都, 아기발도가 이끄는 왜구를 전라북도 남원의 황산 지역에서 크게 물리쳐 최영 장군에 버금가는 명성을 얻게 되었어요.

요동을 정벌하라

이성계와 최영이 처음 만난 것은 제2차 홍건적의 침입 당시였어요. 전투지에서 이성계는 부하들을 독려하여 홍건적이 장악하고 있던 개경의 방어망을 첫 번째로 돌파했어요. 이를 눈여겨본 최영은, 열아홉 살이나 어리지만 통솔력이 뛰어난 이성계의 군사적 능력을 높이 사서 그에게 조금씩 힘을 실어 주기 시작했어요. 이후 두 사람은 의기투합하여 공민왕을 보좌하며 고려 조정의 핵심 인물로 성장해 갔어요.

하지만 두 사람의 좋은 인연은 그리 오래가지 못했어요. 1388년 '요동 정벌'을 두고 의견이 갈리면서 서로 다른 길을 걷게 되었어요.

고려가 요동을 정벌하려 하던 당시, 중국 대륙은 원·명 교체기여서 크게 요동치고 있었어요. 몽고족이 세운 원나라의 힘이 약해지자, 한족은 1368년 명나라를 세워 원을 몽고 고원으로 쫓아내고 중국 본토의 새 주인이 되었어요. 이런 명이 고려에 뜬금없는 통보를 해 왔어요.

"철령 이북 땅은 원나라에 속했던 곳이니 우리가 가져가야겠다."

명의 주장은 순 억지에 불과했어요. 철령 이북 지역은 원래 고려 땅이거든요. 몽골 간섭기에 몽골이 막강한 힘을 바탕으로 빼앗아 간 지역을 공민왕이 간신히 되찾아 놨어요. 그런데 이 지역을 자기들 땅이라고 우기면서 가져가겠다는 것이에요. 도둑도 이런 날도둑이 없지요.

최영은 명나라가 너무 괘씸했어요. 그는 대신들이 모인 자리에서 "차라리 이 기회에 명나라 요동 지역을 정벌해 고구려의 옛 땅을 되찾자"고 강하게 주장했어요. 최영의 주장은 언뜻 생각하면 섶을 지고 불로 뛰어

섶
땔감으로 쓸 수 있는 나무, 땔나무.

211

들어 가는 것만큼이나 무모한 도전이었어요. 작은 나라가 큰 나라를 상대로 전쟁을 한다는 것이 쉬운 일은 아니니까요. 하지만 당시의 중국 정세로 보았을 때, 결코 불가능한 일도 아니었어요. 명나라는 이제 막 나라를 세웠기 때문에 힘이 약했고, 북으로 쫓겨 간 원도 '썩어도 준치'라고 세력이 만만치 않았어요. 따라서 고려가 요동 지역을 전격적으로 공략하면 명은 대응하기가 상당히 옹색스러워져요.

최영은 자신의 생각을 정치 파트너 이성계에게 구체적으로 말했어요. 당시에 최영은 문하시중, 이성계는 수문하시중이었어요. 이게 무슨 직책이냐고요? 현재 우리나라 정부 직제로 문하시중은 국무총리, 수문하시중은 부총리예요. 그런데 이게 웬일일까요? 적극적으로 동의하며 맞장구를 쳐 줄 줄 알았던 이성계가 네 가지 이유를 대며 요동 정벌을 말렸어요.

첫째, 농사철에 농민들을 동원하여 전쟁에 나서면 농사에 큰 지장이 생긴다.

둘째, 장마철이라 활이 느슨해져 싸우기 힘들다.

셋째, 요동을 공격하는 틈을 타서 남쪽에 왜구가 침범해 오면 막을 방도가 마땅하지 않다.

넷째, 작은 나라가 큰 나라를 치는 것은 옳지 못한 일이다.

최영은 이성계의 주장을 이해는 했어요. 그러나 이번이야말로 '고려 국운을 끌어올릴 수 있는 절체절명의 기회'라고 여겼기에, 우왕을 설득하여 요동 정벌을 밀어붙였어요.

말 머리를 돌려 개경을 공략하라

최영이 총대장이 되어 요동 정벌을 떠났냐고요? 그건 아니에요. 뜻밖에도 요동 정벌군은 이성계와 조민수에게 맡겨졌어요. 아니! 요동 정벌을 줄기차게 주장했던 최영은 뭐 하고? 그는 본인이 직접 군대를 이끌고 정벌에 나서겠다고 했지만, 왕이 허락해 주지 않았어요. 최영 없이 자기 혼자 후방에 남아 있는 것이 두려웠거든요. 어쩔 수 없이 최영은 후방 기지인 서경에 남아 왕을 보필해야 했어요. 결과적으로 우왕의 이 결정은 자신과 최영의 몰락을 자초한 일이 되고 말았어요. 요동 정벌군을 이끌고 떠난 이성계가 위화도에서 회군을 하고 말았거든요.

위화도는 압록강 하류에 있는 섬으로, 중국 쪽으로 흐르는 압록강 물길만 건너면 명나라와 전쟁이 시작돼요. 그런데 이성계는 위화도에 머무르면서 강을 건너 요동으로 나아가기를 주저했어요. 끊임없이 내리는 비 때문에 군사의 사기가 떨어졌고, 강물이 불어 강을 건너기가 힘들었거든요.

서경
지금의 평양.

보필 輔弼
윗사람 일을 도움.

회군 回軍
출병한 군사가 되돌아 옴.

213

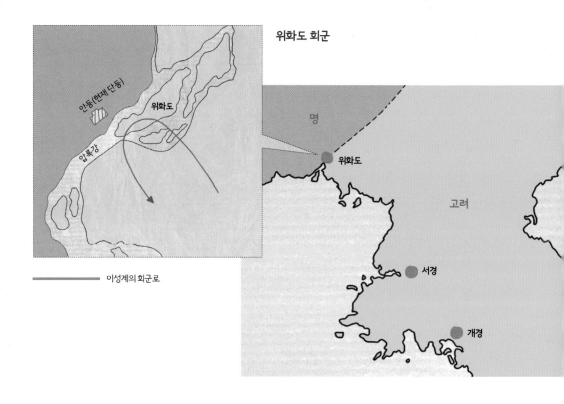

위화도 회군

안동(현재 단동)

위화도

압록강

이성계의 회군로

명

위화도

고려

서경

개경

　그는 고민에 고민을 거듭하다가 서경에 있는 왕에게 편지를 보내 진격이 힘드니 군대를 철수하게 해 달라고 요청했어요. 왕의 답은? 계속 요동으로 진격하라는 명령뿐이었어요. 고민하던 이성계는 말 머리를 돌려 개경으로 회군을 지시했어요. 고려 왕조 멸망 작전이 시작된 것이죠.

　우왕과 최영은 이성계가 쿠데타를 일으켰다는 소식을 전해 듣고 깜짝 놀랐어요. 서경에 있던 두 사람은 서둘러 개경으로 와서 성문을 굳게 닫아걸고 결사 항전을 준비했어요. 그러나 고려 병력 대다수는 이성계 휘하에 있었기에 개경성은 곧 함락당하고 말았어요. 이성계는 우왕을 강화도로 귀양 보내고 그의 아들을 새 임금으로 내세운 뒤, 나랏일을 좌우했어요. 최영은 고봉현으로 귀양 보냈다가 사형을 내렸고요.

　최영이 죽기 직전에 유언을 남겼어요.

고봉현
현재 경기도 고양시.

214

만일 내가 단 한 번이라도 부정을 저질렀다면 무덤에 풀이 날 것이요, 청렴했다면 풀이 자라지 않을 것이다.

참으로 희한하게도 최영의 무덤에서는 아주 오랜 기간 정말 풀이 자라지 않았어요. TV 황당 프로그램인 〈순간 포착, 세상에 이런 일이〉에나 나올 법한 일이 벌어진 것이죠.

한편, 고려의 최고 실력자가 된 이성계는 정도전을 비롯한 혁명파 사대부와 손을 잡고 급진 개혁을 추진해 나가 결국 고려 왕조를 멸하고 새 왕조를 개창했어요. 조선 왕조의 창건이었지요.1392

그때 그 시절의 역사 현장 **혁명파 사대부?**

이성계의 위화도 회군 이후 고려 조정은 성리학을 학문의 기본으로 삼은 신진사대부들이 이끌어 갔고, 그 중심에는 정몽주와 정도전이 있었다. 당시 정몽주를 비롯한 대다수 사대부는 '고려 왕조 내의 점진적 개혁'을 추진하고자 했다. 이들을 '온건파 사대부'라고 한다. 반면에 정도전을 비롯한 소수는 '고려 왕조를 멸하고 이성계를 대표로 하는 새 왕조를 세워 혁신 정치를 하자'고 주장했는데, 이들을 '혁명파 사대부'라고 한다.

무신 정권을
세운 사람들

이의민
vs
최충헌

?~1196 **이의민**

최충헌 1149~1219

정치력

10 / 90

실력보다는 자신의 힘과 미신에 의지하여
나랏일을 하려 했다.

과감한 결단력과 학문적 소양을 바탕으로 권력을 잡아
최씨 무신 정권 시대를 열었다.

지력

40 / 70

기골이 장대하고 용맹하여 싸움에 나서면
선두에 서서 직접 지휘하며 부하들을 독려했다.

무신 집안 출신이나 무인적 기질보다는
문인적 자질로 자기 정권을 안정시켰다.

인품

10 / 50

뇌물을 받고 관직을 팔았으며, 백성의 집과 땅을 함부로
빼앗는 등 최고 지도자로서의 인품은 '꽝'이었다.

왕도 마음에 들지 않으면 교체했고, 함께 쿠데타를 일으킨
동생도 죽일 정도로 냉혈한이었으나, 자기 정권 안정에
도움이 될 만한 인물은 이유 여하를 불문하고 과감히
발탁하여 함께 정치를 해 나갔다.

'권불십년權不十年'이라는 말이 있어요. 하늘을 나는 새를 떨어뜨릴 정도로 큰 권력을 가진 사람도 10년 이상 권력을 누리기는 쉽지 않다는 뜻에서 나온 말이지요. 그런데 우리 역사에서 무려 60여 년 동안 나라를 좌지우지한 가문이 있으니, 바로 최충헌으로 상징되는 최씨 무신 정권이에요.

맞수 열전 스물여섯 번째 시간, 최씨 무신 정권을 있게 만든 최충헌과 그가 쿠데타를 통해 제거했던 전임 권력자 이의민을 초대하여 무신 정권기의 시대상을 살펴봐요.

문신의 세상에서 무신의 세상으로

의종 임금이 나라를 다스리던 1170년 8월이었어요. 임금이 문신들과 향락을 즐기기 위해 찾았던 보현원에서 무신들이 주도하는 쿠데타가 발생했어요. 고려 무신의 총대장으로 있던 상장군 정중부가 부하인 이의방·이고 등과 짜고 한밤중에 문신과 내시 들을 닥치는 대로 살해한 후에 임금을 거제도로 귀양 보내 버렸어요. '무신정변'이 발생한 것이죠.

그런데 무신들은 왜 임금까지 교체하는 쿠데타를 단행했을까요? 그 이유는 묘청의 서경 천도 운동이 실패로 끝난 이후, 고려 정부가 문신 위주로 움직이며 무신을 천대한 데서 찾을 수 있어요.

정변이 일어나던 날만 해도 그래요. 보현원으로 가던 도중에 임금은 재미 삼아 무신들에게 수박희手搏戱를 하도록 했어요. '수박'은 우리 민족 고유의 전통 무술인 택견의 원형으로, 두 사람이 손을 맞대고 서로 겨루

의종
고려의 제18대 왕.

향락 享樂
쾌락을 누림.

보현원
고려 수도에서 서쪽으로 상당히 멀리 떨어져 있는 '원'으로 고려 의종이 이곳에 향락 시설을 갖춰 놓고 자주 찾았다.

조선 정조 때 발간한 무예서 『무예도보통지』 중 '권법총도'를 소개한 면이에요. 권법은 전통 맨손 무술인데 수박, 수벽치기, 수벽타라는 이름으로도 불렸어요.

는 무술이에요. 의종은 심심하여 이 무예를 무신들에게 시켰는데, 대장군 이소응이 부하 장수와의 대결에서 맥없이 져 버렸어요. 이때 젊은 문신 한뢰가 득달같이 달려 나와 백발이 성성한 이소응의 뺨을 냅다 갈겨 버렸어요. 새파랗게 젊은 자에 의해 대장군 체면이 구겨지자, 무신들이 크게 반발하며 문신들을 잡아먹으려 으르렁댔어요.

다행히 이때는 임금이 직접 나서서 무신들의 화를 풀어 주었기에 사건은 더 이상 번지지 않고 무마되었어요. 하지만요, 문신들에 대한 분노는 무신들의 가슴 깊숙이 남아 있었고, 밤이 되자 무신들은 향후 대책을 논의하기 시작했어요.

결론은?

'문신을 깡그리 없애 버리고 정중부 중심의 무신 세상을 만들자'는 거였어요.

무신 정권 내부의 권력 다툼 속에서 집권하는 이의민

무신정변 이후 나랏일은 상장군 정중부 중심으로 운영되었어요. 정중부가 최고 지도자가 되어 이의방·이고 등과 함께 나랏일을 논의하여 중대사를 처리해 나갔지요. 이들은 주로 무신 최고의 회의 기구인 중방을 중심으로 나랏일을 논의했기에 이 시기 정치를 '중방 정치'라고 해요. 그러나 이고와 이의방 사이가 벌어지며 이의방이 이고를 제거하였고, 의방 또한 정중부에게 살해되었어요. 이로써 고려는 정중부 세상이 되는 듯했어요.

허나 정중부의 단독 드리블 또한 오래가지는 못했어요. 1179년 젊은 무신 경대승이 상관 정중부를 죽이고 권력을 차지했어요. 그럼 경대승이 무신 정권의 최종 승자가 되었냐고요? 그러지는 않았어요. 그는 1183년 30세의 젊은 나이로 병들어 죽고 말았어요.

그렇다면 도대체 무신 정권의 최종 승자는 누구였을까요?

이 질문에 답하려면 무인 한 사람을 더 말해야 돼요. 경대승이 쿠데타를 일으킬 무렵 무신 최고 직위인 상장군으로 있던 인물이 하나 있었는데 그의 이름이 이의민이었어요. 그는 새파랗게 젊은 무신인 경대승이 난을 일으켜 집권하자, 신변 안전을 위해 고향땅 경주로 내려가 은둔하였어요. 그러다가 경대승이 병으로 죽자, 다시 개경으로 올라와 권력을 인수하여 명실상부한 최고 실력자가 되었어요.

새 권력자가 된 이의민은 낫 놓고 기억자도 모르는 까막눈으로 출신 계급이 낮았어요. 아버지가 소금 장수였으며, 어머니는 경주에 있는 절에서 허드렛일을 하던 미천한 여인이었어요. 따라서 이의민이 신분제 사회인 고려에서 고위 관리로 출세한다는 것은 언감생심이었지요. 그럼에도 불구하고 천민 출신 이의민이 고려 최고의 지도자가 되었다니 고것 참 이상하지요?

이의민에게는 형이 둘 있었는데, 삼형제는 경주에서 소문난 불량배였어요. 팔척장신에 힘이 장사인 이들은 경주 곳곳을 쓸고 다니며 나쁜

언감생심 焉敢生心
'어찌 감히 그런 마음을 먹을 수 있으랴'의 뜻.

짓만 골라서 했어요. 고을 원님은 그들을 그냥 놔둘 수 없어서 관청으로 붙잡아 와 모진 고문을 가했어요. 이로 인해 두 형은 죽고 의민만 살아남았어요. 의민의 강한 체력에 혀를 내두른 원님은 그를 서울로 보내 중앙군으로 근무하게 했어요.

"체력을 보아 하니, 너는 군대에서 단단히 한몫할 놈이다. 내 너를 중앙군으로 추천할 터이니, 서울로 가서 나라를 위해 충성을 다하여라!"

조폭처럼 삐딱하던 의민은 일단 기회가 주어지자, 단박에 성실한 사람이 되어 군인으로서의 임무에 충실했어요. 기골이 장대하면서도 모든 일을 날쌔게 해치워 상관의 신임을 받으며 초고속 승진을 거듭하더니, 종국에는 고려에 여덟 명밖에 없는 대장군의 지위에까지 오르게 되었어요. 대장군이 어떤 자리였냐고요? 고려 중앙군인 2군 6위를 이끄는 장군으로 무신이라면 누구나 최종 목표로 삼던 무신들의 '로망'이었어요.

여기에 그는 1174년에 일어난 문신 조위총의 난을 진압하며 그 공로로 정3품직에 해당하는, 무신으로서는 최고위직인 상장군까지 오르게 되었어요. 이처럼 빼어난 무술 실력을 바탕으로 그는 조정을 쥐고 흔들 정도의 실력자가 되었지만, 부하였던 경대승이 난을 통해 최고 권력자가 되자, 두말없이 자기 고향인 경주로 낙향하여 몸을 최대한 낮췄어요.

그때 그 시절의 역사 현장 조위총의 난?

무신 정권을 타도한다는 명분을 내세워 문신 조위총이 일으킨 난. 무신 정권에 저항하는 농민들이 대거 참여하여 민중항쟁의 성격이 짙었다.

그러고 보면 이의민은 힘만 센 게 아니라 눈치도 빠르고 머리 회전 또한 비상했던 것 같아요. 만약 그가 나이도 자기보다 한참 아래고 직급 또한 낮은 경대승이 권력을 잡았을 때 '머리에 피도 안 마른 놈'이라고 업신여기며 그를 제거하려 했다면, 본인이 먼저 죽었을 가능성이 커요. 그런데 그는 상황 판단을 잘하여 자기 몸을 최대한 낮췄다가 경대승이 죽자, 결정적인 기회를 잡아 고려 최고의 실력자로 급부상했어요.

상관을 죽이고 권력을 잡은 최충헌

최씨 무신 정권을 연 최충헌은 고려의 수도 개경에서 할아버지, 아버지, 장인 모두가 상장군을 역임한 당대 최고의 무인 가문에서 태어났어요. 어릴 적부터 무술 연마와 동시에 학문도 열심히 갈고닦아 문무를 겸비한 인재로 성장했지요. 이런 그였기에 무신 가문이었음에도, 음서제를 통해 문신으로 관직에 진출했어요.

하지만요, 명예욕이 남달랐던지, 그는 무신정변으로 무인들의 세상이 되자 재빠르게 무신으로 변신하여 출셋길에 나섰어요. 그러나 안타깝게도 그에게 무신으로서의 초고속 출세는 주어지지 않았어요. 그는 이의민이 정권을 잡고 있던 시절만 하더라도 한직을 맴돌며 자신의 신세를 한탄해야 했어요.

어느 날, 충헌에게 드디어 기회가 찾아왔어요. 1196년에 아우 충수집에 의민의 둘째 아들 지영이 놀러 왔어요. 충수는 비둘기를 애지중지 길렀는데, 지영이 충수의 비둘기 한 마리를 몰래 가지고 가 버렸어요. 뒤늦게 이 사실을 안 충수는 지영을 찾아가 따지고 들어 끝내 비둘기를 돌려받았어요. 그리고는 곧장 형 충헌에게 달려가 이의민 부자의 횡포를 낱낱이 고해바치며 그들을 죽이자고 제안했어요.

신중한 성격이었던 충헌은 동생의 말에 섣불리 동조하지 않았으나, 성격이 괄괄한 동생이 자기 혼자라도 그들을 제거하겠다고 나서자, 마

음서 蔭敍
과거를 거치지 않고 아버지나 할아버지의 덕으로 관리에 특별 채용되는 것.

한직 閑職
조직 안에서 중요하지 아니한 직위나 직무.

지못해 함께 이의민 제거 작전에 나섰어요. 고려 최고 권력자 이의민을
겨냥한 이 작전은 운 좋게도 성공을 거두었어요.

'최씨 월드'가 열리다

이의민 일당을 제거한 뒤에 최충헌은 열 가지 조항을 담은 개혁안 '봉
사 10조'를 왕에게 올려 쿠데타의 명분으로 삼았으며, 어느 정도 정권이
안정되자 나랏일을 어지럽혔다는 구실을 달아 명종을 폐위하고 그 아우
를 왕으로 옹립하면서 자기 권력을 안정시켰어요.

이후 고려의 최고 권력은 최충헌의 아들인 최우에게 물려졌으며, 최
우는 그의 아들 최항에게, 최항은 또 그의 아들 최의에게 권좌를 물려주
며 무려 4대 60년간을 최씨가 권력의 정점에서 고려 조정을 쥐고 흔들
었어요.

그런데 어떻게 해서 최씨들은 다른 무신 정권과는 달리 자신들의 정

봉사 10조
고려 왕조의 폐정을
개혁하라는 열 가지 시무책.
관리와 권세가가 백성에게
해를 가하는 것, 승려의 왕궁
출입, 왕실의 민간 고리대금
등을 금지하는 조항이 들어
있다.

권을 무려 60년간이나 유지하며 장수할 수 있었을까요?

여기에는 1대 권력자 최충헌의 남다른 노력이 있었어요. 그는 무신 집안 출신이었지만, 문신으로 정계에 입문할 정도로 학문이 출중했으며, 무신들이 집권하자 곧바로 말을 바꿔 타서 무신이 될 정도로 변신술에 능수능란했어요. 이런 그였기에 정권을 잡은 이후에는 독재자로서 장수할 수 있는 제도들을 잘 정비하여 자손 대대로 권력을 누리게 했어요.

최충헌은 자기 정권의 안정을 위하여 반대파를 색출하기 위한 교정도감을 만들어 운영하였으며, 경호 부대인 도방을 설치하여 독재 체제 강화에 이용했어요. 이러한 노력 속에서 그는 살해당하지 않고 1219년 71세의 나이로 자연사했으며, 권력을 아들에게 물려주었어요. 최우 또한 정권을 안정시켜 아들에게 물려주었으며, 최항은 최의에게 바통을 이어 주며, 1196년부터 1258년까지 무려 반세기 가까이 고려를 '최씨 월드'로 만들었어요.

하지만 달도 차면 기울듯 최씨 정권 또한 끝이 있었어요. 1258년 최의가 부하들에게 살해되며, 최씨 무신 정권은 역사의 무대 저편으로 사라졌어요. 권불십년이란 말이 무색할 정도로 길게 간 정권이었지만, 끝은 결국 있었던 거지요.

서경이냐
개경이냐

묘청
vs
김부식

?~1135 묘청 **김부식 1075~1151**

50	**정치력**	80

다른 사람을 설득하는 능력이 뛰어나서
서경 천도를 주도했으나, 결국에는 실패했다.

개경파 리더로 서경 천도 반대 운동에 앞장섰으며,
끝내 자신의 주장을 관철시켰다.

30	**지력**	80

임기응변에 능했으나, 제 꾀에
자기가 넘어가 패가망신했다.

전해지는 우리나라 역사서 중 가장 오래된 책인
『삼국사기』를 주도적으로 편찬한 유학자였다.

50	**인품**	40

다른 사람을 끌어들이는 친화력은 뛰어났다.
하지만 서경 천도를 추진하는 과정에서 했던 거짓말들이
들통 나 임금으로부터 신뢰를 잃어버렸다.

자신과 문장력을 다투었던 정지상을
묘청의 난을 빌미로 쉽게 죽인 것을 보면
속이 상당히 좁았던 것 같다.

일제 강점기 시절에 중국 땅에서 조국 독립을 위해 불굴의 의지를 가지고 독립운동을 했던 독립운동가이자 민족주의 역사가였던 단재 신채호 선생은 조선 1천 년 역사 속의 제1대 사건으로 묘청의 서경 천도 운동을 지목했어요. 왜 그랬을까요? 맞수 열전, 스물일곱 번째 시간, 단재 선생이 크게 칭찬한 묘청과 그의 맞수이자 서경 천도를 앞장서서 반대했던 김부식을 초대하여 그들의 얽히고설킨 인연들을 이야기해 봐요.

묘청의 등장과 서경 천도 운동

묘청은 반역자로 몰려 죽었어요. 그렇기 때문인지 그에 관한 역사 기록은 눈을 씻고 찾으려 해도 찾기가 힘들어요. 서경 출신으로 풍수지리설에 조예가 깊은 승려였으며, 절에서 쓰던 이름이 정심淨心이라는 것 정도가 역사서에 나온 묘청의 신상 명세서예요.

이런 그가 갑자기 혜성처럼 등장하여 인종 임금을 보좌하며 서경 천도 운동을 벌였던 데는 어떤 배경이 있을까요? 이자겸 반란 사건으로 뒤숭숭하기만 했던 고려의 사회 분위기와 여진족이 세운 신흥국가인 금에 대한 사대 의식이 한몫 단단히 했어요.

고려 조정을 쥐고 흔들던 이자겸이 외손자이자 사위인 인종을 쫓아내고 왕이 되려 했던 '이자겸의 난'은 결과적으로 보면 진압되었어요. 하지만 지배층 내부, 특히 왕실 내부의 갈등으로 이러한 반란이 일어났다는 자체가 고려 왕권이 흔들리고 있음을 단적으로 보여주고 있어요.

여기에 대외적으로는 금나라가 고려 심기를 뒤숭숭하게 만들고 있었어요. 북쪽 지대인 만주에서 부족 단위로 뿔뿔이 흩어져 살고 있던 여진족이 한데 뭉쳐 금나라를 세우더니, 거란족 국가인 요나라를 멸한 뒤에 중국 본토에서 번영을 누리고 있던 송나라를 위협하는 한편, 고려에 군신 관계를 요청해 왔어요. 집권자 이자겸은 이 요구에 "작은 나라가 큰 나라를 섬기는 것은 어쩔 수 없는 일"이라고 둘러대며 그들의 요청대로 사대 관계를 맺어 버렸어요. 자존심 조금 상한다고 막강 세력인 금의 요구를 거절했다가 혹시라도 침범해 오면 이를 감당해 낼 자신이 없었던 것이죠. 하지만 이러한 결정은 고려가 초기부터 지속적으로 추진해 온 대외 정책인 북진 정책의 중단을 의미하는 것이었으며, 내심 오랑캐로 여기고 있던 여진족에게 아버지 대접을 해 줘야 하는 매우 굴욕적인 사건이었어요.

이처럼 나라 안팎으로 우환이 겹친 대혼돈의 시기에, 묘청은 혼란상을 교묘히 활용하여 서경 천도 운동을 추진했어요. 그런데 질문이 하나 있어요. '서경 천도 운동'은 정확하게 무엇을 말할까요? 서경은 지금의 평양을 말해요. 고려는 수도가 개경이었는데, 서경 출신인 묘청은 '개경에서 나쁜 일이 연달아 일어나는 것은 땅기운이 쇠퇴했기 때문'이라며 나라가 다시 융성하려면 기운 생동하는 서경으로 도읍을 옮겨야 한다고 주장했어요.

"서경의 임원역 지역이 명당자리입니다. 그곳에 궁궐을 세우고 수도를 옮기신다면 대왕께서는 천하를 얻을 것이며, 금나라는 스스로 항복하여 조공을 바쳐 올 것이고 주변 36개국 모두 절로 복종해 올 것입니다."

묘청의 감언이설에 마음이 쏠린 인종은 서경을 직접 찾아 임원역 주변을 둘러보고 이곳에 궁궐까지 지었어요. 궐 이름을 '대화궁'이라 했으

연호 年號
왕의 재임 기간을 표시하는 이름.

며, 수도를 이곳으로 옮기려고까지 생각했어요.

천도 계획은 무르익어 갔고 묘청 주도의 서경파는 임금에게 두 가지 중대한 사안을 건의했어요. 그게 뭐냐고요? 첫째는 칭제 건원, 둘째는 금나라 정벌이었어요. 칭제 건원은 왕의 명칭을 중국과 같이 황제로 하고 독자 연호를 쓰자는 것이에요. 즉, 고려를 자주적 국가로 만들자는 주장이었지요.

여기서 잠깐! 또 질문이 있어요. 이러한 일을 벌였던 서경파의 핵심 세력은 어떤 사람들이었을까요? 묘청과 더불어 서경파를 주도했던 핵심 인물은 시인으로 이름 높은 정지상이었어요. 서경 출신 정지상은 이자겸의 반란이 진압된 후에 권세를 누리고 있던 척준경을 탄핵하는 데 앞장섰으며, 이 일을 계기로 인종의 신임을 받아 고려 조정의 촉망받는 젊은 관리로 왕성하게 활동하고 있었어요. 그는 묘청을 인종에게 소개해서 왕의 신임을 받게 했으며, 왕은 정지상을 워낙 믿었기에 별다른 의심 없이 묘청을 가깝게 대했어요. 여기에 서경 출신 관리 백수한도 천도에 적극적으로 나섰어요.

묘청이 반란을 일으킨 이유는?

1135년 1월, 인종 임금의 신임을 듬뿍 받고 있던 묘청이 서경에서 난데없이 반란을 일으켰어요. 거참! 황당하네요. 인종의 핵심 브레인이 갑자기 난을 일으켰다니, 이건 뭐가 잘못되어도 한참 잘못된 일이지요. 하지만 묘청의 반란은 분명한 사실이었어요. 그는 나라 이름을 대위大爲, 연호를 천개天開, 자신을 따르는 군대를 '하늘에서 파견한 충성스런 군대'란 의미에서 천견충의군天遣忠義軍이라 이름 붙이고 고려 조정에 반하는 새 정부를 서경에 세워 버렸어요.

왜 그랬을까요? 여기에는 개경에 수도를 그대로 두어야 한다고 주장하는 개경파의 강한 목소리에 눌려 서경 천도를 포기한 인종의 최종 결단이 자리잡고 있었어요.

개경에 기반을 두고 있던 많은 관리들은 묘청이 주도하는 서경 천도가 자신들의 목줄을 쥔다고 느꼈어요. 그들은 김부식을 중심으로 꽁꽁 뭉쳐 서경 천도에 결사반대했어요. 김부식? 현재 전하고 있는 우리나라 최초의 역사서 『삼국사기』를 지은 사람 아니냐고요? 예, 맞아요. 김부식은 문벌 귀족 가문 출신으로 인종 시대에 고려 조정의 고위 관리로 있으면서 개경파 리더로 활약했어요. 이런 그가 『삼국사기』를 지은 것은 나이 들어 조정에서 은퇴한 이후인 1145년이었어요.

아무튼지 간에 인종은 이자겸의 난이 끝난 직후에는 개경이 너무 싫어서 천도에 마음을 주었으나, 개경파의 반대가 하늘을 찌를 듯하자 서경 천도를 포기해 버렸어요. 물론 이 결정에는 묘청의 거짓말도 한몫 단단히 했어요. 묘청은 서경으로 천도하면 나라가 융성하고 고려 왕실에 좋은 일만 계속 생길 거라고 말했어요. 그러나 서경 천도를 계획하고 추진하던 중에도 천재지변은 계속 발생했으며, 이에 대해 묘청은 변명만 일삼고 사건을 무마하는 데 급급했어요. 여기에다 인종을 현혹시키는 기상천외한 쇼까지 벌이다 발각되어 큰 망신을 당하기도 했어요. 어떤 쇼였냐고요?

인종이 평양을 방문하던 날에 묘청은 남몰래 대동강에 기름을 잔뜩 묻힌 떡을 던져 넣었어요. 왕이 대동강을 건널 때쯤 기름이 물 위로 떠오르며 햇살을 받아 오색찬란한 빛을 내었어요. 마치 무지개가 뜬 것처럼 보였지요. 인종이 물에 뜬 광채를 보며 물었어요.

"웬 강물이 저리도 빛이 나느냐?"

얼굴색 하나 변하지 않고 묘청이 천연덕스럽게 대답했어요.

"임금님의 은혜에 감은하여 용왕께서 오색 빛을 올려 보냈나이다."

인종은 이 말을 사실로 믿었지만, 거짓말이라는 게 곧바로 탄로 나 버렸어요. 인종만 웃긴 인간이 되어 버렸지요. 이러한 사건들이 하나둘 쌓이다 보니 사람들은 묘청을 '뻥이 센 사기꾼' 정도로 여기게 되었으며, 일련의 거짓말들은 인종의 서경 천도 포기에 일정 부분 영향을 주었어요.

그런데 왜 묘청은 거짓말을 하고 반란을 일으키면서까지 수도를 서경으로 옮기려 했을까요? 지금부터 이 궁금증을 해결해 봐요. 왕실을 장악하고 있던 문벌 귀족 세력은 대부분 개경에 터를 두고 있었기 때문에 수도를 옮기면 이들의 힘이 약해져 왕권이 강화될 수 있다고 생각했어요. 또한 서경이 개경보다 북쪽에 있어 수도를 위쪽으로 옮기면 금나라에 군사를 보내기도 쉬우니 북진 정책 추진이 용이할 수 있었어요.

그러니 단재 신채호 선생이 서경 천도 운동을 두고 "독립당 대 사대당의 싸움이며 진취 사상 대 보수 사상의 싸움이요. 묘청은 전자의 대표고 김부식은 후자의 대표다"라고 한 것도 일리 있는 말이지요.

난을 진압하러 나선 김부식

묘청이 난을 일으켰다는 소식이 개경에 전해지자, 인종은 김부식에게 토벌을 맡겼어요. 개경파의 리더로 유학자였던 김부식은 임금의 명을 받자마자 정지상과 백수한을 반역자로 지목하여 죽인 후에 군대를 이끌고 서경으로 출동했어요.

조선 전기 때 쓰인 『고려사』는 '김부식이 성급하게 정지상을 죽인 것은 그의 문장 실력을 시기하고 있었기 때문'이라고 기록하고 있어요. 글쓰기 실력으로 둘째가라면 서러워할 사람이 김부식과 정지상이었는데, 당시 사람들은 산문은 김부식, 시는 정지상을 제일로 쳐줬어요. 하지만 김부식은 정지상에게 열등감이 있어서 그의 문장 실력을 매번 질투했어요. 이런 그에게 라이벌을 제거할 명분이 주어지자, 그는 눈 하나 깜짝하지 않고 가차 없이 죽여 버렸어요.

물론 『고려사』는 고려 멸망 이후에 새 나라 조선에서 관청이 주도하여 쓴 역사서이기에 고려에서 일어난 일들을 비판적 입장에서 서술하고 있어요. 따라서 김부식이 정지상을 죽인 이야기도 살해당한 정지상의 입장에 치우쳐 기록했을 가능성이 커요. 군사를 이끌고 반란군을 진압하러 가는 김부식 입장에서 판단한다면, 묘청에게 동조했던 정지상을 죽이는 것은 어찌 보면 당연한 일일 수도 있는 것이죠. 이러한 경우 때문에 과거 사실을 기록한 역사서를 볼 때는 다양한 측면을 고려하여 꼼꼼하게 살펴봐야 해요. 즉 기록상에 표면적으로 나타난 역사가 진실만은 아니라는 것이죠.

아무튼 김부식은 군사를 이끌고 서경으로 가서 성을 포위하고 대규모 공격을 감행하기 전에 성안의 군사를 교란하는 작전을 먼저 썼어요. 이러한 작전이 먹혀들어가 묘청군은 허둥대기 시작했어요. 전세가 불리하게 돌아가는 것을 눈치챈 묘청의 부하 조광이 자기 목숨을 구걸하기 위해 묘청의 목을 베어 김부식 진영에 보내왔어요. 그러나 김부식은 조광의 뜻과는 달리 묘청의 머리를 가지고 온 심부름꾼을 감옥에 가두어 버리고 강공 작전을 구사했어요. 이에 조광은 결사 항전으로 방향을 바꾸어 성문을 꽉 닫아걸고 장기전에 돌입했지만, 정부군의 총공세를 감당하지 못하고 난을 일으킨 지 1년 만에 성은 함락되고 말았어요.1136 이로써 '칭제 건원'과 '금국 정벌'을 명분으로 서경 천도를 단행했던 서경파는 완전히 사라졌으며, 고려 조정은 김부식이 주도하는 개경파가 계속 이끌게 되었어요.

외손자와 할아버지의
권력 다툼

인종
vs
이자겸

1109~1146 인종 　　**이자겸 ?~1126**

10 ━━━━━━━ **정치력** ━━━━━━━ **80**

왕이었지만, 할아버지인 이자겸의 힘에 눌려
본인 주도의 나라를 만들지 못했다.

정치 현실을 보는 상황 판단 능력은 뛰어났으나, 권력욕이
너무 지나쳐서 자기 집안 전체를 몰락의 길로 이끌었다.

50 ━━━━━━━ **지력** ━━━━━━━ **50**

딱히 평가할 자료가 없지만, 왕이었으니까 어느 정도
유교적 소양은 갖추고 있었을 것이다.

유학자로서의 기본 소양은 갖추고 있었다.

70 ━━━━━━━ **인품** ━━━━━━━ **10**

자기를 죽이려 한 외할아버지를 살려 준 것이나
반대파의 거물 척준경을 회유하는 과정을 보면
성품은 그런대로 좋았던 것 같다.

자기 집안의 이익만을 위해 행동했다.

고려 전기는 문벌 귀족의 시대였어요. 문벌 귀족이 누구냐고요? 고려는 왕건이 창립했지만, 사실 그 속내를 들여다보면, 왕건 혼자의 힘으로 만들어진 나라가 아니에요. 왕건을 지지하는 신하 세력이 서로 힘을 합해 왕건을 왕위에 올렸지요. 그러다 보니, 고려는 다른 나라에 비해 왕권과 대등할 정도로 신하의 힘이 강한 나라였고, 고려 전기 때는 경원 이씨·해주 최씨·경주 김씨 등 몇몇 가문이 왕실과의 혼인 관계를 꾸준히 유지하며 정치의 전면에 나서서 나랏일을 처리했어요. 이처럼 가문의 힘을 바탕으로 나랏일을 주도했던 귀족을 '문벌 귀족'이라 해요. 특히 인종이 나라를 다스렸던 12세기 전반은 문벌 세력의 힘이 절대적인 문벌 귀족 전성시대였고, 그 정점에 이자겸이란 인물이 있었어요. 그는 인종의 외할아버지이자 장인으로 왕의 상투 끝에서 나랏일을 독점하려 했던 인물이지요. 맞수 열전 스물여덟 번째 시간, 인종과 이자겸을 초대하여 고려 궁궐 내에서 벌어진 권력 투쟁과 함께 고려 전기의 정치 현실을 살펴봐요.

이자겸이 지어 준 생선 이름 '굴비'

전라남도 영광군을 대표하는 특산물이 있어요. 뭘까요? 굴비예요. 굴비가 뭐냐고요? 칠산 바다에서 잡은 조기를 법성포의 따스한 햇살 아래에서 바닷바람을 쐬어 가며 꼬들꼬들하게 말린 생선이에요. 한국 사람들이 밥상에 가장 자주 올리는 '인기 넘버원' 고기죠.

굴비는 한자로 쓰면 '屈굽을 굴 非아닐 비'예요. '굽히지 않는다'는 뜻이니, 생선 이름치고는 참으로 특이하죠. 여기서 질문 하나! 왜 물고기가 이런 이름을 가지게 되었을까요? 잘 모르겠다고요? 여기에는 이번 시간의 주인공들인 이자겸과 인종의 악연이 자리 잡고 있어요.

이자겸은 자신이 모시던 인종을 쫓아내고 왕이 되려 했어요. 그러나 이 난은 실패로 끝났고, 왕은 이자겸을 수도인 개경에서 멀리 떨어진 영광 법성포로 귀양을 보냈어요. 자신을 죽이려 한 반역자를 사형시키지

칠산 바다
전라남도 영광군에 있는 법성포구 앞바다.

도리 道理
사람이 어떤 입장에서 마땅히
행하여야 할 바른 이치.

궁벽 窮僻
매우 후미지고 으슥함.

않고 귀양만 보낸 것이 이상하다고요? 물론, 여기에도 사연이 있어요. 이자겸은 인종의 외할아버지이자 장인이었어요. 따라서 왕은 자신을 죽이려 한 원수라도 인간의 도리 때문에 차마 죽이지 못하고 유배를 선택하여 사건을 마무리 지었어요.

이자겸이 법성포에 유배를 와서 보니, 쫄깃쫄깃하게 말린 조기 맛이 일품이었어요. 너무나 맛있어서 이름을 물었더니, 어부들 모두가 이름을 대지 못했어요. 그러자 그는 내가 비록 이런 궁벽한 곳에서 귀양을 살고 있지만, 결코 '비굴하게 살지는 않겠다'는 의미에서 무명 고기에게 '굴비'라는 이름을 붙여 줬어요.

이자겸은 인종의 외할아버지이자 장인?

1122년 예종 임금이 세상을 떠났어요. 맏아들 왕해王楷가 열네 살 어린 나이로 아버지 뒤를 이어 왕위에 올랐어요. 고려 제17대 임금 인종이에요.

왕해에게는 나이 많은 삼촌들이 있었고, 몇몇 관리는 예종이 죽었을 때, 나라 안정을 이유로 예종의 동생 중 한 명을 선택하여 왕위에 올리려 했어요. 하지만, 예종의 장인이자 인종의 외할아버지였던 이자겸 덕택에 왕 자리는 왕해에게 돌아갔어요.

현실이 이러하다 보니, 인종 초기에는 나이 어린 인종보다 이자겸이 정치의 전면에 나서서 나랏일들을 처리해 갔어요. 관리들도 왕보다는 이자겸 말을 더 잘 들었으니, 자겸의 권세가 하늘을 찌른 것은 안 봐도 '뻔할 뻔 자'지요.

그러나 최강의 권력을 누리던 이자겸에게도 고민이 하나 있었으니, 그것은 바로 외손자 인종의 결혼 문제였어요. 왕이 결혼을 하면, 왕비가 배출되는 집안으로 정치권력이 넘어가며 자신의 집안이 왕따 될 것이 걱정이었어요. 이 고민을 이자겸은 아주 기발한 방법으로 해결했어요. 어떤 해법이었냐고요? 자신의 셋째 딸과 넷째 딸을 인종에게 시집보내는 것이었어요.

고대나 중세 시대에는 동서양을 막론하고 왕실 내에서 친척끼리 결혼하는 것이 흔한 일이었어요. 왜 그랬냐고요? 신성한 자기 가문의 피에 다른 가문의 피가 섞이는 것을 최대한 막기 위해서였지요. 이러한 결혼 제도를 가까운 친척끼리 결혼한다 하여 '근친혼近親婚'이라고 하는데, 이 제도를 고려 왕실도 선호했어요.

이자겸은 근친혼 제도를 아주 교묘하게 활용했어요. 인종의 어머니는 이자겸의 둘째 딸이었어요. 따라서 외할아버지인 이자겸이 인종에게 자신의 두 딸을 시집보내는 것은 인륜에 어긋나도 한참 어긋나는 해괴망측한 사건이었어요. 그런데도 이자겸은 자기 집안의 권력 유지를 위하여 눈 하나 깜짝하지 않고 비도덕적인 혼사를 저질러 버렸어요. 해도 너무한 일이지요.

이자겸, 권력의 정상에서 횡포를 부리다

이러한 현실이었으니, 인종 시대 모든 권력이 이자겸 손에서 좌우되는 것은 어찌 보면 당연한 일이었어요. 고려 역사를 정리해 놓은 대표적인 역사책『고려사』에 다음과 같은 기록이 보여요.

자기 혈육을 좋은 자리에 앉혔으며, 관직을 많은 돈을 주고 팔았다. 고위 관직을 자기에게 충성을 맹세하는 사람들로 채웠으며, 스스로를 우대하여 1인자처럼 행세했다. 또한 본인의 생일을 인수절仁壽節이라 부르게 했다. …… 사방에서 들어오는 선물이 창고에 가득 차서 썩어 가는 고기가 항상 수만 근이나 되었으며, 남의 토지를 강제로 빼앗았고, 하인들로 하여금 남의 마차를 강탈하여 자기 집 물건을 운반하게 하니, 백성들의 원성이 넘쳐났다.

물론『고려사』는 고려를 멸망시킨 조선이 조선 건국의 정당성을 부여하기 위해 쓴 역사책이니, 고려를 좋게 보지만은 않았겠죠. 하지만 말이에요. 그렇다고 해서 없는 이야기를 사실처럼 꾸며 고려를 마냥 나쁘다고 기록하지만도 않았어요. 있는 것을 과장하여 기록해 놓은 정도지요. 따라서 이자겸의 횡포가『고려사』의 기록만큼은 아니어도 자신의 권력에 의지하여 고려 정치를 크게 어지럽힌 것은 분명한 사실이에요.

인종은 나이가 들어 가며 외할아버지의 이러한 횡포를 참을 수가 없었어요. 자신이 직접 정치를 하고 싶어도 할아버지가 나랏일 모두를 처리해 버리니 본인은 허수아비에 불과했지요. 인종은 이러한 현실에 불만이 많았어요.

왕의 심경 변화를 몇몇 신하가 눈치챘어요. 그들은 임금 옆에서 조언을 하며 이자겸의 권력을 제한하려 했어요. 우선은 군사력을 쥐고 있던 척준경을 없애려 했어요. 준경이 이자겸의 사돈이었거든요. 하지만 이러한 인종 지지 세력의 이자겸 제거 작전은 실패로 끝났어요. 척준경의 동생과 아들을 죽이고 준경마저 살해하려던 찰나에 거사에 가담했던 관리 하나가 배신을 때려 이자겸에게 일러 버렸어요.

왕이 되려 한 이자겸

이자겸과 척준경은 인종을 지지하는 관리들이 자신들을 죽이려 한다는 소식을 듣고는 즉각 반격에 나섰어요. 특히 아들과 동생의 죽음을 전해 들은 척준경은 분노에 휩싸여 궁궐에 불을 지르고 궐 밖으로 도망쳐 나오는 사람들을 깡그리 죽여 버렸어요. 인종 또한 이러한 와중에 궐 밖으로 나오다가 붙들려 이자겸의 집에 갇히는 신세가 되고 말았어요. 이 사건을 '이자겸의 난'이라고 해요. 1126

거사가 실패했다고 느낀 인종은 신변에 위협을 느껴 왕위를 이자겸에게 넘기겠다고 선포했어요. 이자겸은 속으로 쾌재를 불렀지요. 그러나 그냥 받아들이기에는 염치가 너무 없어서 일단 인종의 제안을 거절했어요.

"폐하께서는 그런 말씀을 마옵시고 오직 이 나라를 바른 길로 잘 이끌어 주십시오."

물론 그렇다고 해서 이자겸이 왕이 되는 것을 포기한 것은 절대 아니에요. 그는 외손자이자 사위인 인종을 남 몰래 죽이기 위해 독이 든 떡을 먹이려 했으며, 독약을 보약이라 속여 인종에게 가져다주기도 했어요. 하지만 그의 이러한 계획은 자신의 딸이 훼방을 놓아 번번이 실패로 끝나고 말았어요. 인종의 두 번째 부인인 이자겸의 넷째 딸이 아버지를 상대로 남편의 목숨을 지키는 데 앞장섰거든요.

반격에 나서는 인종

목숨을 간신히 부지하던 인종에게 드디어 반격의 기회가 찾아왔어요. 이자겸의 셋째 아들인 이지언의 종이 척준경의 종에게 '척준경이 궁궐을 불태우고 인종에게 화살을 날린 것은 죽을 죄'라고 비아냥거렸는데, 이 말을 전해 들은 척준경이 '이자겸 일파가 자신에게 모든 죄를 뒤집어씌운다'고 분노하며 고향 땅으로 내려가 버렸어요.

인종은 이 기회를 놓치지 않았어요. 그는 척준경에게 사람을 보내 좋은 말과 안장을 하사하며 환심을 샀어요. 이자겸에게 실망한 척준경은 인종이 다정하게 다가오자, 곧바로 인종 편이 되어 충성을 맹세했어요.

척준경의 충성을 확인한 인종은 그에게 비밀 편지를 보내 이자겸을 제거하라는 명령을 내렸어요. 척준경은 자신의 군사력을 동원하여 이자겸 제거 작전에 돌입했어요. 군사권을 쥐고 있던 준경의 힘을 당해 낼 재간이 없던 이자겸은 결국 흰옷을 입고 인종 앞에 나와 목숨을 구걸해야 했어요. 왕은 외할아버지인 이자겸을 차마 죽이지 못하고, 귀양을 보내는 선에서 사건을 마무리 지었어요.

한편 왕권 복위에 앞장선 신하들은 왕비인 이자겸의 딸들을 역적의 딸이라 하여 궐 밖으로 내치라고 인종에게 권고했어요. 인종은 자신의 부인이자 이모인 두 부인을 궐 밖으로 내보낼 수밖에 없었어요.

그런데요, 이자겸을 쫓아낸 일등공신인 척준경은 어찌 되었을까요? 그는 이자겸 제거 이후에 최고 권력자로 대접을 받았어요. 그러나 그 또한 이듬해에 '이자겸을 제거한 공은 인정하지만 당시 궁궐을 침범하고 불사른 것은 오래도록 용서받을 수 없는 죄'라는 이유로 신진 관리 정지상 등의 탄핵을 받아 권좌에서 쫓겨나 힘든 삶을 살다가 몇 년 후에 병들어 죽고 말아요.

이자겸의 난 이후 고려 사회는?

이자겸의 난은 고려 전기를 이끌던 문벌 귀족 세력이 얼마나 큰 힘을 가진 집단이었는지를 알게 해 주는 대표적 사건이에요. 이자겸으로 상징되는 경원 이씨 세력은 문벌 귀족의 표본으로 왕실과 대대로 혼인 관계를 맺으며 힘을 강화하여 이자겸 대에는 감히 왕보다 위에서 권력을 휘둘렀어요.

하지만 문벌 귀족의 부귀영화도 영원한 것은 아니었어요. 이자겸의 난 이후로도 문벌 귀족은 자신의 권세를 확대 강화하며 고려 정치를 좌지우지했지만, 40여 년 뒤에 발생한 무신정변으로 무신에게 정권을 넘겨줘야 했어요. 이른바 무인들에게로 권력이 이동한 것이지요.

새로운 나라를
개창하자

궁예
vs
왕건

?~918 **궁예**		**왕건** 877~943
40	**정치력**	**100**
후고구려를 세울 때만 해도 성인군자였으나, 점차 폭군으로 변해 결국에는 신하들에 의해 왕위에서 쫓겨났다.		처세술에 능하여 의심 많은 궁예에게도 신임 받을 정도였으며, 리더십이 좋아 부하들의 추대 속에 고려를 건국할 수 있었다.
70	**지력**	**70**
나 홀로 단독 드리블을 해서 후고구려를 세울 정도로 투지가 강했고, 1년 먼저 세워진 후백제와 맞짱을 뜰 정도로 나라 힘을 강화시켰다.		본인 능력도 상당했으나, 부하들의 힘을 북돋아 주는 능력이 탁월하여 가진 능력보다 더 큰 성공을 거둘 수 있었다.
10	**인품**	**90**
자신이 다른 사람 속마음을 꿰뚫어 본다면서 무고한 사람을 많이 죽였다. 심지어 부인도 의심하여 악랄하게 죽였다고 전해진다.		덕망이 높아 부하들의 적극적인 추대로 고려를 개창할 수 있었다.

후삼국 시대. 통일신라 말기에 경주를 수도로 삼아 나라를 다스렸던 신라의 힘이
약화되며 지방에서는 새로운 세력이 나타나 국토는 세 쪽으로 쪼개졌어요.
신라·후백제·후고구려. 이 중에서 후고구려는 승려 출신 궁예가 세웠는데,
그는 나중에 자신의 부하로 있던 왕건에게 나라를 빼앗겨요.
맞수 열전 스물아홉 번째 시간. 후삼국 시대를 다이내믹한 열전의 시대로 만든
궁예와 왕건을 초대하여 두 사람의 엇갈린 운명에 대해 이야기해 봐요.

후삼국 시대의 주역들

8세기에 전성기를 구가했던 신라 왕실의 힘이 9세기로 접어들며 조
금씩 약화되더니, 10세기에는 나라를 통치할 힘을 완전히 잃어버렸어
요. 이러한 틈새를 비집고 들어 후삼국 시대가 열리니, 그 출발점을 마
련한 사람은 신라 군인으로 전라도 땅에 파견되어 근무하고 있던 견훤
이었어요. 견훤은 892년 자신을 따르는 부하들과 함께 무진주에서 군사
를 일으켜 900년 전라도의 중심 도시 완산주를 점령하고 스스로 왕이 되
어 백제의 영광을 외치며 후백제를 세웠어요.

남쪽 땅에 새로운 나라 후백제가 들어서자, 강원도 지역에서 중원 제
패를 꿈꾸고 있던 궁예 또한 군사를 일으켜 901년 고구려의 영광을 재현
하겠다며 나라를 세웠어요. 후고구려예요.

이처럼 새로운 두 나라가 연달아 세워지자, 신라 영토는 현재의 경상

무진주
현재 광주광역시.

완산주
현재 전라북도 전주시.

후고구려
뒤에 나라 이름을 마진,
태봉으로 바꿈.

도 땅으로 쪼그라들었으며, 신흥 세력인 후백제와 후고구려는 앞다투
어 한반도 통일을 꿈꾸며 일대 결전을 시작했어요.

궁예와 왕건의 만남

궁예는 본래 신라의 왕자였어요. 그의 일대기를 적어 놓은 기록들이
조금씩 달라 궁예를 헌안왕의 아들로 보기도 하고 경문왕의 아들로 보
기도 하지만, 어찌 되었건 간에 대부분의 역사 기록에 신라 왕의 자식으
로 나오는 것을 보면, 궁예가 신라의 왕자였던 것만은 분명해요. 그런
데 이상한 것은, '왜! 왕자인 궁예가 신라에 반역하여 새 나라를 건설했
냐?'는 거예요. 고것 참~ 이상하지만, 여기에는 분명한 이유가 있어요.

궁예가 어린아이였던 9세기 후반에는 신라 왕실의 힘이 점차 약화되
던 시기였고, 지배층을 형성하고 있던 진골 귀족들이 서로 주도권을 잡
기 위해 치열한 왕위 쟁탈전을 벌이고 있었어요. 즉, 왕이 되고자 하는
욕심에 진골들이 서로에게 카운터펀치를 먹이며 '너 죽고 나 살자' 하고
있었던 것이죠. 이러한 시기에 왕자의 몸으로 태어난 궁예는 갓난아이
때 자기 의지와는 상관없이 진골 내부의 권력 쟁탈전에 휩쓸려 한쪽 눈
이 손상되며 죽을 고비를 간신히 넘겨야 했어요. 삼국 역사를 충실하게
기록해 놓은 『삼국사기』에 이런 이야기가 전해져요.

궁예를 죽이려던 사람이 강보에 누워 있던 아이를 빼앗아 누각 아래로
던졌는데, 이 아이를 유모가 잘못 받아 손으로 찔러 애꾸가 되고 말았다.
유모는 아이를 안고 도망쳐 산골(경기도 철원)로 들어가 숨어 살면서 고생스럽
게 아이를 길렀다.

이 기록을 보면, 신라 왕실에 내분이 생겨 누군가가 갓난아이인 궁예

를 죽이려 했는데, 유모가 기지를 발휘하여 그를 구했다는 것을 알 수 있어요.

궁예는 꽤나 부잡하여 길러 준 어머니의 뜻과는 다르게 시장 바닥에서 싸움질이나 하며 날라리처럼 자랐어요. 하루는 어머니가 긴 한숨을 내쉬며 궁예에게 따끔하게 한마디 했어요.

"태어나서 나라로부터 버림받은 너를 내 차마 두고 볼 수 없어 몰래 길러 오늘에 이르렀다. 그러나 너의 미친 짓이 이와 같으니 반드시 남들이 알게 될 것인즉, 너와 내가 모두 죽음을 면치 못할 것이다."

길러 준 어머니의 따끔한 훈계에 크게 깨달은 궁예는 그길로 절에 들어가 세달사에서 승려가 되었어요. 이때 궁예 나이 열 살이었지요. 하지만 궁예는 무료하고 답답하기만 한 승려 생활에 만족하지 못하고, 절을 빠져나와 죽주에서 산적 대장을 하던 기훤의 밑으로 들어갔어요. 이곳에서 능력을 인정받지 못하자, 다시 자리를 옮겨 이번에는 북원의 양길 휘하로 들어갔는데, 이 시기부터 군사적 능력을 인정받아 일취월장했어요. 그가 강릉을 거점으로 삼아 단독 부대를 거느리고 다니던 시절의 모습을 『삼국사기』는 다음과 같이 기록하고 있어요.

부하들과 함께 고생하며, 아주 작은 것 하나라도 자신의 손에 들어오면 부하들과 나누어 가질 정도로 일 처리가 공평하였다.

이처럼 부하들과 동고동락하며 움직였기에 궁예 밑으로 많은 사람들이 몰려들었으며, 그는 이들의 힘을 한데 모아 자신이 성장했던 철원으로 군사를 옮겨 새 나라를 세울 준비를 단단히 했어요.

궁예가 세를 형성할 무렵, 송악을 거점으로 중국과 무역을 하면서 큰 부자로 성장한 호족 집안이 있었으니, 왕건의 가문이었어요.

기지 機智
경우에 따라 재치 있게
대응하는 지혜.

세달사
현재 강원도 영월군에 있는
절로 추정됨.

죽주
현재 경기도 안산시 죽산면.

북원
현재 강원도 원주시.

송악
현재 북한 개성시.

궁예가 보기에 철원보다는 송악이 새 나라의 도읍지로 적당했어요. 그는 개성의 왕씨 일가에게 사람을 보내 송악을 자기에게 넘기라고 했어요. 궁예의 군사력이 무서웠던지 왕씨 세력은 자신들의 터전 송악을 궁예에게 곧바로 내주었으며, 궁예는 이곳을 기반으로 새나라 후고구려를 세웠어요. 이때가 901년으로 남쪽 지방 전라도 땅에서는 견훤이 이미 후백제를 세워 기세를 떨치고 있을 시기였어요.

한편, 왕건은 궁예의 부하로 들어가 장수로 활동하며 명성을 떨치기 시작했는데, 그가 전국에 이름을 알린 결정적인 계기는 바닷길을 이용하여 후백제의 후방 지역인 나주를 점령하면서부터였어요.909 이곳을 손에 넣음으로써 후고구려 당시 후고구려의 정식 명칭은 '마진' 는 후백제보다 우위에 설 수 있었어요. 뿐만 아니라 왕건은 궁예의 신임도 듬뿍 받을 수 있어서 913년에는 33세의 나이로 후고구려의 2인자인 시중 자리에 오를 수 있었어요. 시중은 현재 국무총리에 해당하는 막강한 자리예요.

궁예에게 등 돌린 자들, 왕건 편에 서다

그런데 어떻게 해서 왕건은 자신을 신임해 주는 궁예를 몰아내고 새 나라를 세울 생각을 하게 되었을까요? 여기에는 궁예의 포악성이 크게 일조했어요.

궁예는 초기에는 부하 장수들과 모든 일을 함께하며 신망을 한 몸에 받았으나, 날이 갈수록 폭정을 일삼아 민심을 잃었어요. 더구나 말년에는 자기가 사람들 속마음을 꿰뚫는 '관심법觀心法'을 터득했다고 억지를 부리며 여러 가지 문제를 일으켰어요. 바른 정치를 하라고 조언하는 부인을 다른 남자와 간통했다고 몰아붙여 잔혹하게 죽여 버렸으며, 신뢰하던 부하 왕건도 의심하여 죽이려 했어요.

하루는 궁예가 왕건을 불러 놓고 속마음을 떠보았어요.

"내가 관심법으로 보니, 네놈이 반역질을 하려는구나."

궁예가 다그치자, 왕건은 부인하려 했어요. 그런데 때마침 옆에 있던 신하가 궁예 말을 부정하면 죽을지 모르니, 그냥 잘못했다고 수긍하라는 눈치를 주었어요. 재빨리 상황을 파악한 왕건은 "예, 그렇습니다. 제가 감히 역모를 꾸몄습니다. 죽여 주십시오"라며 엎드려 손이 발이 되도록 빌었어요. 그러자 궁예는 "네가 정직하게 잘못을 고하니, 용서한다"라며 죄를 주기는커녕, 큰 상으로 왕건을 격려해 주었어요.

이러한 위기를 하루에도 몇 번씩 겪는 왕건에게 하루는 홍유·배현경·신숭겸 등이 찾아왔어요. 이들은 궁예의 포악성이 날로 심해져 더 이상 견딜 수 없으니, 궁예를 몰아내고 왕건 중심으로 새 나라를 건설하자고 말했어요. 그는 이들의 제안을 처음에는 완강히 거절했어요. 하지만 두 번, 세 번 강권하자, 결국에는 그들과 손을 잡고 궁예를 몰아내 자신의 나라 고려를 건국했어요. 918

한편, 궁궐에서 쫓겨난 궁예는 평민으로 변장하여 산골로 달아났으나, 농민들에게 발각되어 그 자리에서 살해되었어요. 평소에 독불장군처럼 살며 백성의 등골을 파먹은 죗값을 톡톡히 치른 셈이지요.

수긍 首肯
옳다고 인정함.

새 나라 기틀을 마련하는 왕건

왕건은 자신이 왕이 되자, 나라 이름을 태봉에서 고려로 변경하고, ❶ 수도 또한 철원에서 자신의 터전인 송악으로 옮겼어요. ❷ 궁예가 후고구려를 처음 세웠던 곳은 송악이지만, 그는 나라 이름을 마진, 태봉으로 바꾸며 수도 또한 자신이 성장했던 철원으로 바꿨어요. 따라서 그가 왕자리에서 쫓겨날 무렵에는 나라 이름이 태봉, 도읍지는 철원이었어요.

왕건이 나라 이름을 '고려'로 정한 이유는 고구려 부흥에 대한 염원 때문이었어요. 고구려 사람들은 자기 나라 이름을 '고려'라고 부르기도 했으니, 왕건의 고려 건국은 고구려의 부활이라고 할 수 있지요.

일국의 왕이 된 왕건에게는 반드시 달성해야 할 목표가 하나 있었어요. 그게 뭐냐고요? 후삼국 통일이었지요. 왕건은 군사력을 더욱 강화하여 통일 전쟁에 적극 나섰어요. 통일 전략은 간단했어요. 힘을 완전히 상실하여 손톱, 발톱에 이빨까지 빠진 꼴이 되어 버린 신라와는 친하게 지내고, 후백제와는 적극적으로 맞짱을 뜨는 것이었어요. 그의 이러한 전술은 절묘하게 맞아떨어져 935년 신라가 자진하여 항복해 왔으며, ❸ 936년에는 후백제에서 발생한 내분을 틈타 후백제를 합병했어요. ❹

한편, 왕건은 고구려 땅을 되찾는 일에도 발 벗고 나섰는데, 발해가 거란에 멸망하자, 926 발해 왕자 대광현을 비롯한 10만여 발해 유민을 고려에 들어와 살게 했어요. ❺ 그러면서 북방 영토 개척에 지속적으로 신경 써서 왕건 말년에 고려의 국경선은 청천강에서 영흥만 선에 이르렀어요. ❻

나라를 안정시키는 데도 노력을 기울여 고구려 진대법을 본뜬 흑창을 설치해 빈민을 구제했으며, 세금도 크게 낮춰 주었어요. 왕실의 안정을 위해서는 지방에서 큰 세력을 떨치고 있던 대호족의 딸들과 혼인하는 '정략결혼 정책'과 자신의 성인 '왕王'씨를 대호족들에게 하사하는 '사

유민 遺民
망하여 없어진 나라의 백성.

진대법 賑貸法
추수한 곡식이 떨어질 즈음이나 흉년기에 국가에서 백성들에게 곡식을 빌려주고 가을에 수확하면 갚게 한 제도.

성 정책'을 활용했어요. 이 두 정책이 왜 왕권 안정 정책이냐고요? 생각해 보세요. 각 지방의 유력한 호족에게 왕씨 성을 하사하여 그들을 왕족으로 대우해 주면, 성을 하사받은 호족의 입이 함지박만 하게 벌어지며 국왕에게 고마워하겠지요. 여기에 자신의 딸이 비록 후비지만, 왕의 부인이 된다는 것은 호족의 입장에서 크게 반길 만한 가문의 영광이었지요. 따라서 '정략결혼 정책'과 '사성 정책'은 건국 초기 국가의 기틀을 안정시킬 수 있는 절묘한 방안이었어요.

하지만 말이에요. 왕건의 이 정책들은 '양날의 검'이었어요. 왕건이 살아 있을 당시에는 왕권 안정에 크게 기여했지만, 왕건 사후에는 왕실의 안정을 크게 해치고 말았어요. 왕건은 부인이 29명, 자녀는 34명이나 되었는데, 이들의 외할아버지들이 모두 한가락 한다는 대호족이었어요. 그러다 보니, 왕건 사후에 대호족들이 자신의 외손자를 왕위에 올리기 위해 치열하게 물밑 경쟁을 벌이며 새 왕을 죽이려고까지 했어요. 고려 제2대 임금 혜종은 왕위에 오른 이후 하룻밤도 편히 자지 못할 정도로 자주 살해 위협에 시달렸어요. 태조 왕건이 왕권 안정을 위해 추진했던 '정략결혼 정책'이 부메랑이 되어 후대 임금을 강타한 셈이지요.

신라를 불국토로
만든 사람들

원효
vs
의상

617~686 **원효**　　**의상** 625~702

50 ┣━━━━━━━━━━━━━ **정치력** ━━━━━━━━━━━━━┫ 100

원효를 시기하는 승려들이 많아 왕이 유명한
승려들을 초대하여 불법을 듣는 자리인
'백고좌회'라는 강연회에도 참석할 수가 없었다.

왕실과 지배층을 중심으로 화엄종을
신라 사회에 널리 퍼트렸다.

100 ┣━━━━━━━━━━━━━ **지력** ━━━━━━━━━━━━━┫ 50

'원효학'이라는 학문이 만들어질 정도로
깊이 있는 불교 철학 서적을 다수 남겼다.

후세에 뚜렷하게 남을 정도의
학문적 업적은 없었다.

70 ┣━━━━━━━━━━━━━ **인품** ━━━━━━━━━━━━━┫ 100

대중의 많은 사랑을 받았고, 승려의 몸으로 요석공주와
사랑을 나누어 설총을 낳을 만큼 자유분방하게 살았다.

제자 양성에 힘써 많은 제자에게 존경받았으며,
신라 지배층과 친밀하게 교류하면서 화엄종을 발전시켰다.

원효와 의상. 나이는 원효가 여덟 살이나 더 많지만, 두 사람은 친구처럼 지내며 함께 당나라로 불교 유학을 떠나기로 했어요. 그러나 원효는 여행 도중 해골 물 사건을 겪고 깨달음을 얻어 유학을 포기한 채 신라 땅 곳곳을 떠돌며 불교를 대중화하는 데 온 힘을 쏟았어요. 반면에 의상은 원효와 헤어진 후 당나라로 들어가서 불교 종파 중 하나인 화엄종을 열심히 공부했어요. 그러고는 귀국하여 신라 땅에 화엄종을 널리 유포시키며, 왕이 나라를 안정적으로 다스리는 데 큰 도움을 주었어요.

맞수 열전 서른 번째 시간, 신라 불교계를 대표하는 원효와 의상 스님을 초대하여 두 사람의 인연에 대해 알아봐요.

원효와 의상의 어린 시절

원효는 진평왕 시대에 승려가 된 사람으로, 지금의 경상북도 경산에서 지방 관리의 아들로 태어났어요. 원래 성씨는 설씨로, 원효라는 법명은 새벽에 태어났기 때문에 붙여졌다고 해요. 원효의 '曉효' 자가 새벽을 뜻하는 한자예요.

원효가 불교에 입문한 것은 아주 어릴 때였어요. 승려가 된 이유는 명확히 밝혀지지 않았지만, 신라 왕실의 적극적인 불교 장려책 속에 스님이 되었을 것으로 추정해요. 하지만 말이에요, 당시 신라 사회는 진골 귀족에 의해서 운영되던 신분제 사회였기에, 원효와 같은 지방 출신들은 제아무리 똑똑해도 출세에 제한이 있었어요. 따라서 신분의 한계 때문에 일찌감치 부처님의 제자가 되었을 가능성도 배제할 수는 없어요.

반면 의상은 귀족 출신이에요. 선덕여왕 13년인 644년 경주 황복사

지엄 대사
당나라 수도 장안 남쪽에
있는 종남산의 지상사에서
수도하던 승려. 의상에게
화엄학을 가르쳐 준 스승이다.

태종 무열왕
603 ~ 661년.
신라 제29대 왕.

에서 승려가 되었는데, 그는 661년에 바닷길로 당나라에 들어가서 지엄 대사를 스승으로 삼아 화엄종을 깊이 연구했어요. 그 후 670년에 귀국, 해동 화엄종을 창시하여 불교 발전에 크게 기여했어요.

당 유학을 위해 길을 나서는 원효와 의상

원효와 의상이 한창 불법을 공부하던 때는 신라가 통일 전쟁을 치르던 태종 무열왕 시대였어요. 이 시기 신라 승려들에게는 당나라로 불교 유학을 가는 것이 일생일대 소원이었는데, 원효와 의상도 그러했어요.

두 사람은 처음에는 육지길로 당에 가기 위해 고구려 땅으로 몰래 숨어들어 요동 지방까지 올라갔어요. 하지만 그곳에서 고구려 군사에게 붙들려 죽을 고비를 넘긴 끝에 우여곡절을 겪으며 간신히 신라 땅으로 되돌아왔어요. 남자가 칼을 뽑았으면 썩은 호박이라도 찔러야지, 뭔 포기가 그리도 빠르냐고요? 두 사람은 결단코 포기하지 않았어요. 고향 땅으로 돌아오자마자 다시 당나라로 떠날 준비를 했어요. 둘은 머리를 맞대고 상의하여 이번에는 바닷길로 가기로 했어요.

만반의 준비를 갖춘 두 사람은 경주를 출발하여 지금의 충청남도 천안 부근에 당도했어요. 밤은 깊어 가는데 느닷없이 폭우가 쏟아져 참으로 난감한 처지에 빠졌어요. 원효와 의상은 부득이하게 무덤 안에서 하룻밤 머무는 신세가 되고 말았어요. 워낙 피곤하여 무덤인데도 자리를 잡자마자 꿈나라로 깊숙이 빠져들었어요. 원효는 한밤중에 심한 갈증이 일어 비몽사몽간에 머리 위에 놓인 물병에 든 물을 마셨어요.

아침 해가 쨍쨍 무덤 위로 솟구쳤어요. 눈이 번쩍 뜨인 원효의 뇌리에 어젯밤 맛나게 먹은 물맛이 불현듯 떠올랐어요. 원효는 급히 물병을 찾았어요. 아! 아!! 아!!! 그러나…… 물병이라고 생각했던 것은 병이 아니라 해골바가지였어요. 갑자기 몸속에 있던 모든 것이 위로 밀고 올라왔

어요. 한참을 토악질하고 난 후에야 진정이 되었어요. 그 순간 원효의
머리를 무언가가 비수처럼 꿰뚫고 지나가며 마음 문이 활짝 열렸어요.

"세상의 모든 일은 마음먹기 나름이라더니, 일체유심조一切唯心造의
이치가 바로 이런 것이로구나!"

원효는 단박에 불법의 진정한 이치를 깨닫고 말았어요. 이제 그에게
당나라 불교 유학은 무의미한 일이 되고 말았어요.

"스님, 나는 당에 가지 않겠소. 세상 모든 일은 마음먹기에 달렸는데,
내가 여기에 있은들 깨우치지 못할 까닭이 무엇이겠소. 나는 이곳에 머
물겠으니, 스님 혼자 다녀오시오."

결국 원효는 당 유학을 포기하고 의상 혼자 당으로 건너갔어요.

불교 대중화에 나선 원효 대사

원효는 경주로 돌아온 뒤 전국 방방곡곡을 떠돌아다니며 불교를 전
파했어요. 원효는 가는 곳마다 극락 세상을 주관하는 아미타부처님과
그의 조수인 관세음보살만 열심히 외우면 누구나 극락에 갈 수 있다고

일체유심조
모든 것은 오로지 마음이
지어내는 것임을 뜻하는
불교 용어.

말하고 다녔어요. 그의 이러한 포교술은 신라 땅 곳곳에 '나무아미타불 관세음보살'을 울려 퍼지게 했는데, 이 경구는 '아미타부처님과 관세음 보살님께 내 몸을 의지합니다'라는 뜻이에요.

불교 교리에 정통한 원효가 이것만 반복해서 외우면, 어려운 불경 공부를 하지 않아도 세상 사람 누구나 극락 세계에 갈 수 있다고 하니, 어느 누가 이걸 외우지 않겠어요? 하루 종일 일에 매달려도 먹고살기 힘들어 끙끙대던 농부나 어부까지도 일하는 틈틈이 '나무아미타불 관세음보살'을 중얼거렸어요. 그러면서 불교는 귀족들만 믿던 고급 종교에서 민중의 폭넓은 사랑을 받는 대중 종교로 확산되었어요. 불교가 원효 덕분에 대중화되었지요.

한편 원효는 당나라에서 수입해 온 불교 경전 『금강삼매경』을 능수능란하게 번역·해설하여 사람들을 깜짝 놀라게 했어요. 그 해설서가 바로 원효의 대표 저서 『금강삼매경론』이에요. '론論'은 알기 쉽게 풀어 쓴 해설서를 말해요. 여기에 대승불교 개론서 『대승기신론』을 번역·해설한 『대승기신론소』를 지어 불교에 대한 이해의 폭을 넓혀 주었으며, 『십문화쟁론』에서는 불교를 믿는 사람들은 모두 부처님의 제자이니, 싸우지 말고 협력해서 세상을 아름답게 만들자는 화쟁和諍사상을 주장하기도 했어요. 이처럼 원효는 많은 승려들이 유행처럼 떠났던 당나라 유학을 가지 않고도 독자적인 철학 세계를 구축하여 불교를 백성과 가깝게 했으며, 여러 불교 철학 서적을 발간하여 현재까지도 우리나라 불교계를 기름지게 만들어 주고 있어요.

해동 화엄종을 창시한 의상 대사

천태종
중국 불교 13종 중 가장 대표적인 종파로 대각국사 의천이 우리나라에 소개했다.

의상은 당나라로 들어가 화엄종을 열심히 공부했어요. 화엄종이 뭐냐고요? 천태종과 함께 중국 불교를 대표하는 불교 종파예요. 의상이 유학을 떠난 당시에는 화엄종 제2대 교조 지엄 대사가 당나라 종남산에 있는 지상사에 살면서 제자들에게 화엄사상을 가르치고 있었어요. 의상은 먼 길을 걸어 종남산까지 찾아가 지엄 밑에서 화엄학 공부를 시작했어요. 얼마나 열심히 공부했던지, 지엄은 의상을 자신의 애제자로 인정했어요. 한편 그가 공부하는 과정에서 만든 '화엄일승법계도'는 화엄종의 핵심 사상을 정리한 도표로 현재도 널리 인정받고 있어요.

스승이 입적하자 의상은 고향으로 돌아왔어요. 선진 불교 종파인 화엄종을 공부한 의상이 돌아오자 왕실부터 귀족까지 많은 사람이 의상 밑으로 들어와 화엄학 공부를 시작했어요. 그러면서 신라 불교 자체가 한 단계 더 성장했어요.

신라 땅에서 유행한 화엄종은 삼국 통일 전쟁을 막 끝낸 신라 지배층에게 통합의 명분을 제공해 주기도 했어요. 아니! 도대체 무슨 이유 때문에 화엄사상이 통일 명분까지 돼 줄 수 있었냐고요? 화엄종 교리 속에는 일즉다 다즉일一卽多 多卽一 사상이 들어 있어요. '하나인 것이 많은 것이요, 많은 것이 하나인 것이다'로 해석되는 이 사상은 삼국 통일 이후 새롭게 신라 사람이 된 고구려·백제 유민도 신라 백성이라는 통합 명분을 제공해 줄 수 있었어요.

원효와 의상. 한 사람은 선진 불교 유학을 중도에 포기했지만, 무지렁이 농민도 믿을 수 있는 불교사상을 신라 땅 곳곳에 전파하여 신라 불교를 대중화했어요. 반면에 의상은 당나라에서 열심히 공부하여 신라 땅에 화엄종을 수입한 이후에 이 사상을 널리 퍼트리며 삼국 통일 이후 자칫하면 혼란스러웠을 신라 사람들에게 통합의 명분을 제공해 주었어요. 그리고 보면, 두 사람은 각기 다른 방법으로 득도하여 신라를 불교 국가로 만드는 데 기여했다고 할 수 있어요. 원효와 의상 모두 빼어난 승려인 셈이지요.

입적 入寂
승려가 죽음.

신라와 백제의
마지막 결전

김유신 vs 계백

595~673 **김유신**　　　　**계백** ?~660

	정치력	
80		**30**

김유신: 손에 쥔 군사력을 바탕으로 매제인 김춘추를 왕이 되게 했고, 신라 정부의 정책 결정에 적극적으로 참여했다.

계백: 의자왕의 심복이면서도 왕을 바른 길로 이끌지 못했다.

	지력	
90		**90**

김유신: 자신이 지휘한 대부분 전투를 승리로 이끌었다.

계백: 5천 군사로 5만 신라군을 네 번이나 격퇴할 정도의 지략이 있었다.

	인품	
50		**70**

김유신: 야망을 달성하기 위하여 사랑하던 여자인 천관녀마저도 떨쳐 낼 정도로 냉정했다.

계백: 싸움터로 떠나기 전에 가족을 몰살시켰을 정도로 매몰찼다. 하지만 황산벌 전투 때에 자기 진영으로 혈혈단신 쳐들어온 관창을 두 번이나 풀어 줄 정도의 너그러움은 있었다.

황산벌. 충청남도 논산시에 있는 벌판이지요. 이곳에서 660년에 백제와 신라의
운명이 갈라졌어요. 나·당연합군이 백제를 치러 올 때, 김유신 장군이 이끈 5만 신라군을
계백 장군은 5천 결사대로 황산벌에서 막아 내려 했어요. 신라군과 백제군은 이곳에서
큰 전투를 다섯 번 벌였는데, 네 번은 백제군이 승리했어요. 하지만 다섯 번째 전투에서
신라가 대승을 거두며 신라는 백제를 간신히 멸망시킬 수 있었어요.

맞수 열전 서른한 번째 시간, 황산벌에서 용호상박을 벌인 신라 김유신 장군과
백제 계백 장군을 초대하여 그들의 인연에 대해 이야기해 봐요.

짝퉁 진골 집안이었으나 출세가도를 달린 김유신 장군

김유신은 진평왕 17년인 595년에 태어났어요. 그의 집안은 진골 귀
족 가문이었으나, 신라의 정통 귀족은 아니었어요. 6세기 전반에 진골
귀족에 새로 편입한 짝퉁 귀족이었지요. 법흥왕에 의해서 멸망한 금관
가야의 마지막 왕인 구해가 김유신의 증조할아버지로, 가야가 신라에
항복하자 법흥왕은 구해 가족을 우대하여 신라 귀족 세력으로 편입시켜
주었어요. 따라서 김유신 집안은 신라 귀족 사회에서 영원한 아웃사이
더, 비주류에 불과했어요.

여기서 질문 하나! 짝퉁 진골 출신 김유신은 어떻게 신라 최고의 명장
으로 출세할 수 있었을까요? 선덕여왕의 동생인 천명공주를 어머니로
둔 김춘추와의 남다른 인연이 크게 한몫했어요.

김춘추 또한 신라 사회에서 비주류였어요. 어머니가 왕의 누이였지

법흥왕
?~540년.
신라 제23대 왕.

255

진지왕
?~ 579년.
신라 제25대 왕.

선덕여왕
?~ 647년.
신라 제27대 왕.

진덕여왕
?~ 654년.
신라 제28대 왕.

산해진미
산과 바다의 산물을 다 갖추어
아주 잘 차린 진귀한 음식이란
뜻으로, 온갖 귀한 재료로 만든
맛 좋은 음식.

만, 할아버지인 진지왕이 진골 귀족의 힘에 밀려 강제로 자리에서 물러나야 했고, 왕을 몰아내는 데 앞장선 귀족들이 선덕여왕 시절에 정치를 주도하고 있었기 때문이에요. 허나 무술 실력과 지략이 출중한 김유신과 외교력과 정치력이 탁월한 김춘추가 뭉치니, 태산도 무너뜨릴 정도로 큰 힘이 생겨 진덕여왕 시절에는 '정치 하면 김춘추, 군사 하면 김유신' 할 정도로 왕의 오른팔과 왼팔이 되어 신라 정부를 좌지우지했어요.

여기서 잠깐! 그런데 김유신과 김춘추는 어떻게 해서 서로 끈끈한 우정을 나누게 되었을까요? 여기에는 김유신의 교묘한 꾀가 숨어 있어요. 김춘추보다 여덟 살 많던 김유신은 김춘추가 20대 후반이던 시절에 함께 어울려 다니고는 했어요. 김유신이 보기에 김춘추는 능력이 있어서 잘만 사귀어 놓으면 훗날 크게 도움이 될 것 같았어요. 그래서 그는 김춘추와 자신의 여동생을 맺어 주려 했어요.

어느 날이었어요. 유신은 공을 차며 놀던 도중에 춘추의 옷고름을 고의로 밟아 떼어 버렸고, 이것을 빌미 삼아 집으로 춘추를 초대했어요.

"미안하구먼. 우리 집에 가서 옷고름도 달고, 술 한잔 하세."

유신의 숨은 의도를 눈치채지 못한 춘추는 순순히 그 말에 따랐어요.

유신에게는 여동생이 두 명 있었는데, 첫째가 보희, 둘째가 문희였어요. 유신은 산해진미의 술상을 차려 놓고 흥겹게 술을 마시다가, 춘추가 어느 정도 취하자, 보희에게 춘추의 옷고름을 달아 주라고 시켰어요. 하지만 보희는 처녀가 외간 남자 앞에 함부로 나설 수는 없다며 응하지 않았어요. 유신은 다시 둘째 동생 문희를 불렀어요. 오빠가 부르자, 문희는 실과 바늘을 가지고 잽싸게 달려 나와 춘추의 옷고름을 달았어요.

이 일을 계기로 춘추와 문희 사이에 사랑이 싹트더니, 급기야는 문희의 배가 남산만 해졌어요. 그런데요, 안타깝게도 춘추는 문희와의 결혼을 별로 내켜 하지 않았어요. 멸망한 가야 후예와 결혼한다는 것이 영 찜

찜했거든요. 그러자 유신이 깜짝 쇼를 하나 터트렸어요.

유신은 '처녀인 동생이 부모 몰래 애를 가져 불에 태워 죽인다'며 동네 방네 소문을 내 놓고, 선덕여왕이 남산으로 나들이 가는 날에 맞추어서 집 마당에 장작불을 피워 올렸어요. 여왕이 길을 가며 보니, 유신의 집에서 검은 연기가 치솟고 있었어요. 깜짝 놀라 연유를 물으니, 신하 하나가 전후 사정을 이야기했어요. 선덕여왕은 춘추에게 속히 가서 문희를 구하라고 명령을 내렸어요. 결국 춘추는 유신의 계략에 넘어가 어쩔 수 없이 문희와 결혼하여 유신과 큰 인연을 맺고 말았지요.

결혼은 춘추에게도 유신에게도 꽤나 큰 도움이 된 윈윈 전략이었어요. 왜냐고요? 훗날 진덕여왕이 죽고 진골 출신 중에서 왕을 선정할 때 신라의 군사권을 쥐고 있던 김유신은 매제인 김춘추를 적극 지원하여 김춘추가 진골 출신 최초의 왕이 될 수 있게 했어요. 또한 두 사람은 서로 힘을 합쳐 백제를 멸망시키며 삼국 통일의 초석을 다졌어요.

5천 결사대로 5만 신라군에 맞선 계백 장군

백제의 명장으로 소문난 계백 장군의 생애는 자세히 알 수 없어요. 그의 생애를 미주알고주알 전하고 있는 역사책이 없거든요. 다만, 660년에 나·당연합군의 침공으로 나라가 위기에 처하자, 다급해진 의자왕이 '제2품직인 달솔 계백에게 5천 결사대를 주어 막게 했다'는 기록과, 임금의 명을 받은 계백이 가족을 전부 죽이고 황산벌에 나가 5만 신라군과 맞서 싸우다가 장렬하게 전사했다는 기록만이 전해 오고 있어요. 따라서 계백 장군은 황산벌 전투가 없었다면, 지금처럼 큰 인물로 역사에 이름을 남길 수가 없었을 거예요.

계백을 역사적 인물로 만든 황산벌 전투

660년, 김유신이 이끄는 5만 신라군은 소백산맥을 넘어 상주를 거쳐 백제 땅 논산으로 진격해 왔고, 소정방이 이끄는 13만 당나라 군대는 배를 타고 서해를 건너 금강 하구로 몰려왔어요. 다급해진 의자왕은 계백에게 5천 군사로 김유신의 5만 신라군을 막도록 했어요. 이때 계백 장군은 "국가의 존망을 알 수 없다. 처자식이 포로로 잡혀 노예가 될지도 모른다. 살아서 모욕을 당하느니 죽는 것이 낫다"며 가족을 모두 죽이고 전쟁터인 황산벌로 진군하여 부하들에게 당부했어요.

"월나라 왕 구천은 5천 군사로 오나라 70만 대군을 격파하였다. 우리가 힘을 합쳐 용기 있게 싸우면 신라 군사는 조무래기에 불과하다. 젖 먹던 힘까지 다하여 신라군을 물리쳐 국가의 은혜에 보답하자."

계백의 일장 연설에 용기를 얻은 백제의 5천 결사대는 한마음 한뜻으로 굳게 뭉쳐 5만 신라군을 상대로 황산벌에서 네 번 싸워 네 번 모두 이겨 버렸어요. 김유신이 이끄는 신라군 진영에서는 당연히 난리가 났지요. 얼른 계백의 군대를 물리치고 사비성으로 가서 당나라 군대와 합류해야 하는데, 황산벌에서 오무락딸싹도 못하고 있었으니까요.

이때, 신라 군사들의 용기를 북돋아 준 인물이 혜성처럼 나타났으니, 그들의 이름은 반굴과 관창이었어요. 김유신 장군의 동생인 흠춘 장군의 아들 반굴은 신라군이 좀처럼 승기를 잡지 못하자 홀로 백제군 진영에 뛰어들어 맹렬히 싸우다가 전사했어요. 또 이를 본 화랑 관창도 열여섯 어린 나이에 홀로 적진으로 말을 달려 용감히 싸웠어요. 하지만 그는 백제군에게 사로잡혔어요. 백제 군사들은 생포한 관창을 계백 장군 앞에 데리고 갔어요. 투구를 벗겨 보니 솜털이 아직 보송보송한 미소년이었어요. 계백은 나이 어린 그가 홀로 적진에 뛰어든 것을 대견하게 여겨 죽이지 않고 말 위에 꽁꽁 묶어서 신라 진영으로 되돌려 보냈어요.

아군 진영으로 되돌아온 관창은 무척 창피했어요. 젊은 혈기로 적진에 뛰어들었으나, 적군의 사기만 올려 주고 말았으니 면목이 서질 않았어요. 그래서 재차 백제군 진영으로 뛰어들어 칼을 휘둘렀어요. 관창을 다시 붙잡은 계백 장군은 이번에는 하는 수 없다는 듯이 목을 베었어요. 그러고는 그 시신을 말안장에 묶어 신라 진영으로 보냈어요. 용감한 화랑의 죽음을 욕보이지 않게 하기 위해 시신을 고이 돌려보낸 것이지요.

하지만 이게 실책이었어요. 관창의 죽음은 전투할 때마다 져서 코가 석 자나 빠져 있던 신라 군사의 기세를 살려 주었어요. 신라군은 관창의 원수를 갚자며 너도나도 싸움에 앞장서기 시작했어요. 결국 황산벌의 다섯 번째 싸움인 마지막 전투에서 계백이 이끄는 백제의 5천 결사대는 신라군에게 대패했으며, 계백 장군도 이 싸움에서 죽고 말아요. 이후 김유신과 신라군은 거칠 것 없이 사비성으로 진격해 당나라군과 연합하여 백제를 멸망시켰어요. 신라의 오랜 염원, 삼국 통일의 기반이 조성된 것이죠.

김유신과 계백. 두 장군은 각기 자기 나라를 대표하는 장수였어요. 이 둘은 황산벌 전투 때문에 운명의 라이벌이 되었지만, 아마 같은 편이었다면 서로 의기투합하는 멋진 친구가 되었을지도 몰라요. 하지만 적국의 장수로 대적했기에 끝까지 치열하게 싸울 수밖에 없었죠.

신라와 백제,
최후의 승자는?

무열왕
vs
의자왕

603~661 **무열왕** | **의자왕** ?~660

	정치력	
100		**50**

꿈쩍도 하지 않던 당나라의 태종을 설득하여
나·당연합군을 형성, 삼국 통일 전쟁에 나섰다.

집권 초기에는 정치적 역량을 크게 발휘했지만, 날이 갈수록
자만에 빠져 나라를 멸망의 구렁텅이로 몰아넣었다.

	지력	
90		**50**

주변국과 다양한 외교 관계를 맺은
명 외교관이었다.

지혜로웠다고는 하나, 말년에 정세를 잘못
판단하여 나라를 빼앗겼다.

	인품	
80		**30**

여러 진골들의 지지로 왕이 된 것을 보면
인품 또한 훌륭했을 것 같다.

젊었을 때는 '해동증자'라 추앙받을 정도로
백성들의 평이 좋았으나, 나이 들어 가면서
향락에 빠져 백성들의 삶을 피폐하게 만들었다.

660년, 신라에 의해 백제가 멸망했어요. 당시 신라는 태종 무열왕이, 백제는 의자왕이 다스리고 있었어요. 두 사람은 얼굴을 맞대고 서로 주먹을 뻗어 권투하듯이 싸운 것은 아니었어요. 하지만 그 시대 두 나라는 서로에게 치명타를 가하기 위해 일진일퇴를 거듭하고 있었기에 두 사람은 운명이 엮어 준 라이벌이라고 할 수 있어요. 맞수 열전 서른두 번째 시간, 백제를 멸망시킨 신라 임금 태종 무열왕과 그에 의해 KO당한 백제의 마지막 임금 의자왕을 초대하여 칡덩굴처럼 얽히고설킨 그들의 인생사를 되돌아봐요.

태종 무열왕은?

태종 무열왕의 본래 이름은 김춘추예요. 그는 신라 제29대 임금으로 진골 출신으로는 최초로 신라 왕이 된 사람이에요.

신라 귀족은 성골과 진골로 나누어져 있었으며, 왕위는 성골만 계승할 수 있었어요. 그러나 김춘추는 진골인데도 왕이 되었어요. 아니, 어떻게 해서요? 여기에는 신라 왕실의 고민이 숨겨져 있어요. 김춘추가 왕이 되기 직전 신라 임금은 여자였어요. 선덕여왕과 진덕여왕이 그들이지요.

선덕여왕의 아버지는 진평왕이었는데, 그는 왕위를 계승할 아들이 없어 딸에게 왕위를 물려줘야 했어요. 선덕여왕이 죽고 난 이후에는 그녀의 사촌 동생인 승만이 왕위를 이어받았어요. 이 사람이 진덕여왕으로 신라의 마지막 성골 임금이에요. 진덕여왕이 654년에 세상을 떠났어

처남
아내의 손위 남자 형제를
이르는 말. 김춘추의 부인이
김유신의 동생이었다.

곡절 曲折
순조롭지 않게 얽힌 이런저런
복잡한 사정이나 까닭.

요. 성골만 임금을 한다는 것이 신라의 왕위 계승법인데, 이제 성골 씨가 말라 버렸으니 이거 어떻게 해야죠?

조정에서는 난리가 났어요. 고위급 관료들은 급히 화백 회의를 열어 진골 중에서 유능한 자를 왕으로 선출하기로 입을 모았어요. 여러 귀족들이 화백 회의의 의장직에 있던 알천을 왕으로 추천했어요. 그러나 알천은 손을 내저으며 왕위를 사양했어요.

"저는 늙고 이렇다 할 덕행이 없습니다. 지금 덕망이 높기는 춘추공만 한 이가 없으니, 춘추공이 왕이 되어야 합니다."

회의에 참가한 귀족들은 알천이 이렇게 말하자, 그의 주장에 따라 춘추를 왕으로 모셨어요. 그런데요, 알천은 정말 김춘추가 자신보다 능력이 뛰어난 사람이라고 생각했을까요? 그랬을 것 같다고요? 천만에요.

『삼국유사』에 의하면, 알천은 김춘추의 힘이 무서워서 왕위를 어쩔 수 없이 양보했다고 해요. 당시 신라의 군사권은 김춘추의 처남 김유신에게 있었어요. 김유신은 화백 회의가 열리자 김춘추를 왕으로 강력하게 밀었고, 그의 막강 파워에 눌린 귀족들은 맘에 없는데도 김춘추가 왕이 되는 것에 동의했어요. 이러한 곡절 속에 왕이 된 김춘추는 당나라와 힘을 합쳐 백제를 멸망시키며, 삼국 통일의 징검다리 역할을 훌륭하게 수행했어요.

의자왕은?

의자왕은 무왕의 맏아들로 태자 시절에 '해동증자'라고 불릴 정도로 효성이 지극했다고 해요. 증자가 누구냐고요? 증자는 공자의 제자로 부모님에 대한 효성이 지극했던 유학자예요.

그는 임금이 된 후에 신라를 공격하여 30여 개 성을 빼앗을 정도로 정복활동에 적극적이었으며, 나라 살림도 잘해서 백성에게 '인기 짱'인 덕망 있는 임금이었어요. 하지만 나라를 다스린 지 15년이 넘어서면서 점차 향락에 빠져들었어요.

태종 무열왕이 백제를 정벌하려 했던 이유는?

의자왕이 임금이 된 지 2년째 되던 642년이었어요. 이때 신라는 선덕여왕이 다스리고 있었는데, 백제는 대야성을 기습 공격하여 함락시켰어요. 이 성은 신라 서쪽 국경의 최고 요새지로 성주가 김춘추의 사위인 김품석이었어요. 품석은 백제의 기습에 적절히 대응하지 못하고 목숨을 부지하기 위해 부인과 함께 항복했어요. 하지만 백제 장수 윤충은 자신의 전공을 자랑하고 백제 군사의 사기도 드높이기 위해 김품석 부부의 목을 베어 수도인 사비로 보냈어요.

경주에서 이 소식을 전해 들은 춘추는 크나큰 충격에 빠졌어요. 눈앞으로 사람이 지나가도 전혀 눈치를 채지 못할 정도였다고 하니, 그가 받은 충격이 얼마나 컸는지 가히 짐작할 수 있어요. 그는 기운을 차려 딸의 원수를 갚기 위해 본인의 힘으로 백제를 멸망시키겠다는 다짐을 한후에 고구려와 연합하여 백제를 칠 생각으로 선덕여왕을 찾아가 건의를 드렸어요. 선덕여왕이 응낙하자, 춘추는 고구려로 떠나며 처남 유신에게 말했어요.

"나는 공과 한마음 한뜻이오. 지금 내가 고구려에 들어가 해를 당한다면, 공은 어떻게 하겠소?"

"공이 돌아오지 않는다면 내 반드시 고구려와 백제를 멸하겠소."

당시 고구려는 연개소문이 정권을 장악하고 있었는데, 춘추가 생각하기에 연개소문만 잘 구슬리면 고구려의 힘을 빌려 백제를 칠 수 있을 것 같았어요. 하지만 고구려는 춘추의 제안을 단칼에 거절하며 오히려 신라가 빼앗아 간 고구려 영토를 내놓으라고 윽박질렀어요. 협상은 결

대야성
경상남도 합천에 있는 신라의 성.

전공 戰功
전쟁에서 세운 공로.

사비
백제의 세 번째 수도로 현재 충청남도 부여.

렬되었고 춘추는 고구려 감옥에 갇히는 신세가 되고 말았어요.

그러나 김춘추가 누구예요? 신라 최고의 전략가 아닌가요? 춘추는 과거에 인연을 맺은 고구려 관리의 조언에 힘입어 간신히 고구려 땅을 빠져나올 수 있었어요. 경주로 되돌아온 춘추는 실망하지 않고 곧바로 짐을 꾸려 이번에는 일본으로 떠났어요. 일본은 당시 백제와 아주 친밀한 관계였는데, 춘추의 머릿속에는 오직 백제 멸망만이 들어 있었기에 신변의 위험을 무릅쓰고 연합 제안을 하러 간 거예요. 이번에도 협상은 실패로 끝나고 말았어요.

여기서 멈췄다면, 춘추는 백제를 멸망시킬 수 없었을 거예요. 이번에는 당나라로 도움을 요청하러 갔어요. 당나라 임금인 태종을 만난 춘추는 당과 신라가 연합하면 백제는 물론 고구려도 칠 수 있다며 나·당 연합을 제안했어요. 당은 고구려와 여러 번 전쟁을 했지만, 매번 실패하여 코가 석 자나 빠진 상태였어요. 이러한 사정을 꿰뚫고 있었기에 춘추는 당 태종을 설득하여 마침내 군사 동맹을 체결하게 되었어요. 딸과 사위를 죽인 백제를 멸망시키기 위해 오랜 세월 이 나라, 저 나라를 떠돌며 구걸하듯이 동맹 맺기를 간청했던 춘추의 노력이 드디어 열매를 맺는 순간이었어요.

백제를 멸망시킨 태종 무열왕

백제와 고구려가 말갈족까지 동원하여 신라 국경을 침범하며 신라를 위협했기에 신라 입장에서 당의 전쟁 참여는 절실한 문제였어요. 노심초사하던 무열왕에게 드디어 기쁜 소식이 날아 왔어요. 당나라 장수 소정방이 13만 대군을 이끌고 산둥 반도를 출발하여 백제 정벌에 나섰다는 거예요. 이 소식을 전해 들은 무열왕은 급히 김유신에게 5만 신라군을 동원하여 백제 공략에 나서라고 명했어요.

노심초사 勞心焦思
몹시 마음을 쓰며 애태움.

무열왕
김춘추의 시호.

264

유신이 이끄는 5만 군사는 탄현을 넘어 황산벌까지 거침없이 진격했어요. 황산벌은 현재 충청남도 논산에 있는 들판으로 이곳에는 백제의 운명을 양어깨에 걸머진 계백 장군의 5천 결사대가 진을 치고 있었어요. 당나라군은 이미 금강 하구인 기벌포에 도착하여 거칠 것 없이 백제의 수도 사비성으로 올라가고 있었는데, 신라군은 계백의 군사 때문에 황산벌에서 발이 꽉 묶여 버렸어요. 참으로 난감했지요.

그런데 화랑정신으로 무장한 두 젊은이, 반굴과 관창이 자기 몸을 희생시켜 신라군 전체의 사기를 초절정까지 끌어올려 버렸어요. 결국 두 사람의 희생에 힘입어 신라군은 마지막 전투에서 백제의 결사대를 대파했어요. 이후 신라군은 백제의 수도 사비성까지 순조롭게 진출할 수 있었어요. 사비성에 도착해 보니, 당군이 이미 성 전체를 포위하고 있었어요. 김유신은 당군과 협조하여 사비성을 손쉽게 함락시켰어요. 때는 660년 7월 18일이었어요.

백제가 멸망한 지 15일이 지났어요. 무열왕은 사비성에 들어가 당나라 장수 소정방과 함께 높은 자리에 나란히 앉아 의자왕이 단 아래에서 무릎을 꿇고 따라 주는 술을 받아 마시며 승리의 기쁨을 한껏 누렸어요. 딸과 사위를 백제의 손에 떠나보낸 지 18년 만의 복수였지요.

탄현
대전광역시 동구와 충청북도 옥천군 군서면의 경계에 위치한 식장산에 있는 고개. 신라에서 백제로 넘어가는 주요 요충지였다.

265

고구려 남진 정책의
결과는?

장수왕
vs
개로왕

394~491 장수왕 　　개로왕 ?~475

정치력

90	30
고구려의 힘을 한데 모아 최전성기를 이끌었다.	바둑에 빠져 나랏일을 도외시했다.

지력

90	10
주변 국가를 잘 아울렀고, 백제 왕을 속이는 작전을 잘 구사했다.	고구려 술수에 쉽게 넘어갈 정도로 어리석었다.

인품

50	30
독하지 않았다면, 주변국을 폭풍 휘몰아치듯 다그치지 않았을 것이다.	나라와 백성 일을 나 몰라라 하며 향락 생활에 빠져들었다.

5세기 동아시아 최강 국가는 고구려였어요. 세기는 100년을 하나로 묶어 부르는 단위로, 5세기는 401년부터 500년까지를 말해요. 이 시기 고구려는 광개토대왕과 장수왕이 나라를 다스리며 중국에 있던 국가들까지 벌벌 떨게 할 정도로 큰 위세를 떨쳤어요. 5세기 초반에는 땅따먹기의 위대한 챔피언 광개토대왕이 서북쪽으로 영토를 확장하며 주변 국가를 꼼짝 못하게 만들었어요. 광개토대왕이 39세의 젊은 나이로 세상을 하직한 413년 이후에는 그의 아들 장수왕이 남쪽 지역으로 영역을 확장하며 고구려를 동아시아 최강 국가로 우뚝 서게 만들었어요. 반면에 백제는 장수왕의 남진 정책에 희생양이 되었으니, 이 시기 백제를 이끌던 임금은 개로왕이에요.

맞수 열전 서른세 번째 시간, 고구려의 전성기를 구축한 장수왕과 그에게 된통 깨진 백제 개로왕을 초대하여 5세기 우리 땅을 이야기해 봐요.

이름만큼 오래 산 임금, 장수왕

고구려에서는 왕이 죽은 후에 붙여 주는 별명인 묘호를 무덤이 자리 잡은 땅의 이름으로 사용하는 경우가 종종 있었어요. 예를 들어 '미천'이라는 강 옆에 무덤을 만들었기에 미천왕, '고국원'이란 언덕에 무덤을 썼기에 고국원왕, '소수림'이란 숲 속에 무덤을 써서 소수림왕이라 했지요. 이처럼 고구려는 왕 무덤이 자리 잡은 곳의 땅 이름을 왕의 묘호로 삼는 독특한 나라였어요.

하지만 말이에요. 장수왕의 묘호는 또 달라요. 자기가 잠들어 있는 땅 이름이 아니에요. 워낙 오래 살아서 신하들이 묘호로 길다는 뜻의 '長장'과 목숨을 뜻하는 '壽수'를 합하여 '장수長壽'라 붙여 줬어요. 98세에 세상을 떠났고 왕으로 나라를 다스린 시기만도 79년이었으니, 묘호로서는 절묘하다 싶을 정도로 잘 붙인 이름이지요.

고구려를 동아시아 최대 강국으로 만든 장수왕

장수왕은 고구려의 제20대 임금이에요. 아버지 광개토대왕을 뒤이어 왕위에 올랐는데, 그는 나라의 북쪽 지역보다는 남쪽 지역으로 영토를 확장하는 데 더 열중했어요.

어찌 보면, 그의 남으로의 영토 확장 정책은 기존의 고구려 외교 정책과는 전혀 다른 것이었어요. 고구려는 주몽왕에 의해 나라가 세워진 이후, 중국 및 북방 세력과 지속적인 싸움을 통해서 영토를 확장했어요. 특히 광개토대왕은 서쪽에 있는 중국이나 북방 세력과의 싸움을 통해 고구려의 영역을 크게 넓혔어요. 그러나 장수왕은 달랐어요. 그는 기존의 영역 확장 정책과는 반대로 중국 세력과 평화 관계를 유지한 후에 모든 힘을 남쪽에 있는 백제와 신라를 압박하는 데 사용했어요.

이 정책을 '남진 정책', '남하 정책'이라 하는데, 이를 추진하기 위하여 장수왕은 수도를 국내성에서 평양성으로 이전했어요. 왜 그랬냐고요? 국내성보다 평양성이 터가 넓어 사람들이 살기에 좋을 뿐만 아니라, 국내성을 기반으로 세력을 형성하고 있던 귀족 세력의 힘을 약화시킬 수 있었거든요. 동시에 남쪽을 정벌하러 갈 때 군사의 이동 거리가 짧아 군량미 확보 등 여러 측면에서 평양을 수도로 삼는 것이 왕권 강화와 나라 안정에 도움을 주었기 때문이지요. ❶

장수왕의 평양 천도에 위기감을 느낀 백제와 신라는 동요하기 시작했어요. 철갑으로 말까지 둘러싼 5세기 고구려의 개마무사들을 상대로 백제나 신라군이 싸워 이긴다는 것은 거의 불가능했어요. 결국 두 나라는 연합하여 고구려에 대항하기 위해 나·제 동맹을 체결했어요.433 하지만 장수왕 시절의 고구려군, 특히 개마무사들은 요즘으로 치면 막강한 화력을 갖춘 전차 부대로 동아시아에서는 상대를 찾아볼 수 없을 정도의 최강 전력을 자랑하는 무적 부대였어요. 따라서 백제나 신라가 서

국내성
고구려 초기 수도. 현재 만주 지린길림성 지안집안시에 있다.

개마무사
고구려의 주력 부대인 기마병으로 철갑으로 온몸을 둘러싸 무장하고 전쟁에 나섰다.

장수왕의 남진정책

로 손을 잡아도 고구려군을 대적하기는 만만치 않았어요.

464년, 고구려 군인 100여 명이 남쪽 국경 지대에서 백제군에게 살해되는 사건이 발생했어요. 이 사건으로 자존심이 상할 만했지만, 장수왕은 곧바로 대응하지 않았어요. 준비가 워낙 철저해서 백제군을 칠 수 있다는 확신이 설 때까지 전쟁 준비만 빈틈없이 해 갔어요.

4년 정도가 지나 이제는 전쟁을 해도 될 것 같다는 확신이 서자 드디어 장수왕은 군사를 출동시켜 백제와 신라를 압박해 갔어요. 468년에 신라의 실직성을 공격하여 단번에 함락시켜 버렸으며,❷ 475년에는 백제를 공격하여 백제 수도 한성을 점령함과 동시에 개로왕을 붙잡아 죽여 버렸어요.❸

이로 인해 백제는 수도를 웅진으로 옮길 수밖에 없었지요. 481년에는 신라로부터 일곱 개 성을 빼앗아 고구려의 위세를 마음껏 떨쳤어요. 이러한 장수왕의 남진 정책으로 고구려의 국경선은 아산만에서 죽령에 이르게 되었고, 백제와 신라의 힘은 한껏 위축되었어요.❹

충청북도 충주시 가금면 용전리 입석 마을에 가면 예전에 마을 주민들이 빨래판으로 쓰던 비석이 하나 세워져 있어요. 이 비석을 '중원고구려비'라고 해요. 여기에 새겨진 글에는 신라 땅이던 남한강 지역이 고구려 땅으로 복속되었음을 증명하는 내용이 들어 있어서 장수왕의 남진 정책이 성공리에 이루어졌음을 입증해 주고 있어요.❺

실직성
현재 강원도 삼척 지방에 쌓은 신라 성.

한성
백제의 첫 번째 수도이며 현재 서울에 있는 몽촌토성으로 추정하고 있다.

웅진
백제의 두 번째 수도로 현재 충청남도 공주시.

269

장수왕의 공격에 속수무책 당한 백제의 개로왕

장수왕이 남진 정책을 추진하던 무렵에 백제 왕은 개로왕이었어요. 이 시기 백제가 고구려만큼 강했다고 말하기는 힘들어도, 수도가 한강을 끼고 있어서 천혜의 요새지였고, 왕족을 중심으로 한 중앙집권 체제가 강하여 군사력 최강의 고구려로써도 쉽게 무너뜨릴 만한 상대는 결코 아니었어요.

그런 백제를 475년, 고구려는 기습적으로 공격하여 수도를 쑥대밭으로 만들어 버렸어요. 어떻게 그랬을까요? 고도의 전략과 전술을 사용하여 백제의 힘을 사전에 약화시켜 놨기에 가능한 일이었어요. 장수왕은 지략이 출중할 뿐만 아니라, 돌다리도 두들겨 보고 건널 정도로 신중한 사람이었어요. 그는 다른 나라를 치러 갈 때 무작정 군사를 일으키지 않았어요. 시간이 걸리더라도 사전에 치밀하게 준비해 반드시 이긴다는 확신이 들어야 군사를 움직였어요. 백제와의 전쟁도 그러했어요. 장수왕은 백제를 공격하기 전에 사전 공작 차원에서 스파이를 먼저 보내 백제 사회를 혼란에 빠뜨렸어요.

장수왕이 보낸 첩자는 도림이라는 승려였어요. 도림은 망명객으로 위장하여 백제 수도에 들어갔어요. 여러 가지를 정탐한 결과, 개로왕이 바둑을 좋아한다는 사실을 알아냈어요. 마침 본인도 바둑을 좋아했고, 실력 또한 출중했어요. 왕을 만난 자리에서 도림이 말했어요.

"대왕이시여, 저는 어려서부터 바둑을 배워 실력이 상당합니다. 대왕님께 바둑의 참 재미를 알려 드리겠습니다."

왕은 그의 바둑 실력을 바로 시험해 보았어요. 정말로 고수 중의 고수였어요. 이날 이후로 개로왕은 날이면 날마다 도림을 불러 바둑을 두기 시작했어요. 나랏일을 책임진 임금이 바둑 두는 데만 열중했으니, 이 나라가 어찌 되었겠어요? 뭐 안 봐도 말짱 꽝이지요.

쑥대밭
매우 어지럽거나 못쓰게 된 모양.

왕의 신임을 얻은 도림은 백제의 국력을 약화시키고 민심을 흉흉하게 만들기 위한 2단계 작전에 들어갔어요. 도림이 개로왕에게 건의했어요.

"대왕이시여, 백제는 궁궐이 너무 작아서 나라의 위엄이 서지 않습니다. 지금 궁궐을 크게 지으면 국력이 크게 융성할 겁니다."

도림의 건의는 백제의 힘을 약하게 만들기 위한 고도의 술수였지만, 그의 속내를 알지 못한 개로왕은 그날부터 수많은 백성을 동원하여 궁궐을 새로 짓기 시작했어요. 결과는? 뭐, '뻔할 뻔 자'지요. 호화로운 새 궁궐은 나라 재정을 거덜 냈으며, 백성을 강제로 동원하여 큰 궁궐을 짓다 보니 민심 또한 개로왕을 떠나기 시작했어요.

백제가 혼란의 구렁텅이로 빠져드는 것을 본 도림은 자기 임무를 완수했음을 확신하며 비밀리에 고구려로 돌아와 장수왕 앞에 섰어요.

"대왕이시여, 지금 백제는 민심이 왕에게서 완전히 떠났습니다. 재물 창고 또한 텅텅 비어서 전쟁이 일어나도 대비할 수가 없을 것입니다. 군사를 일으켜서 백제를 치면 이 전쟁은 백전백승입니다."

도림의 보고를 들은 장수왕은 막강 군사를 보내 백제를 무차별적으로 공격했어요. 아니나 다를까, 백제는 고구려 군사의 공격에 힘없이 무너졌으며, 개로왕은 살해되고 말았어요. 이 전쟁으로 백제는 수도인 한성을 빼앗기고 하는 수 없이 웅진으로 수도를 옮길 수밖에 없었어요.

외교의 달인 장수왕

장수왕은 남진 정책으로 유명세를 떨친 임금이지만, 고구려를 동아시아 외교의 중심에 서게 했던 외교의 달인이기도 했어요. 광개토대왕 시절만 해도 고구려는 영토 확장을 위해 중국 및 북방 세력과 날카롭게 대립했어요. 하지만 장수왕은 국가를 안정적으로 운영하기 위해서 그들과 친하게 지내려 했어요. 따라서 장수왕 시대에는 중국이나 북방에 살고 있는 이민족과 사이가 좋았어요.

특히 중국에 있는 나라들과는 전부 친하게 지냈는데, 장수왕 시대 중국 땅에는 북쪽에 북위, 남쪽에 송나라가 있었어요. 이 두 나라는 서로 적대적이었는데, 고구려는 막강한 힘을 바탕으로 북위·송과 동시에 통교하는 양다리 작전을 구사하여 이익을 극대화했어요.

이러한 장수왕의 양다리 작전이 성공리에 전개되었음을 보여 주는 증거가 있어요. 고구려의 군사적 압력에 다급해진 백제 개로왕이 472년 북위 왕에게 황급히 도와 달라는 편지를 보냈어요.

"우리 백제는 오랫동안 고구려에 억눌려 지냈습니다. 고구려는 유연·송과 힘을 합쳐 귀국을 압박하고 있는데, 이제 우리가 힘을 회복하여 고구려를 공격하고자 하니, 함께 고구려를 공격하면 어떠하겠습니까? 두 나라가 힘을 합치면 고구려도 능히 물리칠 수 있지 않겠습니까?"

점점 더 막강해지는 고구려에 인접해 있어서 항시 불안할 수밖에 없던 북위 입장에서 백제의 이러한 편지는 다분히 구미가 당기는 내용이

고구려 전성기 다원 외교

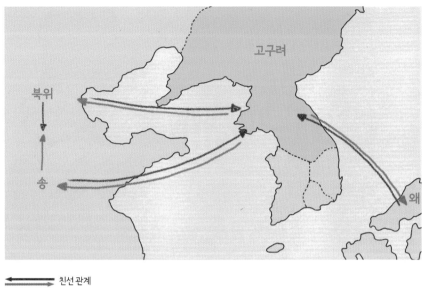

━━━━ 친선 관계

━━━━ 대립 관계

었을 거예요. 하지만 북위의 반응은 전혀 뜻밖이었어요. 북위의 왕은 백제의 비밀 편지를 장수왕에게 그대로 가져다주고 백제에게는 통보조차 하지 않았어요. 중국에서는 힘깨나 쓰던 강대국도, 고구려를 화나게 하는 행동은 하고 싶지 않았던 것이죠.

이처럼 5세기 고구려는 동아시아 외교의 중심지로, 그 파워가 다른 나라에 비해 월등히 강했어요. 또한 이러한 이유 때문에 자기 나라를 천하의 중심이라고 당당하게 외치며 동아시아의 강자로 군림할 수 있었어요.

이주민 탈해가
임금이 될 수 있었던 이유

석탈해 vs 호공

?~80 석탈해		호공 ?~?
100 ▬▬▬▬▬▬▬	**정치력**	▬▬▬▬▬▬ 70
홀로 바다를 건너와 신라의 제4대 임금이 되었을 정도로 정치력이 탁월했다.		오랫동안 고위 관료로 재직하여 신라 정계에 미친 정치적 영향력이 상당했다.
90 ▬▬▬▬▬▬	**지력**	▬▬▬▬▬▬ ?
호공을 속이는 지혜가 일품이다.		현재로써는 지력을 측정할 수 있는 역사 자료를 찾을 수 없다.
80 ▬▬▬▬▬	**인품**	▬▬▬▬▬ 80
유리에게 임금 자리를 양보한 것을 보면, 인품이 상당히 훌륭했을 것 같다.		고위 관직에 오래 있었고 다른 사람들과 갈등이 없었던 걸로 보아 인품은 훌륭했던 것 같다.

석탈해는 신라 제4대 임금이에요. 하지만 그는 신라 본토 사람이 아니에요.
일본에서도 한참 멀리 떨어진 땅인 용성국에서 배를 타고 신라 땅에 들어온
이주민이에요. 그런 그가 신라 귀족 호공과 지혜 대결을 벌여 임금 자리에 올랐어요.
참 신기하죠!
맞수 열전 서른네 번째 시간, 신라 초기의 풍경과 함께 바다 건너에서
신라 땅으로 들어온 석탈해가 토착민 호공과 어떤 지혜 대결을 펼쳤는지
자세히 알아보도록 해요.

바다를 건너온 탈해

신라 제2대 임금 남해왕 때였어요. 가야국 해안에 배가 한 척 멈춰 섰
어요. 가야를 세운 수로왕은 백성과 함께 해안가로 나아가서 북을 두드
리며 환영했어요. 하지만 배는 바닷가에 멈추는 듯하더니, 어디론가 사
라져 버렸어요. 숨바꼭질하듯 보이지 않던 배가 다시 나타난 곳은 신라
땅 아진포 앞바다였어요.

이 포구에는 아진의선이라는 노인이 살고 있었어요. 할머니는 평소 못
보던 배가 포구 앞에 출몰하자, 그 정체가 몹시 궁금했어요. 돛대 위로 까
치들이 무리 지어 날아다니며 할머니의 호기심을 더욱 자극했어요.

아진의선 할머니는 조각배를 타고 나가 큰 배 위로 올라갔어요. 아니
나 다를까, 갑판에 나무 상자가 하나 놓여 있었어요. 호기심 대왕이었던
할머니는 상자 안이 너무나 궁금해 혹시 무슨 일이 있을까 봐, 하늘에 기

대경실색
몹시 놀라 얼굴빛이 하얗게
변함.

토함산
신라 수도였던 경주 근처에
있는 큰 산. 불국사와
석굴암이 이 산속에 있다.

물색
어떤 기준을 들어 거기에
알맞은 사람이나 물건,
장소를 고르는 일.

산정
산 정상.

도를 올린 후에 살그머니 상자를 열어 봤어요. 그런데, 이게 웬일이에요. 상자 안에는 꽃미남이 단정하게 앉아 있었어요. 심장마비가 올 정도로 대경실색했지만, 마음을 진정시키며 미남자에게 물었어요.

"자네는 어디서 온 사람인가?"

남자는 할머니가 어떤 질문을 해도 답을 주지 않았어요. 할머니는 7일 동안 배를 들락거리며 밥도 지어다 주고 물도 떠다 주며 사내를 먹여 살렸어요. 그때서야 남자가 입을 열었어요.

"나는 용성국의 왕자요. 우리 아버지가 오래도록 아들이 없어 자식 얻기를 간절히 바라니 7년 만에 큰 알을 하나 낳았소. 이에 신하들을 모아 놓고 물으니, 사람으로서 알을 낳는 것은 좋은 일이 아니라고 하여 상자 속에 넣어 배를 바다에 띄웠소. 사람들이 축원하기를 부디 인연 있는 땅에 가서 나라를 세우고 집을 이루어 살라 하매, 붉은 용이 배를 보호하여 여기까지 왔소."

사내는 본인이 신라 땅까지 온 연유를 자세히 밝히더니, 두 종을 거느리고 경주의 명산 토함산에 올라가 자기가 살 땅을 물색하기 시작했어요.

탈해, 호공과 잔머리 대결을 벌이다

산정에 서서 경주 땅 곳곳을 내려다보니, 초승달처럼 생긴 땅이 눈에 쏙 들어왔어요. 남자는 눈이 확 뒤집어져서 이 터로 달음질쳤어요. 왜 그랬냐고요? 자기가 정착할 집터로 최적의 장소였거든요. 그러나, 오 마이 갓! 이를 어쩌나요? 그곳에는 호공이라는 사람이 이미 번듯하게 지어 놓은 집에서 잘 살고 있었어요. 아마 보통 사람 같으면, 아무리 터가 좋아도 다른 사람이 이미 살고 있으니, 그 자리를 포기하고 물러났을 거예요. 하지만 말이에요, 경주 땅에 처음 발을 디딘 이 남자는 달랐어요. 포기하지 않았어요.

어떻게 할까 궁리에 궁리를 하다가, 번뜩이는 아이디어 하나를 생각해 냈어요. 그는 주인 몰래 집 주변에 숫돌과 숯을 묻어 놓고 다음 날 아침 일찍 호공의 집을 찾아가 시치미를 뚝 떼고 우기기 시작했어요.

"주인장! 얼른 나와 보시오. 우리 조상님이 살던 땅을 내가 다시 찾으러 왔소이다."

호공은 어이가 없었어요. 생전 처음 보는 놈이 가타부타 말도 없이 자기 집을 저희 집이라고 우기니까 말이에요. 두 사람은 실랑이를 계속했지만, 쉽게 해결되지 않았어요. 결국 호공은 사내를 관청에 고발했어요. 사실 여부를 조사하기 위해 관리가 호공 집을 방문했어요.

"너는 무슨 증거로 이 집 자리가 조상이 살던 곳이라고 우기느냐?"

사내가 대답했어요.

"우리 집안은 대대로 대장장이 집안이었소. 집 주변을 파 보면 무언가 증거물이 나올 것이오."

이 말을 들은 관리가 부하를 시켜 집 주변을 파헤쳤어요. 그런데 이게 웬일이래요? 아니나 다를까, 사내의 말대로 숫돌과 숯 부스러기가 집

277

주변 곳곳에서 쏟아져 나왔어요. 관리는 사내 손을 높이 쳐들어 주었어요. 바로 이 사내가 신라 제4대 임금 탈해예요.

탈해가 살던 시대는?

탈해가 살던 시대는 기원전B.C에서 기원후A.D로 넘어가던 무렵으로 고구려·백제·신라가 고대국가로 나라 꼴을 갖춰 가던 시기였다. 전설과도 같은 탈해의 집 뺏기 이야기는 『삼국유사』에 실려 있다.

'석탈해'라는 이름을 가지게 된 이유

탈해가 석씨 성을 가지게 된 배경에는 두 가지 설이 있어요. 하나는 호공 집을 조상의 옛 집터라고 주장해서 '석昔'씨가 되었다는 거예요. '昔석'은 '옛날'을 의미하는 한자예요. 또 다른 설은 탈해가 타고 온 배를 까치들이 호위하고 있어서, '까치 작鵲' 자에서 '새 조鳥'를 떼어 버리고 '석昔' 자를 성으로 삼았다고 해요. 이름은 상자를 열 때 알을 깨고 나왔으므로 '벗을 탈脫'에 '열 해解' 자를 써서 '탈해'라 했다고 해요.

임금의 사위가 된 탈해

남해왕은 탈해가 호공 집을 빼앗았다는 이야기를 전해 듣고 그가 지혜로운 사람임을 곧바로 눈치챘어요. 그래서 첫째 딸을 탈해에게 시집보냈어요. 요즘으로 치면 남의 땅을 서류 조작으로 거저먹어 치운 사기꾼에 해당되겠지만, 남해의 눈에 탈해는 이제 막 걸음마를 시작한 나라를 잘 다스릴 큰 재목으로 판단되었어요.

남해왕이 죽었어요. 남해의 아들인 유리와 사위인 탈해가 왕위 계승 물망에 올랐어요. 그런데 신통방통한 것은 두 사람이 '형님 먼저, 아우 먼저' 하며 자꾸 상대방에게 왕위를 넘겨주려 했어요. 계속 양보하며 결론이 나지 않자, 두 사람은 최종적으로 떡을 입에 물어 잇금이 많은 자가 먼저 왕이 되기로 결정했어요. 당시 신라 사회에서는 이빨이 많은 자가 덕망이 높다고 믿었거든요.

두 사람은 동시에 떡을 깨물었어요. 이빨 자국을 세어 보니, 유리의 이가 더 많았어요. 유리가 탈해보다 먼저 왕위를 계승하여 신라의 제3대 임금이 되었어요. 이때부터 신라에서는 나라를 다스리는 지배자의 칭호를 '이사금'이라 했어요. 이사금은 이빨 자국을 의미하는 '잇금'에서 나온 지배자의 명칭이에요.

그런데, 참으로 요상해요. 아니 세상에! 이빨 많은 사람을 왕으로 추대하는 나라가 있다니, 이 얼마나 황당한 일인가요? 하지만 이 이야기는 신라 초기 사회가 연장자의 경험을 높이 산 사회였음을 보여 줘요. 왜 연장자가 임금을 했냐고요? 생각해 보세요. 나이가 많다는 것은 오랜 세월을 살며 다양한 경험을 축적했다는 얘기이고, 이 경험들이 나라를 올바른 방향으로 이끌어 가는 데 큰 힘으로 작용할 가능성이 컸지요.

그럼, 탈해는 언제 왕이 되었을까요? 유리왕을 뒤이어 탈해가 왕위를 이었어요. 유리가 죽으면서 남긴 유언이에요.

"내 아버지가 돌아가시면서 말씀하시기를 '나 죽은 뒤에 아들·사위를 막론하고 나이 많고 어진 자로 내 뒤를 잇게 하라' 하셨소. 이 까닭으로 내가 나이가 많아 먼저 임금을 했으니, 이제는 마땅히 왕의 자리를 탈해에게 물려줄 때요. 탈해는 내 매제로 나라를 위하여 여러 차례 큰 공을 세웠소. 두 아들의 자질이 그에 비해 너무도 떨어지니, 내가 죽거든 탈해를 왕으로 섬기시오."

신하들은 왕의 유언대로 탈해를 임금으로 추대했어요. 이때 나이 62세, 이주민 탈해가 능력을 인정받아 신라 제4대 임금으로 등극하는 뜻깊은 날이었어요.

매제
손아래 누이의 남편.

등극
임금의 자리에 오름.

279

형은 고구려 왕
아우는 백제 왕

유리 vs 온조

	B.C.?~18 유리	온조 B.C.?~28	
100		정치력	100
	부여에서 홀로 건너와 기존 세력을 물리치고 아버지 주몽 뒤를 이어 고구려 제2대 임금이 되었다.	소수의 무리를 데리고 새로운 땅에 내려와 나라를 건설할 정도로 정치적 역량이 뛰어났다.	
?		지력	70
	정확한 지표가 없이 지력을 측정하기 어렵다.	확실하게 알 수 없지만, 새 나라를 건설할 정도면 지력이 상당했을 것 같다.	
70		인품	90
	끊임없는 설득으로 주변국을 통합한 것을 보면, 인품이 훌륭했을 것 같다. 하지만 두 아내의 싸움을 조정하지 못한 것을 보면 조금 우유부단했던 것 같다.	자신을 따르는 무리를 전부 포용한 것으로 보아 인품은 훌륭했던 것 같다.	

고구려를 세운 주몽에게는 세 아들이 있었어요. 주몽 뒤를 이어 고구려 왕이 된 유리와
어머니와 함께 남하하여 새로운 나라 백제를 세운 비류·온조가 바로 그들이에요.
아버지는 같지만, 어머니가 달랐던 유리·비류·온조 세 사람은 형제이면서도 인생행로가
각기 달랐어요. 특히 유리와 온조는 직접적인 맞대결은 없었지만,
그들의 후예가 서로 치열한 싸움을 자주 벌였기에 고구려와 백제의 '용쟁호투'는
그들의 악연에서 시작됐다고 할 수 있어요.
맞수 열전 서른다섯 번째 시간, 고구려의 성장, 백제의 탄생 이야기와 함께
유리와 온조의 악연에 대해 알아보도록 해요.

「황조가」의 작가 유리왕

펄펄 나는 저 꾀꼬리
암수 서로 정답구나.
외로워라 이내 몸은
뉘와 함께 돌아갈꼬.

우리나라 고대 시가를 대표하는 「황조가」예요. 이 시는 고구려 제2대
임금 유리왕이 지었다고 전해져요. 그에게는 두 아내가 있었어요. 한 사
람은 '화희'로 막강한 힘을 가진 고구려 귀족의 딸이었어요. 또 한 사람
은 '치희'로 한족 출신의 어여쁜 아가씨였어요. 그런데 두 여자는 왕의
사랑을 조금이라도 더 받으려고 서로 질투했어요.

어느 날 왕이 사냥을 떠나자 둘은 '기회는 이때다' 하면서 서로 싸우기

한족
중국 본토에서 예로부터
살아온 중국의 중심이 되는
종족.

시작했어요. 처음에는 가벼운 입씨름이었지만, 점차 싸움이 커져서 급기야는 화희가 치희에게 해서는 안 될 말까지 해 버렸어요.

"너는 비천한 한족 출신으로 어찌 그리 예의를 모르느냐?"

이 말에 자존심이 상한 치희는 강을 건너 자기 고향으로 되돌아가 버렸어요. 사냥에서 돌아온 유리왕은 사랑하는 치희가 보따리를 싸 들고 고향에 가 버린 것을 알고 급히 쫓아갔어요. 하지만 치희는 이미 강을 건너 버렸고, 강가 나무 위에는 암수 꾀꼬리 한 쌍만 정답게 노래를 부르며 놀고 있었어요. 이것을 본 유리왕은 혼자 남은 자신의 처지를 한탄하며 노래를 지어 불렀으니, 이 노래가 바로 「황조가」예요.

유리왕은 누구?

유리왕의 아버지는 고구려를 세운 주몽이고, 어머니는 예씨 부인이에요. 주몽은 부여에서 이미 결혼한 몸이었어요. 하지만 부여 왕자들이 자신을 죽이려 하자, 부하 몇 명과 함께 다급히 부여 땅을 탈출했어요.

작별할 때, 예씨 부인은 눈물을 흘리며 자신이 임신했다는 것을 알려 주었어요. 주몽은 부인 손을 꼭 잡고 다짐하듯이 힘주어 말했어요.

"만약 아들을 낳거든 일곱 모가 난 바위 위의 소나무 밑에 증표를 숨겨 두었으니, 그걸 들려서 내게 보내시오."

그 후 예씨 부인은 아들을 낳아 이름을 유리라 짓고 시어머니 유화 부인과 함께 유리를 준수한 젊은이로 키웠어요. 유리는 주몽만큼 활을 잘 다루었으며, 어릴 적부터 사냥을 좋아했어요. 그런데 하루는 장난기가 발동하여 이웃집 부인이 이고 가던 물 항아리에 새총을 쏘아 구멍을 내고 말았어요. 화가 난 부인이 큰 소리로 유리를 꾸짖었어요.

"애비 없는 자식이라 어쩔 수가 없구나!"

충격을 받은 유리는 진흙으로 구슬을 만들어 새총을 다시 쏘아 구멍

난 곳을 메워 준 다음, 집으로 돌아와 어머니에게 신세 한탄을 했어요.

"어머니, 제 아버지는 누구예요? 저는 왜 아버지가 없나요?"

예씨 부인은 아버지가 주몽이라는 말을 차마 하지 못했어요. 나이 어린 유리가 공공연히 떠들고 다녀서 부여 왕자들에게 살해당할까 봐 염려되었거든요. 하지만 유리는 끈덕지게 아버지에 대해 물었어요. 아들의 간절한 애원에 예씨 부인은 결국 주몽의 존재를 말해 주었어요.

"네 아버지는 하늘신의 손자이며, 하백의 외손자인 주몽이시니라. 부여 왕자들이 죽이려 해서 남쪽으로 떠나 지금은 고구려 임금으로 계시단다."

그러면서 예씨 부인은 유리에게 아버지를 만나고 싶으면, 아버지가 숨겨 놓은 증표를 찾으라고 일러 주었어요. 그날 이후로 유리는 그토록 좋아하던 사냥도 하지 않고, 날이면 날마다 산과 들로 돌아다니며 아버지가 숨겨 놓은 증표를 찾는 일에 전념했어요. 허나 아무리 찾아도 어머니가 말한 일곱 모가 난 바위 위의 소나무는 찾을 수 없었어요.

어느 날이었어요. 그날도 증표를 찾지 못하여 두 팔을 축 늘어뜨린 채 집으로 돌아와 마루 위에 철푸덕 걸터앉았어요. 그런데요, 바로 옆 주춧돌에 필이 딱 꽂혔어요. 살펴보니 일곱 모가 난 7각 돌이 분명했어요. 기둥을 보니 소나무가 확실했어요. 유리는 허리를 굽혀 주춧돌과 기둥 사이에 손을 넣어 보았어요. 무언가가 손에 잡혔어요. 간신히 꺼내 놓고 보니, 동강 난 녹슨 칼 반쪽이었어요. 주몽이 후일 태어날 자신의 아들을 위해 숨겨놓은 증표였지요.

유리는 이 증표를 가지고 어머니와 함께 고구려로 가서 아버지를 극적으로 만날 수 있었어요. 그리고 아버지 뒤를 이어 고구려 제2대 임금으로 등극했어요. 기원전 19년의 일이었어요.

남으로 내려가 새 나라 백제를 건설하는 온조

온조 또한 주몽의 아들이에요. 주몽이 부여 왕자들의 살해 위협에서 벗어나기 위해 졸본 지방으로 도망쳐 왔을 때, 졸본 지역 족장에게는 딸이 하나 있었어요. 이름이 소서노였지요. 둘은 눈이 맞아 혼인을 했어요. 두 아이가 태어났지요. 큰아들이 비류, 작은 아들이 온조였어요.

비류와 온조는 아버지 뒤를 이어서 자신들 중 한 명이 후계자가 되리라고 생각했어요. 하지만 현실은 그게 아니었어요. 듣도 보도 못한 이복형 유리가 녹슨 칼 반쪽을 가지고 부여에서 내려오더니, 큰아들로 인정받아 고구려 제2대 임금이 되고 만 거예요.

유리가 왕위를 계승하자, 비류와 온조는 어머니 소서노와 앞날을 의논했어요. 세 사람은 고구려에서 유리의 눈치를 보며 사느니, 힘이 들더라도 남으로 내려가 새 나라를 건설하기로 뜻을 모았어요. 비류와 온조의 결정에 오간·마려 등 열 명의 신하들이 의기투합했고, 이들은 함께 가고자 하는 무리를 이끌고 대모험에 나섰어요. 남으로 남으로 내려온 비류와 온조 일행은 한강이 내려다보이는 산 위에서 주변을 살피며 살 만한 땅을 찾기 시작했어요. 신하들이 말했어요.

"큰 강이 북에 있고 동쪽으로 높은 산이 있으며, 남쪽으로 비옥한 들이 있는 저곳이 우리가 살기에 적합한 곳입니다."

온조는 고개를 끄덕이며 신하들 생각에 동조했어요. 하지만 비류의 생각은 달랐어요.

"나는 강 하류로 더 내려가 바다 보이는 곳에 나라를 세우고 싶소."

"바다 쪽 땅은 소금기가 많아 농사가 잘되지 않습니다. 지금 저곳이 땅도 넓고 기름져서 한 나라의 수도로 적당합니다."

신하들이 말렸지만 비류는 계속 고집을 피웠어요. 형제는 하는 수 없이 각기 갈라졌어요. 온조는 비류가 무리를 이끌고 더 좋은 땅을 찾아 떠나간 뒤에 신하들과 힘을 합하여 하남 지역에 성을 쌓고 새 나라를 세웠어요. 성 이름을 위례, 나라 이름은 '십제十濟'라 했어요. '십제'라 정한 이유는 신하 열 명이 도와주어 나라를 건설했기 때문이에요. 때는 고구려 유리왕 2년으로 기원전 18년이었어요.

한편 비류는 한강 자락을 따라 하류로 더 내려가서 미추홀 부근에 정착했어요. 그러나 현재의 인천 지역인 미추홀은 땅이 질퍽하고 물이 짜서 농사짓기가 힘들었어요. 결국 비류는 자신의 결정을 후회하며 위례성으로 돌아와 은거하다가 병들어 죽었어요.

비류가 죽자 비류를 따르던 무리들이 모두 온조에게 의지하였어요. 온조는 백성들 모두가 자신을 따르자, 나라 이름을 백제百濟로 바꾸었어요. 백제의 '백'은 많다는 의미로, '모든 백성이 자신을 따른다'고 해서 정한 이름이에요. 이후 백제는 신라와 당나라의 연합군에게 멸망660할 때까지 31명의 왕이 나라를 이끌면서 고구려·신라와 함께 삼국시대의 한 축을 담당했어요.

은거 隱居
세상을 피하여 숨어서 삶.

주몽의
고구려 건국기

주몽
vs
대소

	B.C.58~B.C.19 **주몽**	**대소** B.C.?~22	
100	**정치력**	80
혈혈단신으로 졸본 지방에 와서 고구려를 세웠다.	장기간 부여 왕으로 군림한 것을 보면 정치력은 꽤 있었을 듯하다.
80	**지력**	10
나라를 세우기까지 여러 일을 지혜롭게 잘 처리했다.	고구려를 자주 침범했으나, 메번 패배하였다.
80	**인품**	10
부하들이 잘 따랐고 소서노 또한 뽕 갈 정도였다면, 인품이 무척 훌륭했을 것이다.	주몽을 포용하지 못하고 내쫓은 것을 보면 인품은 말짱 꽝.

만주 벌판을 호령하던 나라, 고구려를 세운 주몽. 하늘신의 손자로 태어났기에
순탄한 인생을 살았을 것 같지만, 우리 역사에서 주몽만큼 극적인 삶을 산 사람도
드물어요. 그는 부여왕 금와의 보호 속에 어린 시절을 풍족하게 보냈지만,
부여 왕자들의 미움을 받아 죽기 일보 직전 가까스로 살아났어요.
맞수 열전 서른여섯 번째 시간, 고구려 탄생의 역사와 함께 주몽과
대소 왕자의 얽히고설킨 인연에 대해 알아봐요.

주몽? 추모?

고구려를 세운 주몽의 본명은 '추모鄒牟'예요. 장수왕 시대에 만들어
진 광개토대왕릉비는 첫머리를 이렇게 시작하고 있어요.

시조 추모왕이 처음 나라를 세우심은 이러하다. 그의 부친은 하늘신의
아드님이며, 모친은 물신 하백의 따님이다. 알에서 깨어 세상에 내려오니 태
어나심에 성스러운 덕이 있었다.

그런데 왜 우리는 고구려 시조를 주몽이라고 할까요? 그것은 추모가
너무 활을 잘 쏴서 본명보다 별명이 더 유명해졌기 때문이에요. '주몽'은
부여족 언어로 활 잘 쏘는 사람을 뜻해요.

부여에서 태어난 주몽

주몽은 본래 부여 사람이었어요. 부여에서 주몽이 탄생한 시기는 기원전 1세기로, 당시 부여 임금은 금와였어요. 금와가 하루는 사냥을 나갔다가 태백산 남쪽의 우발수 곁에서 한 여자를 만났어요. 아리따운 여인네가 홀로 숲 속에 있는 것을 이상하게 여긴 금와가 여자를 불러 물었어요.

"왜 이처럼 깊은 산속에 홀로 있느냐?"

"저는 물신 하백의 딸 유화로 동생들과 함께 육지로 소풍을 나왔다가 하늘신의 아들인 해모수를 만나 사랑을 나누게 되었습니다. 그런데 아버지인 하백이 결혼을 허락하지 않아서 낭군 해모수가 저를 버리고 하늘로 올라가 버렸습니다. 그 후 제 몸에 아기가 들어섰는데, 아버지가 처녀의 몸으로 잉태했다면서 저를 육지로 쫓아냈습니다. 그래서 홀로 정처 없이 숲 속을 헤매고 있습니다."

금와는 유화가 불쌍해서 궁궐로 데리고 왔어요. 이내 유화의 배가 남산만 해지더니, 새처럼 알을 낳았어요. 금와는 불길하게 여겨 알을 길바닥에 내다 버리라고 명했어요.

하지만 길에 버려진 그 알을 소와 말이 피해 갔어요. 이상하게 생각하며 들판에 재차 버렸으나, 이번에는 새들이 날아와 알을 감싸며 보호해 주었어요. 금와는 알을 산산조각 내려 했으나 이마저도 할 수 없었어요. 너무 단단하여 깨지지 않았거든요. '그것 참 이상하다' 여기며 금와는 알을 유화에게 돌려주었어요. 유화가 정성껏 보살폈더니, 사내아이가 알을 깨고 나왔어요. 이 아이가 주몽이에요.

주몽은 어릴 때부터 활을 잘 쏘고 재주가 많아 금와왕이 아주 예뻐했어요. 그래서 그는 금와의 자식들인 일곱 왕자와 함께 궁궐에서 엄친아로 성장했어요.

주몽을 견제하는 대소 왕자

고려 시대 문장가인 이규보가 주몽의 일대기를 대서사시로 엮어 놓았어요. 시의 제목이 「동명왕편」이지요.

이 시에 따르면, 주몽은 너무 재주가 뛰어나서 금와의 일곱 왕자들에게 왕따를 당했어요. 특히 금와 뒤를 이어 부여 왕이 될 첫째 왕자 대소가 주몽을 매우 싫어했어요. 하루는 대소가 아버지에게 주몽을 죽이자고 건의했어요.

"아버지, 주몽을 죽여야 합니다. 허락해 주십시오. 놈은 힘이 장사이고 재주가 비상하여 지금 처치하지 않으면, 뒷날 반드시 우리를 배신할 겁니다."

하지만 금와는 주몽의 재주를 아꼈기에 그를 죽이는 대신 왕실의 말을 기르는 목장지기로 임명하여 궁궐 밖으로 나가 살도록 했어요. 목장에서의 삶은 하루하루 위태롭기만 했어요. 언제 왕자들이 주몽을 죽일지 몰랐거든요. 결국 그는 고민 고민하다가 부여를 떠나기로 결심하고 어머니에게 비밀리에 자신의 결심을 알렸어요.

부여를 탈출하는 기막힌 계책

"어머니, 왕자들이 저를 괴롭히고 임금마저 의심하니, 저는 이곳에서 오래 살지 못할 것 같습니다. 남쪽 지역에는 큰 나라가 없다고 하니, 그곳에 가서 나라를 세우고 싶습니다."

주몽의 말을 들은 유화 부인은 한 필의 말을 골라 주며, 혓바닥에 바늘을 꽂아 두게 했어요. 말을 빼빼 마르게 할 작정이었지요.

어느 날, 금와가 주몽의 목장을 방문했어요. 모든 말이 늠름한 모습을 하고 있어서 마음이 흡족했어요. 그런데요, 유독 한 마리만 축 처진 채 숨을 할딱거리고 있었어요. 유화 부인의 계략에 따라 혓바닥에 바늘을

꽂아 놓은 말이었지요. 금와는 그 말의 가치를 미처 발견하지 못하고 주몽에게 선심 쓰듯이 가지라고 했어요. 유화 부인의 계책이 맞아떨어지는 순간이었지요. 주몽은 그때서야 혓바닥에 꽂아 놓은 바늘을 빼고 말을 열심히 훈련시켜 부여 최고의 명마로 만들었어요. 그리고 마침내는 그 말을 타고 자신을 따르는 오이·마리·협보 등과 함께 새 나라를 세우기 위해 남쪽으로 떠났어요.

주몽이 도망친다는 이야기를 전해 들은 대소와 왕자들은 급히 군사를 보내 주몽 뒤를 쫓았으나, 주몽은 무사히 탈출하여 졸본 지역에 정착했어요.

고려 시대 명문장가 이규보가 지은 서사시 「동명왕편」에 의하면, 주몽은 엄체수라는 강에서 부여 군사에 붙잡힐 뻔했대요. 그런데 말이에요, 신기하게도 주몽이 하늘에 대고 살려 달라고 큰 소리로 외치니 물고기 다리가 만들어져 위기를 극복할 수 있었어요.

"나는 하느님의 손자, 물의 신 하백의 외손자요. 하늘신, 물신이시여.

나를 위해 속히 배와 다리를 마련해 주오."

이렇게 외치며 활로 물을 치니, 자라들이 떠올라 다리를 만들어 주어 대소가 끌고 오는 군사의 추격에서 간신히 벗어났어요. 꿈같은 이야기여서 믿을 수는 없지만, 주몽을 도와주는 사람이 부여 땅 곳곳에 있었음을 암시하는 이야기예요.

소서노의 도움으로 졸본 지방에 고구려를 건설하는 주몽

주몽이 도착한 곳은 졸본천이 흐르는 졸본 지역이었어요. 이 지역은 현재 중국 랴오닝요령성 환런환인현으로 고구려의 첫 번째 수도인 오녀산성이 있는 곳이에요.

당시 졸본의 지배자는 연타발이었는데, 이 사람에게 딸이 하나 있었어요. 소서노였지요. 이 여자는 이미 우태와 혼인한 몸이었는데, 남편이 일찍 죽는 바람에 과부로 살고 있었어요. 주몽 또한 부여에서 이미 결혼을 한 유부남이었어요.

주몽과 소서노는 서로 눈이 맞았어요. 둘은 결국 결혼을 했고, 군장의 딸인 소서노의 적극적인 지지하에 주몽은 졸본 지역 전체를 장악하는 대수장으로 군림하며 새나라 고구려를 건설했어요. 기원전 37년으로 주몽의 나이 22세 때의 일이었어요.

하늘의 뜻으로 비류국을 복속하다

그런데 고구려 초창기에 나라 발전에 걸림돌이 되는 것이 하나 있었어요. 인접한 지역에 송양왕이 다스리는 비류국이 있었는데, 주몽이 생각하기에 이 나라와 합쳐야만 고구려가 대국으로 성장할 수 있을 것 같았어요. 그래서 그는 송양왕을 만나 담판을 지으려 했어요. 송양왕이 먼저 말을 걸어왔어요.

고구려의 첫 번째 수도, 오녀산성

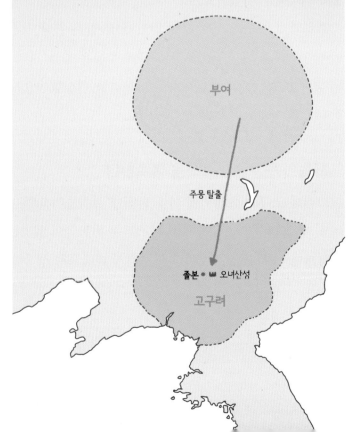

부여

주몽 탈출

졸본 ● ▦ 오녀산성

고구려

"이곳은 땅이 작아 두 임금이 있을 수 없고, 그대는 나라를 세운 지 얼마 되지 않으니, 나를 섬기는 것이 마땅하지 않겠는가?"

"나는 하늘신과 물신의 자손이요. 그대가 나를 받들지 않으면 하늘이 노하고 땅이 노할 것이요."

두 사람은 서로 자기가 왕이 되겠다고 티격태격했는데, 결판이 나지 않았어요. 둘은 재주를 겨뤄 우세한 자가 왕이 되기로 합의하고 활쏘기 시합을 했어요. 활쏘기에서 송양왕이 어떻게 주몽을 이겨 낼 수 있겠어요? 당연히 주몽의 승리로 끝났지요. 그러나 송양왕은 자신이 진 것이 너무 억울해서 도저히 인정할 수가 없었어요. 송양왕이 막무가내로 억지를 부렸어요.

"우리나라가 훨씬 오래되었는데, 이제 막 생긴 네 나라에 복종할 수는 없다. 네가 내 밑으로 들어와라!"

주몽은 고민했어요. 송양왕을 순순히 복속시키고 싶은데, 방법이 마땅치 않았어요. 그때 신하 부분노가 말했어요.

"제가 임금님을 위하여 비류국이 자랑하는 오래된 북과 나팔을 훔쳐 오겠습니다."

"남의 나라 보물을 네가 어떻게 훔쳐 온단 말이냐?"

"임금님이 나라를 세운 것은 하늘의 뜻인데 어찌 못 가져오겠습니까? 제가 부하를 이끌고 가서 반드시 가져오겠습니다."

아니나 다를까 부분노는 부하 둘을 데리고 비류국에 잠입하여 비류국이 자랑하는 북과 나팔을 몰래 훔쳐 왔어요. 주몽은 이 보물들에 숯과 검댕을 칠해 마치 고구려가 비류국보다 연륜이 있는 것처럼 위장했어요.

하지만 송양왕은 이번에도 주몽의 부하가 되는 것을 거절하며, 누구의 궁궐이 더 오래되었는지를 살펴서 우위를 가리자고 했어요. 그러자

잠입 潛入
남몰래 숨어듦.

연륜 年輪
여러 해 동안 쌓은 경험에 의하여 이루어진 숙련의 정도.

위장 僞裝
본래의 정체나 모습이 드러나지 않도록 거짓으로 꾸밈.

주몽은 썩은 나무로 기둥을 삼은 궁궐을 급하게 지어서 송양왕을 입도 벙긋 못 하게 만들어 버렸어요.

그만하면 송양왕도 굴복할 법했어요. 그러나 송양왕은 똥고집의 사나이였어요. 끝까지 굴복하지 않았어요. 주몽은 송양왕을 굴복시킬 최후의 방법으로 흰 사슴을 잡아 거꾸로 매달아 놓고 주문을 외기 시작했어요.

"하늘이 만약 비를 내려 비류국을 물바다로 만들지 않는다면, 나는 너를 놓아주지 않겠노라. 그러니 네가 살고 싶으면 하늘에 호소하여 장대비를 내리게 해라."

고구려 사람들은 사슴뿔을 하늘과 교신하는 안테나로 생각했던 모양이에요. 사슴이 슬피 울며 하늘에 호소하니, 굵은 비가 7일 동안 내리며 비류국 전체를 물바다로 만들어 버렸어요. 이때 주몽은 오리를 타고 있다가 채찍으로 물을 쳐서 비를 멈췄어요.

나라 전체가 물바다가 되어 노심초사하고 있던 송양왕은 주몽이 신통력을 부려 홍수를 멈추게 하자, 마침내 굴복하여 주몽 밑으로 들어왔어요. 이제 주몽이 세운 고구려는 졸본 지역 전체를 관장하는 큰 나라로 변신하여 번영의 발판을 마련하게 되었어요.

그럼 대소는 어찌되었을까?

주몽이 부여를 도망쳐 나와 고구려를 세웠지만, 금와왕은 주몽을 적으로 삼지 않았어요. 주몽의 어머니 유화 부인을 끝까지 부여 궁궐 안에서 살게 했으며, 유화가 죽자 태후의 예로 장사를 치러 주었어요. 주몽 또한 금와왕을 싫어하지 않았기에, 간혹 고구려 특산물을 금와왕에게 보내며 고마움을 표시했어요.

하지만 대소가 임금이 되고 나서는 양국 사이가 완연히 달라졌어요.

서로 적대국이 되고 만 거예요. 대소가 부여 왕에 올랐을 때 고구려에서는 주몽이 40세의 나이로 죽고 아들 유리가 뒤를 이었어요. 대소는 자신의 힘을 믿고 고구려에 사신을 보내 왕자를 인질로 보내라고 요구했고, 이 요구를 들어주지 않자 군사 5만을 보내 고구려를 괴롭혔어요. 폭설로 인해 대소의 군사는 힘 한번 제대로 쓰지 못하고 그냥 돌아갔지만, 유리왕 말년까지 부여는 여러 차례 고구려를 침범하여 고구려 사람들을 못살게 굴었어요.

이처럼 부여에게 눌려 지내던 고구려가 부여보다 우위에 선 것은 3대 대무신왕 때부터예요. 대무신왕 4년, 고구려는 처음으로 부여 땅엘 쳐들어갔어요. 대소는 본인이 직접 군사를 이끌고 고구려군을 상대했으나, 늪지대에 빠져 허우적거리다가 고구려 장수 괴유의 칼에 살해되었어요. 결국 주몽의 영원한 라이벌 대소 왕자도 하늘나라로 올라갔고, 부여의 힘은 점차 약화되어 끝내 고구려에게 멸망하고 말았어요.

단군조선
위만조선

준왕 vs 위만

	B.C.?~B.C.? **준왕**	**위만** B.C.?~B.C.?	
50	부하 장수의 배신을 사전에 눈치채지 못해 몰락하고 말았다.	**정치력** 망명객의 몸으로 준왕에게 의지했음에도 종국에는 고조선의 왕이 되었다.	80
10	위만의 기습 공격에 효과적으로 대처하지 못해 나라를 빼앗겼다.	**지력** 준왕의 군대를 기습작전으로 간단히 제압해 버렸다.	90
80	갈 곳 없이 방황하던 위만과 그 무리를 포용할 정도로 품이 넓었다.	**인품** 의리도 없고 충성심도 없었다.	10

우리 민족 최초의 국가 고조선. 대한민국 사람이라면 누구나 알고 있는 나라지만, 이 나라의 역사 속에 라이벌이 있었다는 것을 아는 사람은 드물어요. 준왕과 위만왕. 준왕은 단군조선의 마지막 임금이었고, 위만왕은 망명객으로 고조선 땅에 들어와 준왕을 몰아내고 자신의 나라 위만조선을 세운 위만조선의 첫 임금이었어요. 두 사람의 첫 만남은 분명 아름다웠어요. 하지만 헤어지는 순간은 결코 아름답지 않았어요. 왜 그랬을까요? 맞수 열전 마지막 시간, 준왕과 위만왕을 초청하여 그들의 기막힌 만남과 결별의 과정을 되짚어 봐요.

고조선 사람은 교만하고 잔인하다고?

옛날 옛날, 아주 먼 옛날 이야기예요. 호랑이 담배 피던 시절보다 열 배는 더 오래전인 기원전 2333년 일이지요. 호랑이가 언제부터 담배를 피웠냐고요? 한국 호랑이가 아무리 담배를 빨리 피웠어도 기껏해야 지금으로부터 400년 전에 불과해요. 왜냐고요? 우리나라에 담배가 들어온 것은 조선 후기가 시작되는 17세기 초반이거든요. 따라서 한국에 살던 호랑이들은 아무리 빨리 담배를 배웠다고 해도 결코 400여 년 전을 거슬러 갈 수가 없어요.

현실이 이러하다 보니, 단군 할아버지가 '호랑이가 담배를 피기 시작하던 시절보다 열 배나 더 된 옛날'에 태백산 자락에서 우리 민족 최초의 국가 고조선을 탄생시켰다는 건 그리 허황된 얘기가 아니에요. 아무튼 고조선은 기원전 2333년에 청동기 문화를 바탕으로 한반도 북부와

요동 지방
요하강의 동쪽 지방.

연나라
중국의 전국시대에 고조선과
국경을 맞대고 있던 나라.
진나라에 멸망하였다.

진나라
B.C.221~B.C.206년.
진시황제에 의하여 만들어진
중국 최초의 통일 왕조.

요동 지방에 세력권을 형성해 탄생했으며, 기원전 5세기 무렵에는 중국 세력과 대등할 정도로 큰 발전을 이루었어요.

중국 역사서를 보면 이 시기 고조선인들을 교만하고 잔인한 사람들이라고 하고 있는데, 이러한 평가가 중국 사서에 나오는 이유는 그만큼 고조선이 강했다는 것을 의미해요. 왜냐고요? 생각해 보세요. 나라와 나라가 서로 대립하며 싸우고 있는데, 상대편을 마냥 좋게 평가하지는 않겠지요. 고조선 사람들이 자기들 말을 고분고분 잘 들었다면, 중국 사람들은 '고조선 사람들은 성품이 착하고 온순하다'라고 기록해 놨을 거예요. 하지만 고조선은 강했어요. 그러다 보니 중국 입장에서 밉기도 하고 심통도 나고 그랬을 거예요.

물론 고조선이 지속적으로 발전만 한 것은 아니에요. 기원전 3세기 후반으로 접어들면서는 세력이 위축되어 중국에 있던 연나라에 서쪽 영토의 많은 부분을 빼앗겼으며, 진시황제가 중국 전체를 통일했을 때에는 진나라 힘이 두려워 먼저 머리를 조아리며 친교를 맺자고 손을 내밀기도 했어요. 하지만, 진나라는 진시황제가 죽고 바로 멸망했으며, 뒤이어 중국 땅은 유방이 세운 한나라 차지가 되었어요. 바로 이 시기에 고조선을 다스렸던 왕이 이번 시간 맞수 열전의 한쪽 코너를 차지하고 있는 준왕이에요.

위만, 조선을 지키는 병풍이 되겠다고 약속하다

준왕이 고조선을 다스리던 시절은 기원전 2세기 초반이었어요. 이 당시 고조선은 왕위를 세습할 정도로 왕권이 강해지고 있었으며, 상·대부·장군 같은 관리들이 왕을 보좌할 정도로 관료 제도가 잘 정비된 나라였어요. 하루는 고조선과 국경을 맞대고 있던 연나라에서 위만이란 사람이 망명을 신청해 왔어요.

연은 고조선 서쪽 국경 너머에 있던 나라로 한나라의 제후국이었어요. 제후국이 뭐냐고요? 임금이 힘이 약할 경우에 각 지방을 쪼개어 자신에게 충성을 다하는 신하나 왕족에게 나눠주었는데, 이때 왕에 의해 분봉된 지방의 나라들을 제후국이라 해요.

진시황제가 세운 진나라가 멸망한 이후에 중국에서는 힘이 장사였던 항우와 꾀돌이로 유명한 유방이 중국 땅 전체를 놓고 한판 겨루기를 했어요. 항우가 세운 나라가 초나라, 유방이 세운 나라가 한나라여서 초·한 전쟁으로 불리는 이 전쟁에서 유방이 승리를 거두어 중국 땅 전체는 한나라 차지가 되었어요.

그러나 문제가 있었어요. 전쟁터에서 공을 많이 세운 부하들이 자신들의 업적을 내세우며 그에 합당한 대우를 해 달라고 유방을 압박해 왔어요. 부하들을 완전히 제압할 정도로 힘이 강했다면, 유방은 당연히 힘으로 부하들을 상대했겠지요. 하지만 유방의 힘은 부하들 전부를 상대할 정도로 강하지 못했어요.

그는 어쩔 수 없이 울며 겨자 먹기 식으로 부하들에게 각 지방을 분할해 주었어요. 이때 유방의 어릴 적 친구로 전쟁터에서 생사고락을 함께했던 노관도 전국시대 연나라 지역을 하사받아 나라를 세웠으니, 나라 이름을 그대로 '연'이라 했어요.

그러나 유방은 역시 꾀가 많은 사람이었어요. 그는 꾸준히 힘을 길러 제후들을 꼼짝 못하게 해 놓고 다시 그들의 땅을 하나, 둘씩 빼앗아 갔어요. 유방의 영토 반환 조치에 반항하는 제후들도 있었으나, 그들은 하나같이 유방에 의해 제거되고 말았어요. 연의 왕이 된 노관 역시 유방의 토지 회수 정책에 은근히 반발했는데, 유방이 자신을 죽이려 하자 만리장성 이북에 있던 흉노 땅으로 도망쳤어요.

이때 연나라 관리로 있던 위만은 주인 노관을 따라가지 않고 독자 행

분봉 分封
중국에서 천자가 땅을 나눠 제후를 봉하던 일.

전국시대
B.C.403 ~ B.C.221년.
중국 전체를 통일하기 위하여 힘이 비슷한 여러 나라들이 서로 다투던 약육강식의 시대.

동을 하여 자신을 따르는 무리 1천여 명을 이끌고 고조선으로 망명을 신청했어요. 중국 역사책 『삼국지』 위나라 편에 다음과 같은 이야기가 나와요.

위만은 준왕에게 중국 망명인으로서 '조선을 지키는 병풍이 되고자 한다'고 간청했고, 준왕은 은혜를 베풀어 위만을 서쪽 변방을 지키는 우두머리로 삼았다.

이러한 연유로 연나라 관리였던 위만은 준왕의 신하가 되어 고조선 서쪽 변경을 지키는 지방 장관이 되었어요.

준왕을 배신한 위만

준왕은 위만이 서쪽 변경 지역을 너무나 잘 지키자, 흡족해 하며 그를 크게 우대해 주었어요. 하지만 위만에게는 야심이 있었어요. 언젠가는 준왕을 몰아내고 자신이 고조선 왕이 되고 싶었어요. 그래서 기회를 엿보고 있었어요.

드디어 때가 왔어요. 기원전 194년, 위만은 준왕 몰아내기 작전에 돌입했어요. 그는 준왕에게 사람을 보내 '한나라 군대가 무리 지어 쳐들어오니, 자신이 왕을 호위하겠다'고 거짓 보고를 한 후에 군사를 몰고 준왕이 살고 있는 왕검성으로 왔어요.

준왕은 위만을 크게 신뢰했기에 아무 의심 없이 궁궐 문을 활짝 열어 주었어요. 그런데 이게 무슨 날벼락이에요? 위만 군대는 성난 파도와 같이 달려들어 궁궐을 지키고 있던 군사를 모조리 죽이고 준왕까지 잡아 죽이려 했어요.

준왕은 심복의 호위 아래 간신히 궁궐을 탈출하여 남쪽으로 도망쳤

고 고조선은 이제 위만 차지가 되고 말았어요. 이로써 기원전 2333년에 탄생하여 2천여 년 넘게 유지되어 온 단군조선은 막을 내렸어요. 그리고 이제는 위만과 그의 후손이 다스리는 위만조선으로 역사의 물줄기가 뒤바뀌었어요.

위만조선의 발전과 멸망

위만왕에 의해 새롭게 탄생한 위만조선은 한나라에 버금갈 정도로 크게 성장했어요. 철제 무기와 농기구를 자체 제작하여 생산력과 군사력을 확대했으며, 한나라와 한반도 남부 지역 부족국가 사이에서 중계 무역을 하면서 경제적으로도 크게 융성했어요.

고조선의 이러한 발전에 한나라는 두려움을 느꼈어요. 국경선을 맞대고 있는 나라가 세력을 확장하는데 위협을 느끼지 않을 나라가 세상에 어디 있겠어요? 한나라는 당시 무제가 집권하고 있었는데, 그는 한

나라를 세계 제국으로 발전시킨, 능력이 출중한 임금이었어요. 그가 생각하기에 고조선의 융성은 한나라에게 위험천만한 일이었어요. 고조선을 그대로 놔두고는 밤잠을 잘 수 없었어요. 이에 무제는 고조선을 멸망시키기 위해 기원전 109년 고조선 땅에 대규모 군사를 파견했어요.

이 당시 고조선은 위만왕의 손자인 우거왕이 다스리고 있었는데, 고조선 사람들은 굳게 뭉쳐서 약 1년 동안 한나라의 막강한 군대를 잘 방어했어요. 그런데 말이에요, 고조선 내부에 가롯 유다 같은 배신자가 있었어요. 한나라의 계략에 넘어간 신하들에 의해 우거왕은 살해당했으며, 위만조선은 이 일을 계기로 기원전 108년에 멸망했어요. 우리 민족 최초의 국가인 고조선이 역사의 무대 저편으로 영원히 사라진 날이에요.

10·26 27

10월유신 13~15, 23, 25~26

3·1운동 48~49, 54~55

38도선 38, 42, 45

3선 개헌 11

4·19혁명 10, 23, 29~31, 34, 46

40대 기수론 12

5·16군사정변 10~11, 13, 18, 23, 26, 28

5·10총선거 45

6·15공동선언 17

6월민주항쟁 14~15

6진 187, 194

ㄱ

간선제 15

갑술환국 110, 120

갑신정변 60, 71, 82~84, 88

갑자사화 178, 181

강세황 92

개경파 224, 228, 230~231

개로왕 266~267, 269~272

개화 정책 71, 78, 83~86, 89

견훤 241, 244

경국대전 108

경신환국 116~118

경연 98, 102

경종 107

계백 254~255, 257~259, 265

계축옥사 141

고려사 194, 230, 236

고려사절요 187

고종 60, 69, 72, 74, 76~78, 80~81, 86, 89

공민왕 201, 203, 210~211

공양왕 204

곽재우 179

관창 254, 258~259, 265

광개토대왕 267~269, 272

광개토대왕릉비 269, 287

광해군 131, 138~139, 141~144, 146~155

국민의 정부 9, 16~17

국채보상운동 38

궁예 240~245

균역법 108

금강삼매경론 252

금나라 226~227, 229

기묘사화 178, 183~184

기사환국 110, 119

기정진 68

기호학파 125

기훤 243

김개남 56~58, 62~65

김구(백범) 21, 36~40, 42~46

김대중 8~17

김득신 91, 94

김부식 224, 228~231

김상헌(청음) 130~131, 133~136

김성일 166~173, 177

김영삼 8~17

김옥균 68, 70~71, 82~89

김유신 254~259, 262, 264

김종서 186~189, 194

김홍도(단원) 90~97

김홍집 73, 85

ㄴ

남인 100, 103, 109~110, 116~119, 122, 126~129, 142, 149

남진 정책 266~270, 272

남한산성 132~133

내각책임제 23, 30~31, 34

노량 해전 160, 164

노론 98~101, 103, 105, 142, 149

농사직설 194

ㄷ

단발령 69, 72~73

단원제 31

단종 148, 188~191

당나라 249~253, 258~259, 260, 262, 264~265, 285

대소 286~287, 289~191, 294~295

대한민국임시정부(임시정부) 19~21, 36~39, 45

대한제국 51, 53, 69, 72~73, 81

도방 223

도요토미 히데요시(풍신수길) 159, 164, 167~169

도학정치 182~183, 185

도화서 92, 94~95

동의보감 151

동인 149, 172

동학농민운동 50, 56~59, 62

ㄹ

러·일 전쟁 51

리훙장(이홍장) 89

ㅁ

마진 241, 244, 246

막부 167~168

명나라 132, 151~152, 155, 190,
　　　201~203, 205, 211~213

명량 해전 160, 163~164

명성왕후 117~118

명성황후(민자영, 민 왕후) 74~75,
　　　77~81, 83, 86, 89

모스크바3상회의 39~40

묘청 217, 224~231

무신 정권 216~223

무신정변 217~218, 221, 239

무열왕 250, 260~262, 263~265

무오사화 178, 181

무제 301~302

문민정부 9, 16

문벌 귀족 228~229, 233, 239

미·소공동위원회 40~42

미군정기 33

미우라 고로 80

민영익 82~89

민유중 117

ㅂ

박규수 68, 70~71, 85

박영효 70, 83

박정희 8~13, 15, 18~28, 34

박제가 103

박팽년 189~190

반굴 258, 265

반원 자주 개혁 정책 201, 210

반탁 38~41

발해 246~247

벽파 98~101, 103, 105

별기군 78, 86

병자호란 125, 130~131, 133~134,
　　　136, 155

보빙사 71, 86~87

봉사 10조 222

부분노 293

부여 280, 282~284, 286~292, 294~295

북벌 정책 126

북위 272~273

북인 142, 149~151

북진 정책 226, 229

붕당정치 98, 100, 103, 107, 125, 142,
　　　149, 171~172, 184

비류 281, 284~285

비류국 291, 293~294

비변사 76

ㅅ

사도세자 100, 103, 106~108, 111~113

사림 171, 178, 180, 182~185

사비 258~259, 263, 265

사상계 18, 22~23, 25, 32

사성 정책 247

사육신 189~190

사화 178, 182

삼국사기 224, 228, 242~243

삼전도의 굴욕 135~136

생육신 189~190

서경 천도 217, 224~229, 231

서경파 227

서광범 70, 83, 85

서대문형무소 55

서원 69, 76

서운관 194

서유견문 66, 71

서인 106, 110, 112, 116~120, 122,
　　　125~129, 131, 144, 147~149,
　　　151~153, 155, 172

석탈해 274~279

선덕여왕 249, 255~257, 261, 263

성골 261~262

성균관 181~182, 200~201

세도정치 49, 67~68, 75~76

세조(수양대군) 148, 186~190

세종(충녕대군) 187~188, 192~197

소격서 183

소론 100, 142, 149

소정방 258, 264~265

소학 183

속대전 108

손병희 48~54, 58

송나라 123, 176, 183, 226

송양왕 291, 293~294

송시열(우암) 110, 119, 122~129

수렴청정 76

수박회 217~218

수원성(화성) 103~104

숙종 108~110, 114~121

시파 100

신유사옥 101

신윤복(혜원) 90~91, 94~97

신진사대부 203, 215

신채호 225, 229

심환지 98~99, 101, 105

ㅇ

아관파천 72, 80

아기바투(아기발도) 211

알천 262

얄타 38

양길 243

양원제 30~31

여진족 131, 151, 158~159, 187, 202, 225~226

연나라 298~300

연산군 181~182

영선사 86

영조 92~93, 99~103, 106~113

예송 논쟁 123, 126, 128~129

예종(조선) 187

예종(고려) 234

예씨 부인 282~283

오경석 70, 85

온조 280, 284~285

왕건 233, 240~247

왕검성 300

요나라 226

요동 정벌 203, 209, 211~213

우거왕 302

우금치 50, 62, 64

우금치 전투 50, 58

우왕 201~202, 204, 213~214

우정국 83~84

우현보 205

원균 156~162, 164~165

원효 248~253

위만 296~302

위만조선 296~297, 301~302

유길준 66~73

유득공 103

유리(고구려) 280~285, 295

유리(신라) 275, 278~279

유성룡 158~159, 162, 172, 177

유엔한국임시위원단(임시위원단) 42

유홍기 68, 70, 85

유화 282, 288~290, 294

윤보선 28~29, 31~35

을미개혁 68, 73

을미사변 69, 72, 80

을사오적 69

을사조약(을사늑약) 37~38, 53, 69, 72

의금부 197

의방유취 194

의상 248~253

의자왕 248, 257~258, 260~263, 265

의종 217~218

이덕무 103

이사금 279

이색 200, 205

이성계 198~200, 202~206, 208~215

이순신 156~165, 193

이승만 10, 22, 29, 31, 33~34, 36~40, 42~43, 45~46

이양선 84

이용구 48~54

이의민 216~222

이이첨 138~139, 142~144

이인임 202

이자겸 225~228, 232~239

이자겸의 난 225, 228, 237, 239

이지언 238

이항로 68

이황 125~126, 166, 171, 174~179

인경왕후 117

인내천 48, 50

인목대비 142~144, 146~149, 151, 153~154

인조 126~127, 131~136, 148, 155, 168

인조반정 131, 133, 138, 144, 149, 152, 155

인종(왕해) 225~230, 232~238

인현왕후(민씨) 108~110, 114~115, 117~121

인렬왕후 126

일진회 52~54

ㅈ

장면 22~23, 28~35

장수왕 266~273, 287

장준하 18~27

장희빈(장옥정, 숙원 장씨) 108, 110, 114~121

전국시대(일본) 167

전국시대(중국) 298~299

전봉준 50, 56~60, 62~64

전주화약 58, 60, 62~64

정도전(삼봉) 198~206, 215

정략결혼 정책 246~247

정몽주(포은) 198~200, 202~207, 215

정묘호란 125, 131, 155

정순왕후 99~101

정조 75, 93, 95~96, 98~105, 113, 148, 218

정중부 217~219

정지상 224, 227, 230

제1공화국 10, 21, 23, 31, 33

제2공화국 10, 22~23, 28~29, 31, 34~35

제2차 세계대전 19, 38

제3공화국 23

제4공화국 19, 23

조광조 180~185

조병갑 57~59

조 대비(신정왕후) 76

조 대비(자의대비) 126~128

조사시찰단 71, 86
조식 174~179
조위총의 난 220
조일신의 난 209
주리설(주리 철학) 174, 176~177
주몽 268, 280~284, 286~295
주문모 101
주자 122~123, 127, 176~177, 183
주전파 130, 133~134, 136
주화파 133
준왕 296~298, 300
중립 외교 정책 146, 151~152
중방 정치 219
중원고구려비 269
중종 180~185
중종반정 183
지엄 대사 250, 253
직선제 15
진골 242, 249, 255~257, 260~262
진나라 298~299
진대법 246
진덕여왕 256~257, 261
진지왕 256
진평왕 249, 255, 261
징비록 158, 172

ⓒ

창왕 204
척준경 227, 232, 237~238
철령 199, 203, 210~211
철종 76
청·일 전쟁 50, 58
청나라 60~61, 79, 86~88, 130~136
총통등록 194
최만리 192~193, 195~197

최명길(지천) 130~131, 133~136
최영 203, 208~215
최익현 66~70, 73
최충헌 216~217, 221~223
추모 287
친명파 201~202
친원파 201~203
칠서지옥 141~142
칠정산 194
칠천량 전투(칠천량 해전) 156, 160, 162, 164

ⓔ

태평양 전쟁 19
텐진조약 60
통일신라 241

ⓟ

폐모살제 138, 144, 151
폐정개혁안 60
포은집 199

ⓗ

학도병 19
한·일국교정상화 23~24
광복군 19~21
한나라 298~302
한산도 해전(한산 대첩) 160~161
한족 202, 209, 211, 281~282
한중록 111
향약 183
향약집성방 194
허균 138~145
허목(미수) 122~129, 142
허정 29~31

현량과 183
혜경궁 홍씨 111
호공 274~278
호족 243, 246~247
호포제 76~77
홍건적 202~203, 208~211
홍길동전 139~140, 145
화백 회의 262
화엄종 248~250, 252~253
황산벌 255, 259, 265
황산벌 전투 254, 257~258
황윤길 166~172
황조가 281~282
효종 122, 126~128, 148
후고구려 240~242, 244, 246~247
후금 131~132, 151~152, 155
후백제 240~242, 244, 246
후삼국 시대 241
훈구 171, 178, 180, 184
훈민정음 195
흥선대원군(이하응) 63, 69, 74~81, 82, 85

▶ 이 책을 쓰면서 참고한 서적

『이 땅의 이 사람들』 1 고은 외 20인 지음, 뿌리깊은나무, 1978

『이 땅의 이 사람들』 2 이기동 외 17인 지음, 뿌리깊은나무, 1980

『한국사를 움직인 100인』 윤재운·장희홍 지음, 청아출판사, 2010

『이이화의 인물 한국사』 1 이이화 지음, 주니어김영사, 2011

『한국사의 주체적 인물들』 이이화 지음, 여강출판사, 1994

『뒤집어본 인물열전』 한규무 지음, 시공사, 2004

『개화파 열전』 신동준 지음, 푸른역사, 2009

『63인의 역사학자가 쓴 한국사 인물 열전』 1 한영우선생정년기념논총간행위원회 엮음, 돌베개, 2003

『63인의 역사학자가 쓴 한국사 인물 열전』 2 한영우선생정년기념논총간행위원회 엮음, 돌베개, 2003

『63인의 역사학자가 쓴 한국사 인물 열전』 3 한영우선생정년기념논총간행위원회 엮음, 돌베개, 2003

『역사의 라이벌』 1 박남일 엮음, 계백, 1995

『역사의 라이벌』 2 박남일 엮음, 계백, 1995

『역사의 라이벌』 3 박남일 엮음, 계백, 1996

『역사의 라이벌』 4 박남일 엮음, 계백, 1996

『한국사전』 1 KBS한국사전제작팀 지음, 한겨레출판, 2008

『한국사전』 2 KBS한국사전제작팀 지음, 한겨레출판, 2008

『한국사전』 3 KBS한국사전제작팀 지음, 한겨레출판, 2008

『한국사전』 4 KBS한국사전제작팀 지음, 한겨레출판, 2008

▶ 사진 제공처

HELLOPHOTO - 14쪽, 70쪽(오른쪽)

국립중앙도서관 - 22쪽

4·19혁명기념도서관 - 30쪽

동학농민혁명기념재단 - 64쪽

백범김구기념관 - 39쪽, 44쪽

위키피디아커먼즈 - 55쪽, 191쪽

한정영 - 84쪽, 132쪽